中国创新药人力资源管理

李　清　谢诗明◎编著

HUMAN RESOURCE
MANAGEMENT OF
INNOVATIVE DRUGS
IN CHINA

ZHEJIANG UNIVERSITY PRESS
浙江大学出版社
·杭州·

图书在版编目（CIP）数据

中国创新药人力资源管理 / 李清，谢诗明编著. —
杭州：浙江大学出版社，2022.8(2022.10 重印)
ISBN 978-7-308-22839-8

Ⅰ.①中… Ⅱ.①李… ②谢… Ⅲ.①新药—制药工
业—工业企业管理—人力资源管理—研究—中国 Ⅳ.
①F426.7

中国版本图书馆 CIP 数据核字(2022)第 123704 号

中国创新药人力资源管理

李　清　谢诗明　编著

策划编辑	吴伟伟
责任编辑	陈　翩
责任校对	丁沛岚
文字编辑	葛　超
封面设计	雷建军
出版发行	浙江大学出版社
	（杭州市天目山路 148 号　邮政编码 310007）
	（网址：http://www.zjupress.com）
排　　版	杭州青翊图文设计有限公司
印　　刷	广东虎彩云印刷有限公司绍兴分公司
开　　本	710mm×1000mm　1/16
印　　张	20.25
字　　数	290 千
版 印 次	2022 年 8 月第 1 版　2022 年 10 月第 2 次印刷
书　　号	ISBN 978-7-308-22839-8
定　　价	88.00 元

前言
梦想突破　健康创新

  中国苏州独墅湖板块最东边的桑田岛园区，三月的春天风和日丽，在绿树环抱掩映的集医药科技研发、产业、生态及配套功能为一体的综合区内，粉色、白色、紫色，千姿百态的各种花卉灌木交相辉映，仿佛就是一片世外桃源。这里坐落着 30 多幢三到四层，方正、大气、白色外墙、灰黑色装饰外沿的建筑群。从入口处竖立的白色标志人们可以看到 bioBAY 字样，著名高端创新药生物产业园就坐落在这里。每一栋建筑物里面都是一个已经成功上市或梦想上市的中国创新药公司，每一栋大楼里面都汇聚了一群来自全球各地顶尖的、满怀理想和激情的创新药行业的技术专家、管理者、奋斗者。

  对生命健康的无限追求是人类梦想的起点，也是终点！在人口老龄化、慢性病蔓延、全球疫情和广大人民保健意识提升的背景下，生命健康产业在不断地呼唤原创性新产品，新药研发成为未来发展的主导方向，全球经济可持续发展重要的增长点。与欧美发达国家相比，受人才与技术影响，中国创新药研发一直处于跟进式发展阶段，从 me-too、me-better，到 best-in-class，再到 first-in-class，还有相当长的路需要走！

  “十三五”期间，在《“健康中国 2030”规划纲要》、《中华人民共和国药品管理法》、《中华人民共和国药典》、两票制、带量采购、药品上市许可持有人制度、科创板等政策的引导下，在资本支持、国力强大、人才回归的大背景下，中国创新药发展如雨后春笋，遍地开花，吸引了越来越多的海外创新药领域的专家博士回国创业。伴随着一个又一个的创新药经过艰难探索和试验破土而出,商业化投产上市与飞速发展,中国创新药不断开启新的篇章。"十四五"期间,中国创新药研发进入 2.0 时代,将涌现并吸引更多的创新药企业,真正走向原创。人力资源管理像一根纽带,始终贯穿创新药全生命周期,影响并决定着中国创新药 2.0 时代速度与高度。

笔者在大量调研分析中国创新药企业后,清晰地看到很多创新药企业的失败或走弯路,并不是因为缺技术和缺资金,它们遇到的很多障碍与瓶颈是人才和人力资源管理问题,耽搁了最为宝贵的时间,但市场上又没有针对创新药人力资源管理的书可快速学习借鉴。它们经常遇到的问题包括但不限于:

1.需要搭建一支什么样的创新药公司团队?

2.在创新药不同的发展阶段需要哪些岗位和人才?

3.如何快速招聘发展过程中紧缺的优秀专业化人才?

4.如何管理、考核、激励这支团队?

5.如何避免因使用不当的高管而给公司带来伤害和损失?

6.如何使这支团队的效能最大化?

　　这些问题不断困扰着创新药行业的创始人、投资方、高管层和创新药公司的人力资源管理者,而无论是专业的咨询公司还是高校的研究机构,其对于近几年才大量涌现的创新药公司人力资源管理特性还缺乏深入专门的研究和实战的经验,市场书籍更是空白。由于之前的医药公司主要还是集中于传统的国内仿制药企业或国际化药企在中国设立的业务机构,因此医药行业的大多数人力资源管理从业人员的经验更加侧重于仿制药研发、销售市场端和生产制造领域。对于创新药公司更多偏重于创新技术研发和临床试验环节的管理特性,以及从早期化合物发现到市场销售的全过程管理相对了解不多。这也从某种程度上限制了一些创新药公司的快速成长发展。即使是一些发展非常快,已经有数千人的创新药公司,也面临着诸多的人力资源管理方面的特殊困难和管理创新问题。

　　本书共分十章,按照创新药生命发展周期和特点,结合笔者创新药人力资源管理经验,从人力资源管理理论、行业分析、具体实操、项目管理、风险管控、安全保密等方面,图文并茂地进行了详细阐述,希望对于那些带有新技术的创业者,对于那些看好中国创新药未来的投资者,对于创新药行业的人力资源从业者,对于研究创新药的高校老师,还有对于有志于投身创新药行业的广大学生,能够有一定的帮助和启示。希望上述人员通过阅读本书,能够获得更多系统化和可实践操作的创新药公司组织和人力资源知识与经验。同时也希望通过不断总结思考和提炼,在工作中做出更多的贡献,也为国家大力扶植的创新药行业的快速健康发展尽自己的一份力量！本书对以下几种读者有帮助:

　　1. 创新药创业者

　　2. 创新药的高层管理人员

　　3. 创新药行业的投资者

　　4. 创新药人力资源各级从业者

　　5. 高校医药类和人力资源管理类专业的老师

　　6. 立志于加入创新药行业的高校学生

　　7. 人力资源机构与协会

8. 医药产业园运营管理者

9. 与医药行业相关的政府职能部门、政策制定者

创新药人力资源管理需要勇立潮头,与时俱进,不断自我创新,欢迎创业者、管理者、投资者、人力从业者、上下游企业、高校、政府部门、产业园、协会等各相关方一起交流探讨,共促中国创新药的发展、共迎美好明天!

目　录

第一章 光荣与梦想
创新药公司人力资源管理概述

第一节 创新药介绍

一、创新药的概念和定义

1. 新药和创新药

根据权威的定义,**新药**(new drugs)是指化学结构、药品成分和药理作用不同于现有药品的药物。**创新药物**(innovative drug)是指具有自主知识产权专利的药物,重点强调其化学结构的新颖或者新的治疗用途。

为了更好地进行药物管理,许多国家都对新药的含义和范畴作出明确的法律规定。我国颁布的《中华人民共和国药品管理法实施条例》中规定,"新药,是指未曾在中国境内上市销售的药品"。国家药品监督管理局颁发的《药品注册管理办法》进一步明确规定"新药申请,是指未曾在中国境内上市销售药品的注册申请。已上市药品改变剂型、改变给药途径的,按照新药管理"。这些规定指明了新药管理的范畴。

国际上根据创新程度的不同,将新药大致分为三类:

第一类：first-in-class（原研药）

该类药物指的是医药公司基于最新疾病学研究的重要突破，找到一些候选靶点，从无到有逐步合成候选化合物，通过反复试验筛选，最终发现既满足治疗效果又满足人体安全（耐受程度、药代动力）要求的药物。这类药物被称为第一代药物，是完全拥有自主知识产权的新药，也就是严格意义上的创新药。

第二类：best-in-class（仿制创新）

该类药物在第一代药物的新分子实体结构基础上，通过各种手段进行结构修饰优化，实现二次创新。尽管这类药物强调在第一代药物基础上进行了必要的创新，但归根到底还是在第一代药物基础上所作的改进，仍然属于仿制创新范畴。

第三类：me-too（仿制药）

在第一代药物的药理机制和靶点基础上，通过简单修饰得到的与第一代药物疗效相似的药物。这属于典型的仿制药。

美国食品药品监督管理局（US Food and Drug Administration，简称 FDA）将药品划分为两大类：原研药和仿制药。

原研药是指原创研究的新药，也就是创新药。

在美国药品市场上，仿制药占据 80％左右的份额，中国药品市场上销售的药物中 98％以上为仿制药。

原研药的研发周期非常长，一般需要 10—15 年时间，而且投资巨大，还伴随着很大的研发失败风险。正因为如此，原研药一般都是由大型制药巨头投资开发完成的，也有一些规模较小的制药厂成功研发了某一具有突破性的药品，但最后很可能被大型制药巨头收购。

仿制药的研发周期短，投资少，并且不容易失败，国内制药企业大多数从事的是仿制药的研发与生产，例如：国内的制药巨头恒瑞医药和复星医药之前就是比较典型的仿制药生产厂商。

2. 创新药的学科和现状

进入 21 世纪以来，生物医药技术成为最为重要的创新技术之一，其集中体现了全球科技创新发展的态势。生物医药也是我国新兴战略发展的重点领域之一,关系到十几亿人口的健康,其中的重大创新药也一直是我国"十二五""十三五"发展规划的重点。行业发展需要科技人才先行,国内在此领域急需具有综合素质的人才,以适应我国高速发展的生物医药产业。

　　传统药学一般包括很多个重点学科,如药物化学、生药学、药物分析、药理学、药剂学、毒理学、药代动力学等。成功的新药研发需要跨学科多专业领域人才的汇聚协作。我国非常缺乏新药研发中具跨学科知识和技巧的研发人员。在国内,高校的教学与人才市场的需求比较脱节,所用的教材内容比较陈旧单一,落后于当前生物医药领域的发展需求,无法前瞻性地满足这一领域的未来需求。目前高校的教材偏重基础知识,缺乏新时代的实际应用知识,也未能跨学科地涵盖整个生物医药和创新药领域并综合性地盘活生物医药和创新药研发知识。这也从某种程度上导致了我国在创新药物特别是重大疾病新药方面相对落后,人才短缺。

　　医药健康行业涉及的细分领域比较多,概括起来包括但不仅仅限于以下六个类别:药物研发与生产、中医药与保健品、生物制药与生物疫苗、医疗器械、医药商贸与零售、医院及医疗服务机构。

　　本书将专注于研究、介绍、分析、探讨企业在药物研发与生产这一领域人力资源管理方面的问题。

二、创新药的研发上市过程

　　总的来说,创新药的研发(R&D)分为前后两个阶段,即研究(research)阶段和开发(development)阶段。这两个阶段是相辅相成、紧密联系的,两个阶段区分的标志就是候选药物(drug candidate)的确定。这里所谓的候选药物是指拟进行系统的临床前试验并进入临床研究的活性化合物。

　　根据现有的划分,创新药研究阶段包括以下几个重要环节:

　　1.靶标的确定。

2.模型的建立。

3.先导化合物的发现。

4.先导化合物的优化。

通过以上四个环节,最终获得优良的化合物即候选药物(drug candidate)。

美国新药开发主要包括以下几个阶段。

1.临床前试验:由新药公司进行的基于实验室和动物的研究,以观察化合物针对目标疾病的生物活性,同时对化合物进行毒理、药理安全性评估,这个阶段一般需要3—4年。

2.研发新药申请(investigational new drug,IND):在完成临床前试验后,新药公司要向药品监督管理局提交一份研发新药申请,之后才能开始进行药物的人体试验。

3.Ⅰ期临床试验:先招募20—100例正常的健康志愿者参加临床试验,平均周期为1年。主要研究包括安全剂量范围内的药物安全性评价,同时确定药物在体内的吸收、分布、代谢和排泄,以及药物的作用持续时间等。

4.Ⅱ期临床试验:此阶段需要100—300例相关患者自愿参与,进行一些控制性的研究,以评价药物的治疗效果,这个阶段大约需要2年。

5.Ⅲ期临床研究:通常需要在医院的300—1000例相关患者参与。医生通过对患者的用药监测以确定治疗效果和发生的不良反应。

6.新药申请(new drug application,NDA):以上临床试验的三个阶段均完成以后,新药公司(申办方)应对所有的试验数据进行专业分析。如果数据和统计结果能够成功证明药物的安全性和有效性,即可向药品监督管理局提出新药申请。

7.审批:在药品监督管理局审核批准了一种新药后,此种新药就可以被医生用于处方治疗。新药公司还必须继续提交阶段性的报告。FDA还可能要求对一些新药进一步研究(Ⅳ期),以评价药物的长期治疗效果。

我国新药研发的流程与美国类似，但是我国的新药申请多了一个Ⅳ期临床研究，这个类似于美国的上市后研究（post marketing），相应地，我国的临床研究时间也有所延长，一般为七年，从Ⅰ期临床试验开始的阶段如表 1-1 所示。

表 1-1　新药临床试验各个阶段的情况

临床各阶段	任务和目的	受试对象	平均周期/年	成功率/%	资金投入
临床Ⅰ期	观察健康人体对新药的耐受程度和药代动力学，以确定药物安全性和使用剂量，为制定给药方案提供依据	20—100 例健康志愿者（特殊适应证也包括患者）	1	65	数十亿元
临床Ⅱ期	初步评价药物对目标患者的治疗作用和安全性，为后期临床试验研究设计和用药剂量方案的确定提供初步依据	>100 例患病志愿者	2	33	
临床Ⅲ期	深入确定药物对目标适应证患者的治疗作用和安全性，评价有效性和风险的关系，为药物注册申请获得批准提供充分的决策依据	>300 例患病志愿者	3	60	
提交新药申请/审批通过			1—3	83	数百万元
临床Ⅳ期	新药上市后由申办方自主进行的应用阶段的试验，其目的是考察在药物广泛使用情况下的治疗效果和不良反应等				

新药研发公司的国内申办方，在长达十年甚至更长的新药研发过程中，会和众多的外部组织机构进行业务工作交流，其中最主要的外部组织机构包括（见图 1-1）：

1.国家食品药品监督管理总局(CFDA)。

2.药物临床试验机构(医院等医疗机构)。

3.合同研究组织(CRO)。

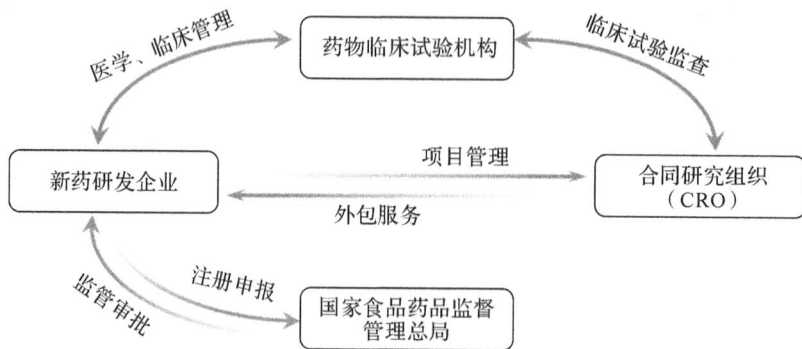

图 1-1　新药研发过程中各组织机构关系

新药研发企业是将其他几个组织机构串联起来的关键,而 CRO 提供包括新药产品开发、临床前试验及临床试验、数据管理、新药申请等多项技术服务,几乎涵盖了新药研发的整个过程。关于创新药公司与CRO 公司的合作管理将在本书的第七章中论述。

新药研发上市必须经过严格的申报审批,全球各国家和地区对于新药的管理和审核都非常严格。我国相关的国家行政管理机构为中国国家食品药品监督管理总局(China Food and Drug Administration,简称 CFDA),美国为美国食品药品监督管理局(U. S. Food and Drug Administration,简称 FDA),欧洲是欧洲药品管理局(European Medicines Agency,简称 EMA)。

表 1-2 为公布的我国、美国和欧洲药品食品政府管理机构比较对照表,表 1-3、表 1-4 分别为我国食品药品监督管理局(CFDA)和美国食品药品监督管理局(FDA)设置的各部门管理职能表。

表 1-2　主要国家及地区的药品食品监管机构说明

国家和地区	监管机构及上级部门	监管领域
中国	国家食品药品监督管理总局；中华人民共和国国家卫生和计划生育委员会	食品,人用药品,化妆品,医疗器械
美国	美国食品药品监督管理局；美国卫生与公众服务部	食品,人用及兽用药物,疫苗及其他生物制品,医疗器械,电子产品辐射安全,化妆品及膳食补充剂,烟草制品等
欧洲	欧洲药品管理局；欧盟委员会	人用及兽用药物

表 1-3　中国食品药品监督管理总局各个组织机构及其职能

组织机构	管理领域
特殊食品注册管理司	保健食品、婴幼儿配方乳粉产品、特殊医学用途配方食品等特殊食品的安全监管
食品安全监管司	食品安全监督
药品化妆品注册管理司	药品化妆品注册管理办法的拟定和实施
药品化妆品监管司	药物化妆品的安全监管
医疗器械注册管理司	组织拟订医疗器械注册管理制度并监督实施
办公厅	CFDA 的政务工作
法制司	食品药品的监管立法

表 1-4 美国食品药品监督管理局各个组织机构及其职能

组织机构	管理领域
生物制品评价与研究中心（CBER，center for biologics evaluation & research）	疫苗、血液和血液制品，人体组织/组织产品用于细胞移植、基因治疗
器械及放射性保健中心（CDRH，center for devices & radiological health）	医疗装置、各种体内植入物、诊断装置药物及一些生物制品
药品评价与研究中心（CDER，center for drug evaluation & research）	药物及一些生物制品
兽药中心（CVM，center for veterinary medicine）	兽药
食品安全与营养中心（CFSAN，center for food safety & applied nutrition）	膳食补充剂
国家毒理研究中心（NCTR，the national center for toxicological research）	化学物质对人体健康的影响
监管事务办公室（ORA，office of regulatory affairs）	行政事务及政策法规

三、新药研制的艰难、风险与机遇

发明研究一个安全有效的新药是一个长期、艰难和昂贵的进程，新药研发的三个主要的特征是长周期、高投入、高风险。可以以三个 10来概括：10 年，一般耗时 10 年以上；10 亿美元，一个新药的投入综合成本往往会超过 10 亿美元；10％，根据最保守的统计，新药研发在进入IND 阶段以后，能够最终完成临床试验和注册申报，成功商业化上市的比例也不到 10％。新药研制真可谓是九死一生。

根据全球新药研发数据统计显示，药物从最初的实验室研究到最终进入医药或药店销售平均需要花费 12 年的时间。平均每 5000 种进行临床前试验的化合物中只有 5 种能进入后期的临床试验阶段，其中的 1 种化合物最终可以得到药物管理机构的上市批准。

新药在研发过程中有很高的失败率，不确定性非常大。据统计显示,美国一款肿瘤药物的研发支出可在 2 亿—20 亿美元之间波动,美国一个新药研发项目从Ⅰ期临床试验到商业化的概率为 9.6%。但相对来说国内新药研发多属于 me-too/me-better 类药物,靶点和作用机理已经得到证实,研发的成功率相对较高一些。虽然近几年临床试验和人员成本不断上升,但相对美国来说国内资源成本还是比较低的,相关数据显示国内新药的研发成本约为 2 亿—8 亿元人民币。当今和未来随着 frist-in-class、best-in-class 新药研发项目的增多,国内新药研发成功率整体会相对降低,新药研发上市的平均成功率也会比以往低。

　　图 1-2 为中金公司研究部报道的全球新药研发各阶段成功概率情况。

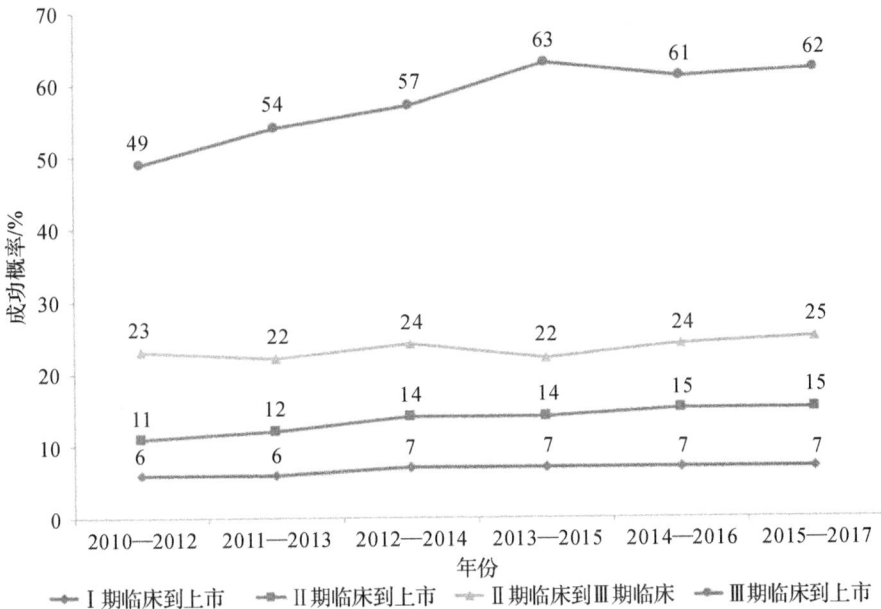

图 1-2　全球新药研发各阶段成功概率

资料来源:中金公司研究部(Nature Reviews Drug Discovery)。

　　图 1-2 中新药在临床各期推进中的成功概率也可以反映出创新药研制的艰难与高风险。

第二节　中国创新药的美好时代

人力资源的汇聚离不开行业的大发展,而某一行业的大发展总是伴随着崭新时代的到来。2016 年 10 月,《"健康中国 2030"规划纲要》发布,为医药健康产业的发展指明了方向。这份纲要中明确提出,我国健康服务业的总产值到 2030 年要超过 16 万亿元。这份纲要无疑为医药健康产业的大发展提供了强劲的动力,可以说我国医药健康行业尤其是创新药的春天已经到来了。

一、创新药的市场发展前景

1. 巨大的市场需求

中国的医疗健康行业作为一个朝阳产业,有着前所未有的发展机遇和市场发展前景。这种历史性的发展机遇与以下几方面的因素密不可分。

（1）人口老龄化趋势

国家统计局发布的 2021 年第七次全国人口普查数据显示:我国 60 岁及以上人口已超过 2.6 亿人,占总人口的 18.7%,比十年前增加 8600 多万人,占总人口的比例提升了 5% 以上。老龄化趋势十分明显。随着年龄的增长,人的自身免疫力和生理机能都下降退化。按照当前的医疗卫生统计数据显示,老年人的医疗卫生支出平均为年轻人的 3 倍。

（2）各种慢性疾病蔓延

不良的个人生活习惯以及气候、社会环境和遗传等因素导致患慢性疾病的风险增加。心脑血管疾病、糖尿病、肿瘤等疾病的治疗成为医疗领域的重大挑战,同时也为各治疗领域的创新药企业提供了广阔的市场机会。

（3）健康意识的提升

随着生活水平和健康意识的不断提高,人们在提升健康水平上投入会越来越多,对于各种新药的接受度也越来越高。

(4)市场对于创新药的需求

各类新型疾病如新冠肺炎等的出现以及部分传统的仿制药为主导的药品的疗效下降,导致市场对于创新药的需求加大。

创新药公司通过研发新产品获得利润回报,这就需要企业在研发方面持续投入巨资,由于前面提到的新药研发周期长、投入高、风险高等原因,再加上国内医药市场的种种历史遗留的弊端,导致当前的医药健康行业存在本末倒置的现象,即很多医药企业在研发方面投入很少,在营销方面的各类投入却十分惊人。但是医药健康企业要想长期保持获利能力,最终还是需要依靠持续推出的新产品上市,特别是需要具有更强营利能力的开创性的新产品。从全球范围来看,国际知名企业的研发费用占到销售收入的20%左右(几十亿美元),而推动国内医药行业前进发展除了需内在动力外,更加需要国家具有战略前瞻性的政策来大力引导推动,这样的时代已经到来了!

2.国家对于创新药的大力支持

医药健康行业本身是一个能够不断创造故事、热点和奇迹的行业。2015年8月,国务院印发了《关于改革药品医疗器械审评审批制度的意见》,标志着我国全面启动了药品审评审批制度的改革。在国家的"十二五""十三五"国民经济发展规划的指引下,我国的重大新药发展计划把我国生物医药的发展带入一个鼎盛时期。自2015年以来,国家药监局开始了一系列的改革,逐步完善国内药品和器械的审评审批制度,不断加大对创新药和创新器械的支持,通过突破性疗法认证、附条件批准程序、优先评审制度等加速创新产品的上市速度。近几年来国家对于医药行业尤其是对于创新药方面的改革和支持措施主要如下。

(1)带量采购

2018年11月,上海等地发布《4+7城市药品集中采购文件》,2019年12月,国家医保局印发《关于做好当前药品价格管理工作的意见》，明确深化了之前试点的药品集中带量采购制度改革，坚持"带量采购、量价挂钩、招采合一"的方向。通过带量采购、量价挂钩的方式大幅度降低仿制药的价格，反向推动制药企业做好有利润保障的原研药的研发。

（2）一致性评价

2016年3月，国务院办公厅印发《关于开展仿制药质量和疗效一致性评价的意见》，该政策在要求提升医药企业仿制药质量的同时，对企业的产品研发质量也作出了相应的要求和规定。

（3）两票制

2017年1月，国家卫计委发布了《关于在公立医疗机构药品采购中推行"两票制"的实施意见（试行）》，药品从医药生产企业卖到一级经销商，从经销商卖到医院，在流通环节开两次票，以两票代替常见的多票，减少流通环节的层层加价。

（4）医保新药纳入变革加速

2017年6月，国务院办公厅印发了关于医疗保险支付方式的指导意见《关于进一步深化基本医疗保险支付方式改革的指导意见》。近些年来医保对于新药的纳入力度非常大，据统计，2019年共有70个药物成功纳入医保，其中多数为近些年新上市的新药，相比往年有大幅度的提升。

（5）NMPA加入ICH

2018年，我国成为ICH（国际人用药品注册技术协调会）管理委员会成员，在药品研发、注册、生产、监管等方面逐步与国际接轨。中国药品监管体系真正融入国际社会，为中国新药走出国门、走向国际市场和国际新药进入中国奠定了良好的基础。

（6）港交所上市制度改革

2018年2月，港交所允许从事医药（小分子化药）、生物制药和医疗器械生产和研发但尚未盈利或有收益的科技公司上市。关于创新药公司的上市将在本书第十章介绍。

（7）MAH 制度

2019 年 8 月，国家开始全面推行药品上市许可持有人制度，在落实药品全生命周期的主体责任的同时，激发市场活力，鼓励创新，优化资源配置，为国内各创新药发展提供良好的政策保障。

（8）中国药典

2020 年 12 月 1 日，《中华人民共和国药典》正式实施。新颁布实施的药典能够更好地保障药品质量，维护人民健康，促进推动医药行业高质量、重创新地发展。

未来我们将迎来一个医药健康产业大发展的年代。虽然目前从整体上来看，上市医药健康企业的规模、新药研发能力、营收水平都与国际上大的医药企业相去甚远，但结合我们巨大的市场，国家及各地方政府对于医药行业的大力支持，我国医药企业拥有非常广阔的发展空间和潜力。拿国内目前最大的医药企业恒瑞医药为例：根据其发布的 2020 年年报显示，2020 年实现营业收入 277 亿元，同比增长 19%，2020 年研发投入 49.89 亿元，同比增长 28%。其研发投入占比达到 18%，已经接近于国际上医药巨头约 20% 的研发投入比。恒瑞医药的产品体系非常完整，已经从简单的仿制阶段过渡到仿制药和创新药并存阶段，再到未来以创新为主的阶段。2020 年，其创新药收入约为 100 亿元，相比 2018 年的 25 亿元增长了 3 倍，其收入占比也从原来的约 14% 达到了约 30%。与此同时，恒瑞医药的专业人才队伍不断壮大，尤其是高端研发技术专家不断从全球各地汇聚，为创新药的发展奠定了人力资源基础。

国内的新药研发在国家政策和市场需求的双重驱动下持续快速增长，图 1-3 是根据公布的数据统计的 2017 年到 2021 年间国内新药临床试验数量按照研究阶段类型分类的增长趋势情况。

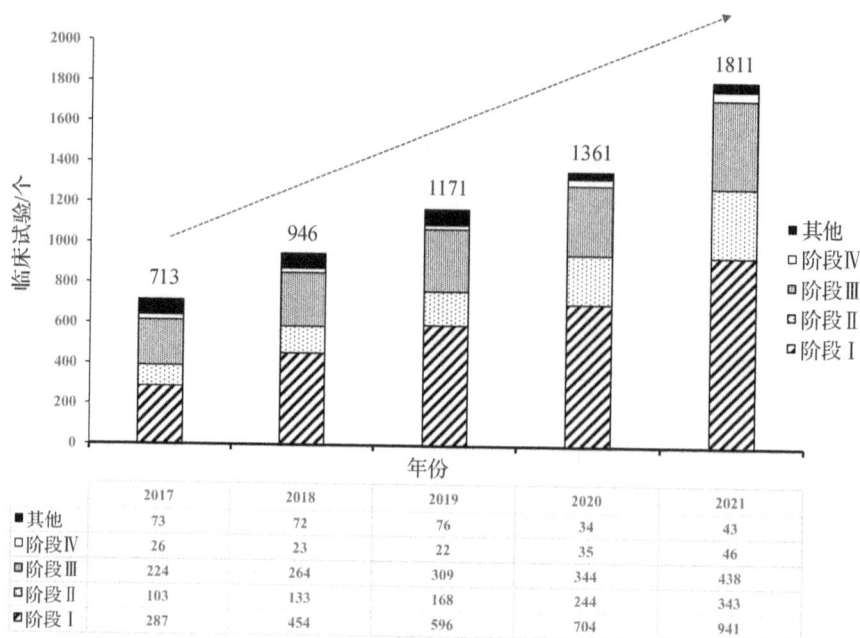

图 1-3　中国新药临床试验增长趋势

	2017	2018	2019	2020	2021
■其他	73	72	76	34	43
□阶段Ⅳ	26	23	22	35	46
▣阶段Ⅲ	224	264	309	344	438
□阶段Ⅱ	103	133	168	244	343
▨阶段Ⅰ	287	454	596	704	941

　　新药的诞生依靠创新的驱动,国内药企的发展依赖创新的土壤环境,创新是医药永恒的核心主题。尽管仿制药在各国市场上占主导比例,但创新药,尤其是全新分子结构的新药,尽管其所占的比例不大,但却是医药行业未来的希望和前进的动力。创新药也是仿制药模仿的目标对象,肩负着涵盖、填补未被满足的临床医药需求的伟大使命和重任。过去几年,国内创新药产业在产业链发展的同时也吸引、培育出大量的研发人才,使得国内的医药创新企业如雨后春笋般地蓬勃发展,未来我们的医药行业极可能会产生与国际巨头相匹配的行业龙头企业。

二、创新药公司的上市机遇

　　资本和创新药,就像一对相互吸引的恋人,在 2014 年起相恋相伴已经走过了 8 年。资本从那时起加速涌入医药行业,成为推动国内创新药的发展和创新药企业成长的巨大动力。而国家在出台一系列政策支持医药产业发展的同时，又推出了一个"重磅炸弹"。

2019 年 3 月，上交所公布了首批 9 家科创板受理企业，2019 年 7 月 22 日，科创板正式开市。科创板的推出是我国资本市场的重大改革，尤其是对企业的上市标准实现了创新。

国内原有的证券法体系存在一定的缺陷，在一定程度上限制了许多科技创新企业的上市，导致他们不得不通过境外上市的方式来获得发展机会和所需资金。科创板的服务对象是"符合国家战略、突破关键核心技术、市场认可度高的科技创新企业"。重点支持包括生物医药等在内的高新技术产业和战略性新兴产业。

目前科创板对于符合条件的高科技企业的判断标准中适用于创新药企业的主要包含以下几条：

（1）是否掌握具有自主知识产权的核心技术，核心技术是否权属清晰、是否国内或国际领先、是否成熟或存在快速迭代风险。

（2）是否拥有高效的研发体系，是否具备持续创新能力，是否具备突破关键技术的基础和潜力，包括但不限于研发管理情况、研发人数、研发团队构成及核心研发人员背景情况、研发投入情况、研发设备情况和技术储备情况。

（3）是否拥有市场认可的研发成果，包括但不限于与主营业务相关的发明专利、软件著作权及新药批件情况，独立或牵头承担重大科研项目情况，主持或参与制定国家标准、行业标准情况，获得国家科学技术奖项及行业权威奖项情况。

随着科创板与注册制制度的推进，医药行业中具有高投入、高风险、长研发周期的创新药企业，纷纷布局，以借助这一利好机会尽快上市，从而获得资本的长期支持，在上市获得资金的同时，也帮助企业吸引更多的人才加盟，通过人才汇集推动产品上市进程，形成企业发展良性循环。

科创板的上市要求与 A 股其他板块相比发生了很大的变化，主要体现在财务指标方面,科创板更加看重企业的持续经营能力和未来潜在的营利能力。在上交所发布的《上海证券交易所科创板股票发行上市审核规则》中,企业只要满足五套标准中的一套(五选一)即可,其中对于产品尚未上市,尚未获得上市营业收入的创新药公司来说,其适用于第五套标准:预计市值不低于人民币40亿元,主要业务或产品需要经国家有关部门批准,市场空间大,目前已取得阶段性成果。医药行业企业需要至少有一项核心产品获准开展Ⅱ期临床试验,其他符合科创板定位的企业需要具备明显的技术优势并满足相应条件。

第五套标准中两个关键点是:(1)市值标准达到40亿元;(2)至少有一项核心产品获准开展临床Ⅱ期试验,当然预期市值越高越好,同时对于多管线产品推进的企业来说,拥有多产品进入临床阶段将更加具有竞争力。

金融资本已经成为生物医药技术领域创新、创业的重要推手。资本、科学和管理形成创新三位一体模式,技术创新、商业模式和金融资本更加深度地融合。在过去的三四年间,我们看到医药板块给投资人带来了从数十倍到数百倍的回报,医药企业的融资金额不断提升,医药产业与社会资本形成了良性循环。

伴随着全球的资本越来越多地参与中国医疗产业的发展,以及中国加入ICH(国际人用药品注册技术协调会),"创新国际化"也将是未来几年医药健康产业尤其是创新药企业投资的主旋律。中国医药创新企业正在逐步走向全球市场,同时全球医药企业也在逐步把目光投向中国,产品合作越来越多,许多中国创新药企业对于产品管线进行国际化的布局,license-in(权益引进)/license-out(权益售出)成为常态化的选择。这样的license-out合作给国内药企带来了一次性的资金,能够使企业更好地考虑研发风险和资金资源的平衡,同时也带来了未来全球销售的提成,打开了产品的海外市场空间。与此同时,更多的国内企业选择去海外做全球多中心临床,寻求产品在海外上市和销售。

展望未来,中国创新药市场将会涌现出大量优秀的企业,市值达到数百亿、数千亿元,孕育着巨大的投资回报机会,不仅仅是创新药,医药医疗各个细分领域都是如此。越来越多的专家管理者投身于这一行业,作为产业飞速发展的亲身经历者,我们为时代的机遇感到庆幸和自豪,在为产业发展之迅速感到惊叹兴奋的同时,努力为这一时代宏图贡献出自己的一份力量。

表 1-5 为目前部分已上市的创新药公司的股价和市值(以 2021 年 11 月 5 日收盘价为准)。

表 1-5　部分已上市的创新药公司的股价和市值

部分创新药上市公司名称	上市板块	股价	市值
百济神州生物科技有限公司	美国纳斯达克	378.68(美元)	355.30 亿(美元)
再鼎医药有限公司	美国纳斯达克	85.17(美元)	82.11 亿(美元)
天演药业(苏州)有限公司	美国纳斯达克	11.00(美元)	4.79 亿(美元)
苏州亘喜生物科技有限公司	美国纳斯达克	10.88(美元)	7.32 亿(美元)
信达生物制药集团	港交所	75.25(港币)	1098.72 亿(港币)
基石药业(苏州)有限公司	港交所	9.61(港币)	113.93 亿(港币)
苏州亚盛药业有限公司	港交所	32.45(港币)	85.63 亿(港币)
中国抗体制药有限公司	港交所	2.77(港币)	27.87 亿(港币)
苏州康宁杰瑞生物科技有限公司	港交所	16.50(港币)	154.41 亿(港币)
苏州开拓药业股份有限公司	港交所	58.75(港币)	227.71 亿(港币)
百济神州生物科技有限公司	港交所	223.00(港币)	2707.25 亿(港币)

续表

部分创新药 上市公司名称	上市板块	股价	市值
和铂医药（苏州）有限 公司	港交所	6.95（港币）	53.37 亿（港币）
再鼎医药有限公司	港交所	665.50（港币）	641.6 亿（港币）
苏州药明巨诺生物科技 有限公司	港交所	13.82（港币）	56.2 亿（港币）
博瑞生物医药（苏州）股 份有限公司	科创板	35.74（人民币）	147 亿（人民币）
苏州浩欧博生物医药有 限公司	科创板	63.50（人民币）	40 亿（人民币）

三、创新药公司的风险和挑战

机遇到来的时候往往同风险和挑战并存。创新药巨大发展空间到来的时候,由于医药行业和市场的特性,每一家已上市的或还在上市途中的公司都会面临巨大的风险和挑战。具体表现如下。

1.药物安全风险

医药健康产品的健康安全问题是每一个国家都极其重视的,受到政府的高度监督管控、舆论的特别重视和民众的极度关注。虽然整个医药健康企业都有严格的系统化安全管理措施,但百密一疏,仍然有可能出现作为个例的安全黑天鹅事件。这些事件对于医药企业的打击往往是非常致命的,可能导致其几十年的努力毁于一旦。

2.药物替代品

现代社会科技突飞猛进,很多药品面临替代品的威胁。今天市场销售非常好的药品可能明天就被新品所替代。一个企业花费长时间和巨资研制的新药,如果在研发过程中或者刚上市时就有新的替代品出现,可能使得企业损失大量的时间、人力和金钱成本。

3.产品单一及研发风险

前面已经提到新药研发的三个主要的特征是长周期、高投入、高风险。目前不少创新药公司的产品管线由于受制于技术能力和资金因素,在漫长的产品推进过程中存在较大的挑战和风险。即使是产品管线较为丰富的公司,也存在研发决策失误而导致的产品失败,投入损失,或产品被同期的竞争对手超越、知识产权被侵占等风险。

4.资金链断裂,产品停滞

创新药公司在产品上市营利前需要大量的资金支持,资本市场上市前的产品推进相伴着融资的进程,没有资本的青睐,随时会出现资金链断裂导致产品推进停滞,甚至前功尽弃。

5."小"公司的管理风险

创新药公司充满活力,充满奋斗激情。但同时创新药公司都比较新,刚开始规模较小,存在体系制度不够完善、纪律性较差、随意性较大、发展战略不够清晰、风险控制能力较弱等风险。不少创新药公司创业团队由于各种原因导致不够团结,这些都是创新药公司的管理风险。

6.人才短缺和人才流失

当前医药行业蓬勃发展,各方人才汇聚,这也导致人才用工成本不断攀升,很多候选人手握几家公司的录用函,企业急于用人,只能不断提价竞争。原本比较稳定的内部队伍也开始不断流失,为了挽留人员,只能不断涨薪,导致顾此失彼、人心不稳。

创新药公司风险和挑战各式各样,但每一样都可以说直接或间接地和人、人才、人力资源有很大的相关性,本书将在后续分九个方面在第二到第十章详细地分析论述。

第三节　创新药公司人力资源管理的特点和挑战

伴随着新时代医药行业的发展,人力资源管理也需要与时俱进,突破人力资源管理的传统固有思维模式,重构新时代的人力资源管理体系,促进中国医药产业的新发展。

创新药公司在和时间赛跑,时间就是生命线。无论是临床前的研发还是临床试验,无论是注册申报、制剂合成还是生产质量验证、上市销售,都需要尽最大的可能提高效能、在保证质量的前提下加快进度。因此是否有最合适的团队、人才,在拥有高效的业务管理体系的同时是否有匹配的人力资源管理体系也极为重要。

一、医药行业人力资源现状和趋势

医药行业是关系到千家万户的民生行业,因此也是国家重点监管和受政策导向的行业。中央和各地方政府陆续出台了一致性评价、分级诊疗、限制门诊输液和辅助用药、两票制、4+7集采、医保改革、986基药等和药品使用相关的政策措施,目的是推动医药企业向规模化、集中性和创新升级转型。传统的医药企业将经历转型发展的阵痛,创新药公司迎来了最佳的发展契机。这一时代发展的巨大变化不可避免地影响到企业的用人策略和市场人力资源状况,中国医药行业人力资源正充满活力地沿着积极健康的方向发展。

在2021年初由浙江大学健康产业创新研究中心、诗迈国际生物医药孵化平台、诗迈医药人力研究院等多家单位承办的2021"突破"与"重构"未来医药人力资源管理峰会上,诗迈医药人力创始人谢诗明先生在主题分享中谈道:2021年成为医药企业发展命运的新拐点。政策影响明显,医药行业招聘大幅提速,人才紧缺,部分岗位薪资涨幅明显,沿海和内地医药产业发展差距持续增大,海归创业火热,专业投资谨慎,医药教育现状亟待改进等,具体来说,包含创新药公司在内的医药行业人力资源现状和发展趋势主要体现在以下几个方面。

1.人才流动频繁,人力资源重新配置

一方面,创新药公司在宽松的政策环境、资本支持下大量涌现,导致市场对医药行业各方面的人才需求井喷式地爆发;另一方面,很多传统企业受政策影响,利润下降、发展受限,导致部分优秀人才希望寻找新的发展机会,同时在经历新冠肺炎疫情,对跳槽持谨慎态度后,人们重新对未来持有足够的信心。这些都导致医药行业比其他行业人才流动更加频繁。在创新药企业招聘过程中经常可以见到在短期内不断变换企业的应聘者。

2. 人才竞争激烈，招聘难度增加

由于医药行业发展的大环境导致各传统医药企业和各新型创新药企业对于研发和临床类人才需求加剧，许多研发和临床类人员手持几份录用函，相互比较观望，接受录用函后临时变卦的情况也常有发生，导致相关用人部门和人力资源招聘从业者备受煎熬。

3. 人才国际化，海外华人人才受追捧

由于国际化医药公司、国际创新药公司、医疗器械公司等的研发总部基地基本都是放在海外，甚至早期临床和 Ⅰ 期临床也基本都是在海外进行，因此国内公司在早期研发、早期临床等领域的人才非常缺乏，国内医药公司尤其是创新药公司越来越多地从海外招聘优秀的人才，其提供的综合待遇也超过了很多美国本土的企业。加上国际政治形势的变化和新冠肺炎疫情的影响，越来越多的海外华人回到国内医药企业工作、发展。同时基于语言和文化因素，他们比其他国籍的医药人才更加受到追捧。

4. 越来越多的医院医护从业人员加入创新药企业

一方面，由于创新药公司医学岗位上需要具有相关产品领域丰富临床经验的医生加盟来指导产品的医学工作环节；另一方面，市场上的药物医学管理人才短缺导致企业和人才中介机构（猎头）更多地把眼光投向医院寻找合适的人选，导致很多中青年医生流向创新药企业。

5. 越来越多的人才流向上海、北京、苏州、成都、深圳等城市

诗迈人力研究院 2021 年对医药人才所在地样本分析结果显示，全国医药人才分布排名前五的省份分别为：广东、北京、上海、江苏、四川。对于医药人才中的高学历人才（博士、硕士学历）进行分析表明，排名前五的省份依次为：北京、广东、上海、江苏、浙江。对于中国各城市医药行业的创新过程、创新成果、高学历人才占比等的汇总分析评估计算，得到"中国城市医药创新实力排行榜"，该排行榜综合反映了我国各城市医药行业的创新实力。排名前十的城市分别为：上海、苏州、北京、南

京、杭州、广州、深圳、成都、武汉、天津。国内医药行业尤其是创新药行业的人才纷纷流向这些城市。

6.医药行业人才选择企业看重的因素

除了薪酬待遇这一非常重要的因素外,医药行业中的高端人才比较看重的因素主要还包括:公司的技术实力、现有的产品管线、高层的管理风格理念、直接领导的背景、面试的体验感觉、工作环境地点等。另外高端人才非常看重公司的股权激励分配等因素。

关于创新药公司的各细分业务领域的人才市场状况,本书将结合各业务人力资源管理和人才招聘管理在后续的第三章和第四章中详细介绍。

二、创新药公司人力资源管理特点

未来中国创新药的研发竞争会十分激烈,人才是创新药行业最大的资产。哪家创新药公司拥有一支技术全面、运转高效,从早期研发前端到后期临床、CMC 生产都优秀的人才团队,就能在新药研发的赛道上领先一步,提前撞线。

创新药公司对人员的要求更高精,博士硕士占比更高,对能力方面要求更为全面。懂新药研发、能够快速招募优势技术人才、能够和科学家进行深层次的交流、能跨部门协同、具有创新意识等将会是创新药企业对人力资源管理者的主要要求。

以下是相比于大部分公司,创新药公司在人力资源方面的几个主要的特点:

(1)员工具有"三高"特性:学历高、专业性高、薪酬高;

(2)人力资源管理者需要有超强的人才招聘吸引能力;

(3)注重研发效能,人力资源管理者需要有能力建立基于研发和临床的绩效管理体系;

(4)探索性工作、需要培养创新文化理念;

(5)立足本土,走向世界,需要有国际化的视野和格局;

(6)依赖资本市场的支持,寻求资本市场上市,人力资源管理者有能力和投资方及证券方交流。

同为医药行业当下也十分火热的 CRO 公司，和创新药公司在组织架构、人力资源管理等方面体现出了较大的差异性。CRO 更关注人均产能，会通过扩大企业规模来承接更多项目，工作经验以临床试验和 CMC 为主。关于创新药公司和 CRO 公司整体上的不同特点以及在人力资源管理方向上的不同特征比较，将在本书第七章中作进一步的分析描述。

三、创新药公司人力资源面临的问题和挑战

2021 年初，苏州工业园区经济发展委员会、苏州工业园区劳动和社会保障局和科锐国际、医脉同道等多家单位联合举办了"苏州生物医药产业人力资本研讨会"。在一场以"生物医药产业人才链构建新趋势"为主题，探讨共话后疫情时代生物医药产业人才的创新发展方向的深度研讨会上，主持人问一位嘉宾这样一个富有挑战性而有趣的问题：您作为一家创新药公司的 HR（人力资源）负责人，晚上让你"睡不着"的事是什么？

这位嘉宾是这样回答的：现在创新型公司，需要思考的首要事情就是 HR 如何助推公司业务成长。目前公司有两大目标，第一个是近期在科创板上市，第二个是产品上市。那么 HR 在产品上市方面如何配合公司开展？我们研发和 CMC 团队都很强，目前瓶颈主要在于临床团队。临床工作是全部外包的，自身的临床团队在过去两年中建设缓慢，团队部分人员不称职或思路不一致，导致项目在临床阶段推进缓慢，优秀的有战斗力的团队没有搭建起来。产品进入临床试验阶段，医学策略或临床运营方面的不力可能导致产品上市延迟数月甚至数年。这是使我很苦恼，让我晚上睡不着觉的事情，我们作为 HR，怎样才能更好地帮助公司的领导分担解决这个问题？

对此主持人也很有同感，他认为：很多医药行业业务领导做决定的时候，对于组织能力和人员并不太在意。团队能力行不行？市场上是否有相应的人员匹配？人员什么时间能到位，会不会流失？业务领导

对于这块是没有概念的,所以 HR 负责人一定要及早参与公司战略决策和业务会议。HR 的职责就是把合适的人放在合适的岗位上,不合适的人要坚决换掉,企业发生问题往往是人员换得太慢了。当然,一定要找到合适的人及时顶上。

概括起来,现阶段国内创新药公司人力资源上面临的主要问题和挑战可分为以下几个方面。

1.人才招聘和吸引

创新药公司每一个领域都需要非常专业的人员,在公司和产品发展的不同阶段也需要不同的人才,如何快速准确地吸引和找到这样的人才是一个非常具有挑战性的问题。由于创新药公司还在投资阶段,公司的规模还比较小,知名度及产品没法和那些已经具有一定规模的国际或国内大型医药公司相媲美。如何发挥优势,找到最合适的人选,吸引他们加入公司就是非常具有挑战性的。前沿和特别高端的人才引进有困难,比如首席医学官 CMO、首席技术官 CSO、转换医学负责人等,需要有强大的招聘能力和公司高管团队背后的良好人脉资源。关于这方面的话题,本书将在第四章中详细介绍。

2.人才迭代

创新药公司的发展非常快,同时创新药领域的知识更新也非常快,因此创新药公司的人才升级和迭代也很快。如何将原有的队伍不断升级,让"老"员工的职责管理权限随着公司的发展不断地优化调整,适当地根据公司发展的需要"交出"一部分的权限,和新加入公司的人才更好地分工协作,将是人力资源管理的一个挑战和难点。比如:对于早期研发团队,如果已有的"know-how(专门技术知识)"的靶点没有了,如何引进有项目的早期研发科学人员和团队,等等。

3.技术人才绩效管理

创新药公司发展阶段主要是以研发技术为核心,其研发能力、研发团队和早期的研发产品线就是公司的生命线。因此,如何建立一整套针对研究和开发团队人员的公司绩效管理考核方法体系,如何为了快速推进产品上市而对医学和临床运营建立独特的考核制度,也是创新药公司面临的人力资源管理难题之一,这和创新药的研发一样也是一个新课题。关于这方面内容本书将在第五章中详细介绍。

4. 项目管理体系建设

创新药公司的项目管理自始至终贯穿于药物生产的全过程,项目管理工作存无形于有形之中,既可以是一个产品从化合物探索发现到销售上市、长达十年的项目管理,也可以是仅仅存在于早期研发阶段或临床运营阶段的分阶段项目管理。项目管理中又可以包含创新药研发风险管理和研发预算管理等细分领域。一般国际化大医药公司的项目管理体系非常完整成熟,而国内创新药公司的项目管理还处于发展探索期。比如,早期研发项目立项中更加严谨的项目管理,可以比较有效地降低后期可能的投入失败、资金浪费等问题。又比如,在公司早期有研发多个项目同时推进的情况下,如何分配管理控制人员项目时间及预算,如何分析评估项目产品的已经研发的时间、累计费用、下一阶段的目标等,其项目负责人负责制,对小组成员考核权,项目成员双重汇报考核等比起CRO行业的项目管理难度和挑战性要大很多。关于这方面的内容,本书将在第六章中详细描述。

5. 如何建立海外团队和国际化

随着2017年中国加入ICH,国内创新药公司走向国际化是一种趋势和主旋律。这涉及的领域包括:药品研发、注册、生产、监管、产品合作以及最终的销售(包括商务合作销售市场提成)。越来越多的国内企业选择去海外做产品的国际多中心临床,寻求产品的海外注册、上市和销售。因此创新药公司如何建立海外团队和走向国际化,如建立海外临床团队(包括医学、临床项目管理、临床监查和其他外包)、海外团队和国内医学临床团队的协调和并行管理,等等,也是国内创新药公司面临的新挑战。

6. 新的团队的融合以及SOP(标准操作程序)体系的建立

创新药公司的产品进入临床阶段后,在资金方面的投入和风险越来越大。考虑到产品进度、成本和沟通交流等方面的问题,越来越多的创新药公司趋向于建立自己的临床团队。自建完整的临床团队,包括

MD(医学)/PV(药物安全)/OP(操作员)/ST(统计)/临床 QA(质量保证)/DM(数据管理)/RA(药品注册专员)/临床药理等。新建立的团队成员来自五湖四海,各公司的体系、架构、文化都不尽相同,如何尽快融合为新的团队并建立起一整套完善的临床 SOP 管理体系,将是创新药公司面临的一个非常重大的挑战,其结果将直接影响到产品临床推进和产品上市。

7. 内部员工挽留和人才职业发展

对于创新药公司来说,如何招人是挑战,如何留住人又是一大挑战。相比于成熟的大的医药公司来说,员工内部发展和横向转岗的机会比较少,职业发展也经常会遇到瓶颈,因此导致的人员离职不在少数。比如对于一个高学历的实验室研究人员来说,当在实验室工作了 3—5 年,年龄超过 30 岁以后,他们往往希望能够有更好的个人发展,此时公司一般产品大多还没有上市,公司的规模也不会特别大,如何挽留住这些人员,也将是创新药公司面临的一大问题。

8. 如何确保知识产权和信息保密

对于创新药公司来说,产品研发中的相关知识产权和各种信息数据是企业的核心竞争力和价值所在,如何在漫长的产品研发和临床周期中保证知识产权和信息保密也是非常重要的任务。从人力资源的角度,如何让员工签署相关的法律文件,协助制定执行保密制度、文档管理制度等也将是创新药公司的重要目标和挑战。

四、创新药公司人力资源管理者需要具备的特质

基于创新药公司在人力资源方面的特殊性,为了能够胜任并成为一名优秀的创新药公司人力资源管理从业者,在通常的人力资源专业知识和能力素质要求外,其还必须具备以下几个方面的特殊能力要求。

1. 优秀的学历背景

创新药公司的员工绝大多数拥有高学历,据不完全的统计数据显示,创新药公司博士研究生或以上学历人员占比平均超过 23%,本科

及以上学历人员占比超过 95％。因此为了更好地和内部员工、外部候选人员深入交流,绝大多数的公司希望人力资源管理者具有较高的学历,最好具有硕士研究生学历,如果是本科学历,也希望能够是重点院校的毕业生。

2. 有优秀的学习能力

新药研发本身就是对人类未知领域的探索、发现,创新药公司的核心文化就是探索、学习,新药研发的过程就是一个不断探索、学习的过程,即使对于公司内部各领域的技术专家来说,也需要不断地创新。人力资源管理者虽然身处职能部门,但也需要有良好的学习能力。保持和新药研发进程同步的节奏才能更好地支持服务于公司新药研发的各个项目,其在为公司培养建立一种良好学习氛围的同时,自身也应成为积极学习提升的榜样。

3. 对于创新药公司各个部门和岗位有非常专业和深入的了解

创新药公司虽然规模一般不大,但各岗位的专业技术要求高。为了更好地精准招聘到匹配的专业细分领域的人员,也为了更好地建立起研发类、临床医学类岗位的绩效考核管理体系,人力资源管理人员更加需要对于创新药公司各个部门和岗位有非常专业和深入的了解。

4. 既有大公司的体系化认知经验,又有小公司灵活、快速、变通的风格特点

创新药公司的历史较短,作为一个新的公司,其体系化的东西相比于一些成熟的大公司来说比较薄弱,但在药物研发、临床试验、生产质量认证、注册申报、商业化上市等各环节都需要有体系化的东西来进行风险控制、项目管理、商业化管理。同时创新药公司也非常需要保持决策反应快、灵活性强的优势。人力资源管理者需要协助公司高层和各部门负责人建立起这些体系化的东西和优势。

5. 既有足够的战略高度,又有足够的具体动手能力

创新药行业在国内是新兴的行业,前期研发周期较长,但后续增长非常迅速,在不同阶段其对于人力资源管理者的要求差异非常大:既要有工作的长远规划和前瞻性,又要能在规模较小的时候亲力亲为,具有

足够的动手能力。就像俗话说的那样：上得了厅堂，下得了厨房。一般具有眼光的高层会在建立人力资源团队时，前瞻性地选择那些能匹配到未来4—6年需要的人力资源管理者，"高配"是为了更好地满足公司前瞻性布局的需要。

6.有足够的和投资方、券商、审计法务部门打交道的能力

创新药公司的人力资源管理者除了完成内部管理的需要外，还需要配合公司的融资、投资合作、产品上市、资本市场商业化上市、外部审计等重大活动事项。因此其良好的个人背景和工作能力、优秀的沟通交流能力在给予投资方足够的信心、顺利地协助推进创新药公司的各项对外事务具有非常重要的意义。

第二章 突破与成长
创新药公司的团队搭建和组织架构

第一节 创新药公司整体运营架构

创新药从化合物的发现探索到产品成功上市需要经过漫长的近十年甚至更长的时间,其间根据产品的研发过程和公司发展的不同阶段搭建与之相匹配的团队和人员架构,将关系到产品是否成功甚至企业的存亡。由于创新药行业在国内是新兴的行业,许多创始人、投资人、科学家和管理者对于创新药公司在发展过程中需要什么样的团队架构和需要什么样层级的人员都比较模糊。这和创新药的探索发现一样,由于经验不足,经常会走一些弯路,导致公司发展和产品推进停滞、耽搁,常见的一些问题主要包括:

(1)团队和人才没有提前布局,导致无法临时找到创新药合适的人才,耽搁产品推进;

(2)在一些重要的高管岗位使用了不合适的人员,严重影响了该模块业务和团队的发展;

(3)为了节省开支,在一些重要的岗位上人员素质配置过低,经验能力不足,导致更多的损失和浪费;

(4)因组织架构不清晰、人员配置不合理或没有因公司的发展而及时调整,导致运转效率受影响;

(5)对于技术类岗位的工作量的评估缺乏经验而导致一些阶段冗

员过多、工作量不足。

关于以上问题,本书将在本章以及后续的第三章、第四章及第五章中详细分析。

我们根据创新药公司的特征和运营模式,将其分为业务部门和职能部门两大类。对于业务部门,我们将产品的研究发展过程又分为临床前研发、化学生产控制(chemistry manufacturing control,CMC)、医学和临床研究、生产制造和商务销售五大阶段。

为了更好地帮助大家了解创新药公司的业务运营和组织架构,我们以比较典型的小分子创新药公司为例,将其归纳概括到一张图里面。图 2-1 为创新药公司的整体业务运营组织体系示意。

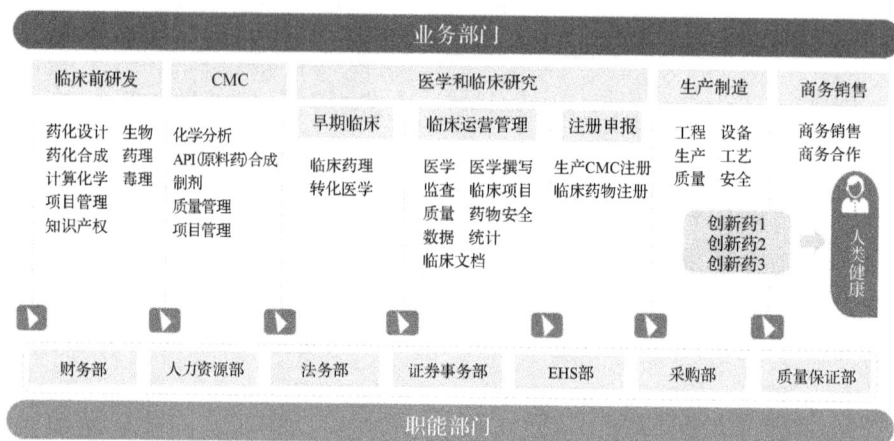

图 2-1　创新药公司的整体业务运营组织体系

一、创新药公司的主要业务运营部门

对于临床前研发、CMC、医学和临床研究、生产制造和商务销售五大阶段,以小分子化药为例,一般又分别包括如下几个主要的职能模块。

1.临床前研发:如药化设计、药化合成、计算化学、生物研究、药理研究、毒理研究等作为主体,并配备临床前项目管理和知识产权保护等岗位。

2.CMC：主要包括化学分析、API(原料药)合成、制剂、质量管理和项目管理等岗位。

3.医学和临床研究：可以细分为以下三个阶段。

(1)早期临床：早期临床是衔接临床前研发和临床医学的重要阶段，对于创新药非常重要，其功能主要包括临床药理和转化医学两部分。

(2)临床运营管理：是新药推进上市的重要阶段，主要包括医学、临床项目、监查(CRA)、临床文档(CTA)、药物安全(PV)、质量(QA)、数据(DM)和统计(ST)等八大功能模块。有些公司将医学(medical)又分为医学和医学撰写(medical write)。

(3)注册申报：按照不同的阶段可以分为 CMC 注册和临床药物注册申报。

4.生产制造：包括前期工厂设计建设阶段，其主要的功能和领域包括：工程、设备、质量[含 QA(质量保证)、QC(质量控制)和验证]、工艺、生产和安全(EHS)。

5.商务销售：包括产品上市前的商务销售(license-in/license-out)和产品商业化上市后的商务合作。

详细的岗位和人员情况将在本章及第三章中介绍。

二、创新药公司的主要职能部门

创新药公司的职能部门的特点是人员少而精。由于公司在资本市场和产品上市前人员规模并不大，所以支持业务的职能部门人员并不多，但创新药公司是高科技公司，人员都是高学历人才，而且公司的发展非常迅速，因此对于职能部门的人员要求也非常高——往往要求其既具有专业领域的前瞻性，能够搭建整个管理体系，又能够有很强的动手能力，完成一线的很多具体的工作任务。

创新药公司的职能部门，除了常见的财务部、人力资源部、采购部、质量保证部(负责公司整体的 QA)、行政部外，由于公司需要上市，因此也需要有非常强的证券事务部和法务部。至于更详细的内容，将于本书第三章中介绍。

　　至于创新药公司的团队搭建和组织架构发展,本章将以其不同的发展阶段为主线,结合主要的业务模块分为以下四节来介绍:初创时期团队和人员架构;临床发展阶段团队和人员架构;工程制造质量阶段团队和人员架构;市场商务阶段团队和人员架构。其中公司新成立到产品启动临床试验、申请 IND 为初创阶段;从开始进入临床Ⅰ期试验到完成临床Ⅱ期为临床发展阶段;从启动工程设备建设到开始正式生产产品为工程制造质量阶段;从正式产品销售(含 license-out)开始为市场商务阶段。以上各阶段是按照时间进程前后来排列的,但时间上也含有一定的重叠。

第二节　初创时期团队和人员架构

　　创新药公司从搭建最初的团队,到作为里程碑之一的向药品监督管理机构提请一份 IND 申请,获批后才能开始进行药物的人体试验。这个阶段一般需要 2—4 年时间。我们把这个阶段定义为初创时期。初创时期的主要任务包括:化合物的探索和发现,基于实验室和动物的研究,观察化合物针对目标疾病的生物活性,对化合物进行毒理、药理安全性评估等。

一、投资人眼中的优秀初创团队

　　初创公司离不开资金的支持,由于创新药行业具有高投入、长周期和高风险的特征,因此,虽然创始人团队具有一定的自有资金,但还是需要大量持续的外部投资。那么投资人愿意热捧的初创企业、投资人眼中卓越的医药企业是什么样的呢?

　　投资人关注的创新药公司在产品和技术层面的因素包括:

　　(1)专利和技术水平;

　　(2)产品的临床进展和价值[包括 best-in-class(仿制创新)和 first-in-class(原研药)];

（3）产品策略（适应证,治疗路径）；

（4）技术平台和管线组合；

（5）商业化能力；

（6）从本地（local）走向全球（global）的国际化视野和能力。

投资人关注的创新药公司在创始人和团队层面的因素包括：

（1）创始人能力：行业地位、行业资源、领导力、金融融资能力,等等。

（2）公司的治理结构：创始人投入比例、总体投资组成比例等。

（3）团队的能力：团队是否稳定牢固、团队的创造性、团队的自我发展和吸纳新人的能力、团队整合资源的能力。

（4）创新药企业团队的标准模型为：科学家、企业家团队,临床团队,CMC,产业化团队,资本运作团队和职能部门（包括人力资源发展团队）。

可以看到,投资方对创新药公司团队人才建设和发展的重视程度,一点也不亚于对技术和产品线的重视。人才、人力资源管理是投资机构投后管理非常重要的一部分,关系到是否能够帮助企业持续成长而不断更新、迭代、突破。

二、初创时期的团队

从创新药公司成立到提请 IND 申请获批的初创时期的人员规模一般是在 15—35 人。按照时间顺序,一般会包含以下团队。

1.创始人团队

秉承资本、科学家、管理者三位一体、缺一不可的原则,创始人团队可以是：

（1）董事长：一位懂医药创新药,有足够资本投资行业资源的领航人。

（2）管理者：一位具有丰富医药行业管理经验且对于药物上市销售具有深刻理解的企业管理者。

(3)科学家:医药研发(一般是药化领域或生物领域)的一流专家,具有非凡的科学探索精神。

以上是创始团队的一种常见组合,也有既是管理者又是科学家、一人身兼两职的,还有科学家创始人由2—3人组成、以强化科学家技术团队的。

2. 初创早期团队

我们把创新药公司从成立开始的第一年称为初创早期,第一年的团队人数一般在20人以内,主要是负责早期化合物的发现和一些早期临床前试验。其团队的搭建除了前述的董事长、CEO(管理者)、首席科学家(首席技术官)等几位创始人外,主要是搭建临床前研发部门,该部门一般会根据需要由8—12人组成。以小分子药为例,有药化、化学工艺、合成、生物和新药注册等这些必需的早期研发技术岗位,以满足公司包括实验室在内的人员基本需求。除此之外,也会配置1—2名行政兼人力资源管理岗位以支持公司的日常运营工作(见图2-2)。

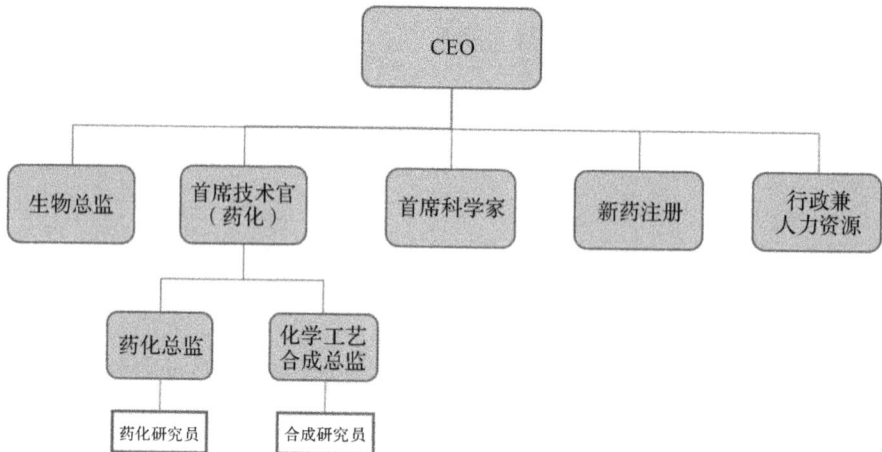

图 2-2　创新药初创早期团队的组织架构

3. 初创后期团队

创新药公司完成化合物针对目标疾病的生物活性观察,同时进行毒理、药理安全性评估后,要向 FDA 提请研发新药(investigational new drug,IND)申请,以求获批开始药物的人体试验。我们把 IND 获批前称为初创阶段后期。

IND 准备和 IND 申报阶段,审评重点关注 CMC 与安全性相关的问题,包括稳定性试验、杂质研究和控制、质量研究等。这项工作将由注册部的专业人员来主导引领,相关的业务职责将于本书第三章中详细描述。

创新药项目进入临床前研究阶段后,将搭建由各方面专业人员参加的项目管理(PM)团队(见表 2-1)。

表 2-1　创新药早期阶段项目组成员及相应的职责说明

功能块	所在部门	负责人	主要项目工作职责
项目负责人	临床前研究	A	总体负责把控项目的进度、成本和科学性
项目助理	临床前研究	B	负责汇总合同、时间表、安排项目会议以及相关样品管理
CMC	PM	C	管理把控试验进度,汇总注册资料以及各部门协调工作
	API	D	负责项目 API 相关工作
	制剂	E	负责项目制剂相关工作
	分析	F	负责上述 API 和制剂的相关分析工作
临床前	PM	G	管理把控临床前的试验进度(包括时间表、预算控制等),汇总注册资料以及各部门协调工作
	微生物学	H	微生物学相关试验
	DMPK（药物代谢和药代动力学）	I	负责项目 DMPK 相关工作
	毒理	J	负责项目毒理相关工作

续表

功能块	所在部门	负责人	主要项目工作职责
临床	运营/PM	K	负责项目临床运营的相关工作
	医学	L	负责项目医学部分的相关工作
	早期临床	M	负责项目临床前和临床转化对接工作
注册	注册	N	负责项目IND注册的前期工作

图 2-3 为初创后期(一般为成立 2—4 年)团队的组织架构举例说明(小分子化药)。进入初创后期准备 IND 阶段,相比于初创早期,需要增加的岗位主要包括药理总监、毒理总监、临床前项目经理、采购经理、医学负责人(首席医学官或医学总监)、临床运营总监等主要业务技术负责人。同时根据创新药公司业务发展和多产品研发推进的需要,在合成化学、研发质量管理和公司财务管理等方面也需要同步增加团队人员,这一阶段创新药公司人数一般会从 10 多人扩展到 30 多人。

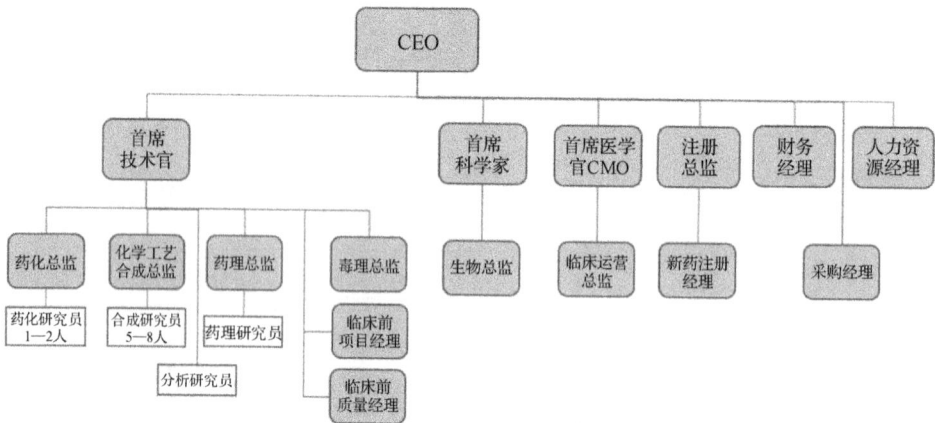

图 2-3　创新药初创后期团队的组织架构

第三节　临床发展阶段团队和人员架构

创新药公司产品 IND 获批进入临床试验阶段,标志着公司的发展进入到一个新的阶段。从启动 Ⅰ 期临床到完成 Ⅲ 期临床产品获批上市,一般需要 5—7 年时间,我们把这个阶段称为临床发展阶段。

相比于初创阶段,公司的投入(主要包括 CMC 和临床运营)和团队人员,本阶段都将大大增加,公司的战略重点逐步转到医学和临床运营方向。临床团队的建立扩展压力以及配合产品临床试验需要的 CMC 团队,注册团队的组建扩展压力都会非常大。虽然有不少创新药公司会把 CMC 和临床试验的大部分工作外包给 CRO 公司,但即使这样,也需要有良好的自身专业团队去管理、监督外包项目,否则项目的进度和质量等可能无法保障。关于创新药公司的外包业务的人力资源相关内容,将在本书的第七章中详细描述。

从发展趋势来看,越来越多的创新药公司,都开始组建、扩展自己的临床医学团队,又回到了原先的运营模式。出现这样的变化,主要的原因还是由自己的团队来做,能够更好地把控新药的推进进度和质量,内部各部门和各环节的交流沟通也更顺畅一些,还有两个原因是成本和数据安全性。可以毫不夸张地说,这个阶段临床医学团队搭建得成功与否,关系到产品是否能够顺利通过临床试验阶段而成功上市,医学策略的准确与否和临床运营的高效与否,能够影响产品上市时间,对于创新药公司带来的影响是极其重大的。

与此同时,临床试验所需的试验药品将由公司的 CMC 部门负责合成提供,因此其提供的药物样品的质量和安全性也将对临床试验的成败起到至关重要的作用。CMC 部门还是未来连接新药研发和新药生产的关键部门,所以 CMC 团队的搭建和组织架构也是创新药公司团队搭建中非常重要的一环。

本节将按照 CMC、早期临床、临床医学和注册的基本过程来介绍各环节团队的搭建和组织架构的发展,这几个团队的建立和工作业务流程也会有一定的交叉和并行，后续会结合各章节的内容来介绍和分析。

一、CMC 团队搭建和发展

CMC 是英文 chemistry manufacturing control 的缩写，是指化学生产控制，分别包含：工艺设计、药品生产质量管理规范（good manufacturing practice，简称 GMP）和质量标准和杂质研究。

CMC 部门团队为安全评估、临床、注册和商业化生产服务，是创新药商业化上市新药成本价格非常关键的控制决定部门，部门最终极的目标是为患者提供经济可及、使用方便且和说明书上信息描述一致的药物。

CMC 部门团队的搭建将由产品的发展进程和产品线的数量来决定，团队的主体框架的搭建一般起始于产品 IND 申报受理这一节点。为了更好地和临床前研发部门对接，一般 CMC 部门会先招聘一位分析人员，其可以是分析高级研究员或分析主管，刚开始可以放在临床前研发部门内。在产品启动 IND 申报到受理期间，需要开始组建 CMC 部门。最好的方式是先到位 CMC 总的负责人（CMC 副总裁）和负责质量体系建设和管理的质量总监（或高级经理），随后需要尽快到位的岗位包括：负责制剂工作的制剂总监（或者高级经理）、负责公司知识产权保护和申报的知识产权经理（这一岗位一般会放在临床前研发部门）、负责 API 合成管理的 API 总监（或高级经理）以及负责 CMC 项目管理的项目经理。加上需要配置的 1—2 名分析研究员、1—2 名制剂研究员，这样在第一年内，CMC 部门一般需要搭建一个 10 人左右的精干团队。

随着产品管线从临床前研发不断进入 IND 阶段、产品在临床阶段的不断推进，以及商业化生产的前期准备工作的开展，CMC 部门人员也将相应地大幅度扩展。图 2-4 是 CMC 团队架构说明样例，从图中可以看到，有数个产品管线的小分子化药创新药公司，在第二年 CMC 部门团队需要发展到 50 人左右，其中分析、API、制剂方面分别需要建立十几人的团队。

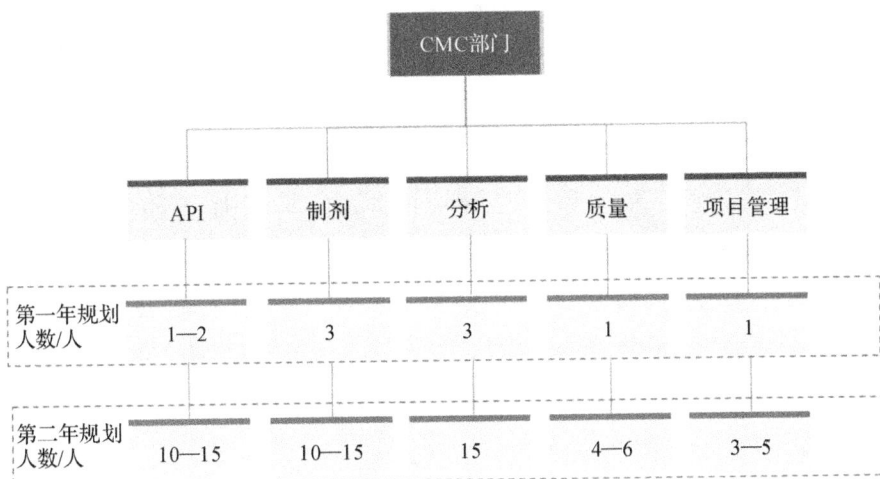

图 2-4　CMC 部门团队架构说明

从创新药申报 IND 获受理开始到最终产品商业化上市,一般需要
5—7 年的时间,CMC 部门的团队工作贯穿于整个过程。

二、早期临床团队的搭建和发展

新药的研发经历临床前阶段后进入临床阶段,这个转化的环节非
常重要和关键,国际化的大医药公司都会有一个部门或团队——早期
临床(early clinical)部门,主要负责新药研发从非临床阶段到临床阶段
的转化,早期临床部门的主要职责包括:

(1)各种临床Ⅰ期临床药理学给药方案等设计;

(2)安全性/有效/生物标志物/PK(药代动力学)评价设计;

(3)生物样品检测方法管理;

(4)选择合适给药方案以支持药物在临床Ⅱ/Ⅲ期研究的开展。

早期临床团队贯穿于新药临床研发及评价各关键阶段,能够承上
启下,对于创新药从临床前研发顺利进入临床阶段,提高新药在临床阶
段的效率和成功率具有非常关键的作用。

早期临床团队的搭建一般在产品 IND 申报获批的阶段,需要早

期临床部门的负责人(早期临床副总裁)首先到位,同时需要有临床药理总监(或高级经理)来开展临床药理、PK/PD(药效动力学)数据分析等方面的工作。在往后的数个月内,根据项目的推进,需要有一位转化医学总监(或高级经理)来负责支持转化医学和医学信息调研方面的工作。

随着产品往后推进和产品管线的增加,早期临床团队也将逐步扩大团队成员,一般在 IND 获批后的第二年间,在有 2—3 个产品推进到临床阶段的情况下,需要组建一个 2—3 人临床药理,2—3 人转化医学及信息调研的团队。再往后进入第三年,在具有 4—5 个产品进入临床阶段的情况下,早期临床部一般需要建立一个 10 人左右的团队,并可以把部门按照职能划分为三个组:临床药理、转化医学及信息调研、生物分析检测。三个组的主要职责和团队构成参照如下。

1. 临床药理组

由一名临床药理总监(或副总监)负责,组员为 2—3 名临床药理经理或高级临床药理员。

主要职责任务为:

(1)非临床数据解读及转化;

(2)早期临床资料撰写(PK/PD);

(3)PK/PD 数据分析;

(4)临床药理方案设计;

(5)临床检测方法监管。

2. 转化医学及信息调研组

由一名转化医学总监(或副总监)负责,组员为 2—3 名转化医学经理或高级转化医学专员。

主要职责任务为:

(1)非临床数据解读及转化(毒理);

(2)早期临床资料撰写(医学);

(3)相关临床研究的医学支持;

（4）在研和对标靶点的医学信息调研。

3. 生物分析检测组

由 1—2 名生物检测经理或高级检测员组成。

主要职责任务为：

（1）与 PK 相关的检测；

（2）与 PD 相关的检测。

图 2-5 是创新药公司早期临床部的团队组织架构示意。

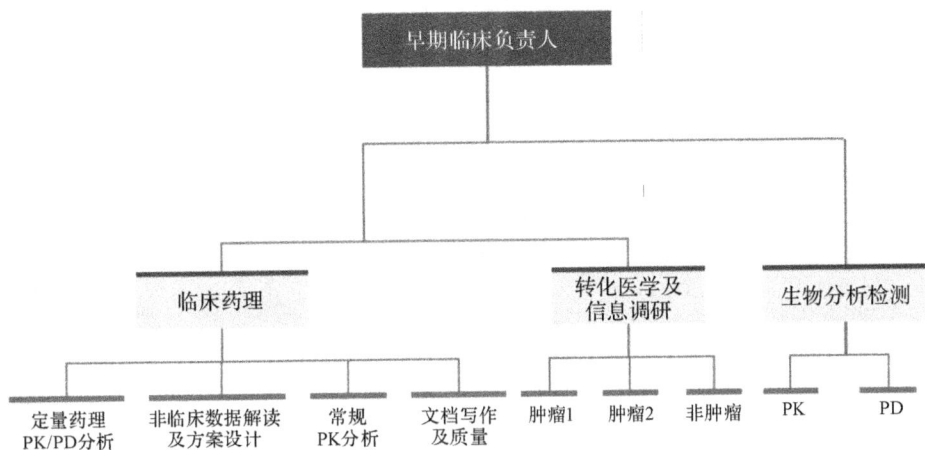

图 2-5　创新药公司早期临床部团队组织架构

三、临床医学团队的搭建和发展

根据专业定义，临床研究（clinical research）是以疾病的诊断、治疗、预后、病因和预防为主要研究内容，以患者为主要研究对象，以医疗服务机构为主要研究基地，由多学科、跨专业人员共同参与组织实施的科学研究活动。而临床医学研究部门是新药从实验室走向临床实践（IND）和商业化上市（NDA）的桥梁及中间过程的执行者。

对于创新药公司来说，临床医学部门的重要性毋庸置疑，主要体现在以下几点。

1. 投入巨大

相对于临床前研发阶段数十万元、数百万元的投入，创新药在临床阶段的投入高达数千万元,甚至更高,一旦失败,前期的投入都将打水漂。

2.时间周期和进度易受影响

相比于临床前研发、CMC、注册等,临床研究因医学方案、临床入组、药物安全和法规变化而最易受到影响。

3.对公司市值(估值)的决定性影响

产品进展到临床什么阶段将决定公司的上市申报和获批(科创板),产品临床试验的成功也对创新药公司的市值起到决定性的作用。

4.产品市场竞争力的关键环节

进入临床试验阶段,各医药公司在临床试验阶段的同类产品就像是在同一田径场上比赛的选手,谁的速度快、治疗效果好、安全性高、价格可控,谁就将获得胜利。

5.人才竞争最激烈

由于近十年来市场临床医学人才一直紧缺,临床医学试验的专业性强、专业跨度大,所以市场人才争夺非常激烈,薪酬待遇持续水涨船高。

临床医学部的正式组建,一般在创新药公司开始申报递交 IND 申请的前 9—12 个月左右,作为临床医学部门的负责人,首席医学官CMO(chief medical officer)对于临床医学阶段的工作引领和团队的组建非常关键。由于上述的五点因素,CMO 的重要程度对于一个创新药公司来说毋庸置疑,关于这一点,本书还会在后面章节中结合相关主题来分析。

创新药公司在产品管线较少或者产品管线 IND 获批较少的情况下,一般都会将临床运营的工作外包给 CRO 公司,但申办方也需要有专业的人员去对接管理这些项目,因此在产品 IND 获得批准前半年左右,需要一位负责临床运营的临床项目总监到位来负责临床运营项目的规划、外包管理和团队体系建设工作。根据产品进入临床阶段的管线数,还要组建配置数名临床运营项目经理。随着公司产品逐步进入到临床Ⅱ、Ⅲ期以及适应证的增加,创新药公司按照回收和自主负责临床运营的策略,临床运营项目经理的数量将从平均一个产品配置一位,扩展到平均一个项目配制两位。

如图 2-6 所示,临床医学部主要包含临床项目运营、医学、临床质量、药物安全、数据和统计六大职能,可以称为临床部门的六大支柱。临床项目运营团队可再细分为项目管理(PM)、临床监查(CRA)、质量控制(CQC)、临床事务(CTA)。一个成功的临床研究是多团队、多专业学科共同努力的结果,每一项职能支柱都需要建立一个专业、优秀的团队,在临床产品推进的不同阶段及时加入公司,相互配合、协作,就像一部精密机器的各个零部件一样高速运转起来,将新药从 IND 获批到临床Ⅰ期、Ⅱ期、Ⅲ期披荆斩棘地推进到 NDA 获批上市。

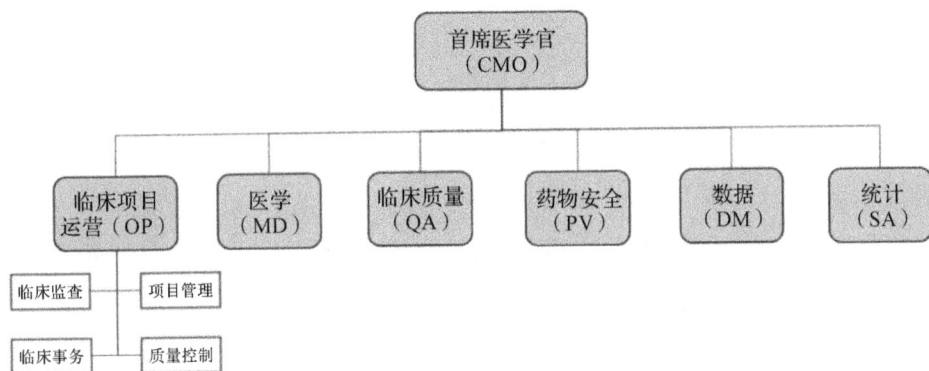

图 2-6　创新药公司临床医学部团队组织架构

临床医学团队的搭建和发展具体如下。

1.临床项目运营团队的搭建和发展

临床项目运营团队是临床医学部门中需要在最早期搭建的团队,临床项目运营总监一般需要在新药产品 IND 获批前 6 个月左右到位,并在首席医学官 CMO 的领导和人力资源部的支持下,逐步搭建团队(见图 2-7)。

图 2-7　创新药公司临床运营团队的组成

（1）临床监查组

指 CRA 团队，CRA 是英文 clinical research associate（临床监查员）的缩写。创新药公司即使将临床项目运营外包给 CRO 公司，也最好组建自己的 CRA 团队，刚开始可以配置 1—2 名 CRA 负责参与对 CRO 外包项目的监查管理，也为后续将外包项目收回来做前期准备。CRA 团队的搭建一般从产品 IND 获批的 1 年左右开始。CRA 团队根据在临床阶段的项目数量和项目回收情况逐步增加人员配置。一般会在包括"北上广"及经济发达区域的主要省会等地，每个城市配置 1—2 名 CRA（获 SCRA 高级临床监查员）。

（2）项目管理组

指 PM 团队，PM 是英文 project manager（项目经理）的缩写。创新药公司 PM 团队根据公司产品线布局和项目进度需求配置，在项目准备申请 IND 到获批，每个 PM 一般可以管理 2 个项目。随着项目推进到临床Ⅰ期，一般 1 个项目由 1 个 PM 负责。项目推进到Ⅱ期时一般需要配置 1 个项目经理加上 1 个助理项目经理（APM）或者 2 个项目经理。

（3）质量控制组

指临床 QC 团队，创新药公司 CRA 团队根据在临床阶段的项目数量和情况配置，一般每 1—2 个产品线需要配置至少 1 名 QC 经理（或主管）以确保项目的质控。

（4）临床事务组

指临床 CTA 团队，CTA 是英文 clinical trial assistant（临床试验助理）的缩写，主要是承担物资协调、药品管理、文件归档质控、遗传办申报等工作。一般情况下平均每个临床项目配置 1 名 CTA。

2.医学团队的搭建和发展

创新药公司的首席医学官对于公司的新药适应证领域应该非常熟悉，可以担任产品在早期临床推进阶段的医学方面的负责人。随着产品管线陆续进入 IND 申报和临床阶段，产品适应证探索领域的扩展以及临床医学团队的扩大，需要有专业领域的医学总监来负责产品医学方面的事务。一般在新药产品获得 IND 申请批准后到开始临床 I 期试验时需要 1 名与适应证相匹配的医学总监到位，并在后续数个月内再增加 1 名医学经理来协助医学总监开展医学相关工作。随着产品管线的增加，需要扩展不同适应证领域的医学团队。一般在 1 名医学经理的支持下，1 名医学总监可以管理 2 个在 I 期或临床前的项目。但对于进入临床 II 期或国际多中心的产品项目，需要 1 名医学总监加 1—2 名医学经理组成专业医学团队。

3.临床质量和药物安全团队的搭建和发展

临床质量和研发质量、生产质量是创新药公司的三大质量管理领域，其对质量管理的要求有很大的专业性区别。临床质量严格遵循临床试验的相关法规并和临床试验其他各职能模块紧密相连。创新药公司越来越关注临床试验的质量，主要是基于以下几点原因：

（1）社会对于药物安全的日益关注；

（2）公众对临床试验认识的深入；

（3）治疗方法日新月异，试验设计越来越复杂；

（4）多中心/国际临床试验的需求；

（5）临床试验管理成本越来越高。

临床质量团队的主要职能包括但不限于：

（1）公司稽查计划和跟进，稽查类型包括流程、系统、文件、供应商/合作方、研究中心、PV 等；

（2）为公司及其他职能团队提供需要遵循的法规和专业知识；

（3）独立评估临床质量状况（state of quality）；

（4）对质量问题进行分析和跟踪，以确保对质量的监督（general oversight）。

而放在临床运营团队中的质量控制（QC）则更关注对于质量的实时管理，针对临床业务实践中的日常活动，目的是提高相关工作的准确性、完整性和可靠性。

临床质量团队的搭建时间会晚于临床项目运营和医学团队，大多数创新药公司会在新药产品 IND 获批后的 1.5—2 年内，产品管线比较丰富时搭建自己的临床质量团队。具有新药临床质量管理经验的临床质量总监首先搭建到位，着手建立公司内部的临床质量管理体系。同时根据公司的产品推进阶段和管线数量的不同情况，搭建不同人员规模的临床质量团队。临床质量团队一般由临床质量体系和临床稽查两部分组成。以一个具有 3—5 个产品进入临床Ⅰ—Ⅱ期的创新药公司产品管线为例，一般需要在临床 QA 总监的带领下，搭建包括 1—2 人的临床 QA 经理（或 QA 主管）和 2—3 人的临床稽查经理的专业团队，其主要的职责如下。

（1）临床 QA 团队

①组织团队撰写、审核、发布、培训临床研究标准操作规程（SOPs）；

②维护和更新与质量相关的内部管理体系和制度；

③审计临床供应商，保证符合项目质量需求；

④拓展培训渠道和培训资源，编写培训教案，针对 SOP 进行定期培训；

⑤指导、辅助各临床项目组贯彻落实各项培训项目。

（2）临床稽查团队

①负责临床项目稽查计划制定；

②负责相关 SOP 和项目稽查工作并反馈稽查报告；

③负责临床项目质量问题整改监督；

④负责临床部门项目资料的审核工作；

⑤定期总结临床稽查问题，并组织培训、讨论。

pharmaco vigilance（药物警戒）一词源于古希腊语 pharmakon（意为药物）及拉丁语 vigilare（意为警戒），缩写为 PV，也称为药物警戒和安全，是发现、评价、理解和预防不良反应或其他任何与药物相关问题的科学与活动。

药物警戒和安全是临床医学部门六大支柱之一，也是在国内创新药专业领域内起步比较晚的一个领域，相对来说，其市场人才较为短缺，团队搭建较为困难。创新药公司在产品刚进入临床阶段或产品管线相对比较少的情况下，一般都会将这方面的业务外包给 CRO 公司，但随着有产品即将进入临床 II 期及产品管线增多，也非常有必要搭建自己的 PV 团队来内化地开展工作，团队的负责人——PV 总监一般情况下需要在产品进入临床 I 期后半阶段也就是 IND 申请获批的 1—1.5 年到位，然后由他在 CMO 的管理支持下，根据公司的产品管线推进情况来搭建 PV 团队。

PV 团队的主要职能包括但不限于：

①识别和评估药品风险，提出风险管理建议，组织或参与风险控制、风险沟通等活动；

②组织撰写药物警戒体系主文件、定期安全性更新报告、药物警戒计划等；

③疑似药品不良反应信息的收集、处置与报告；

④组织或参与开展药品上市后安全性研究；

⑤组织或协助开展药物警戒相关的交流、教育和培训，包括合作方业务培训规程等；

⑥其他与药物警戒相关的工作。

药物警戒和安全团队一般也是由两部分组成：医学安全岗位（PV physician）和药物安全岗位（PV operation）。

医学安全岗位一般需要有医学相关的专业和工作背景，主要负责不良事件、严重不良事件及临床试验安全性数据医学审核，为试验项目组成员提供严重不良事件报告培训，撰写研发期间安全性更新报告和临床试验风险控制计划,撰写安全性数据医学审阅计划,审核临床试验方案医学安全部分和安全性数据医学编码,等等。药物安全岗位对学历专业背景的要求可以比较宽松一些,其职责主要包括:PV 体系文件制作及管理,个例安全性事件的收集、报告、管理及 QC,对合作的第三方 PV 管理,安全信息报告计划(SRP)编写,项目跟进数据核对及其他培训计划、材料和记录的归档工作。

在 PV 总监带领下,对于有数个产品管线在临床阶段需要内化的情况下,一般会搭建1—2 人的医学安全经理团队和 3—5 人的药物安全团队来全面支持新药的相关各项工作,其中药物安全团队的工作地点相对比较灵活一些,可以考虑放在非一线城市,以降低人员成本。

4.数据管理和生物统计团队的搭建和发展

数据管理(data management,DM)的主要目标是提供真实可靠、高质量的数据,并通过数据监控项目风险,提高项目的成功率,帮助新药公司尽快地做出正确的决策。数据管理的目标是保证数据的真实准确和完整可靠,从而保证患者和新药公司的权益。具体来说,数据管理团队的职责包括:参与方案设计,启动前数据库的搭建、数据录入规范性把控、提供项目报表、定期数据清理、提供数据、协助数据挖掘、支持方案调整等。

数据管理团队在新药临床阶段的主要工作以及和临床医学其他各团队的协作关系如图 2-8 所示。

数据管理团队的组建时间取决于公司的产品管线和是否外包,由于数据管理团队的专业性非常强,因此团队的搭建也需要提前布局。首先需要寻找优秀的数据团队的负责人——数据管理负责人,自上而下地搭建团队。对于产品管线比较丰富并计划成为医药公司的创新药公司来说,建立自己的数据管理团队是必不可少的。在项目外包阶段,需要到位 1 位数据管理经理以协助数据管理负责人开展数据管理相关工作。对于内化项目一般在项目启动入组的 3—6 个月内需要 1 位具有相关适应证项目经验的数据管理经理及 1 位数据管理员到位。

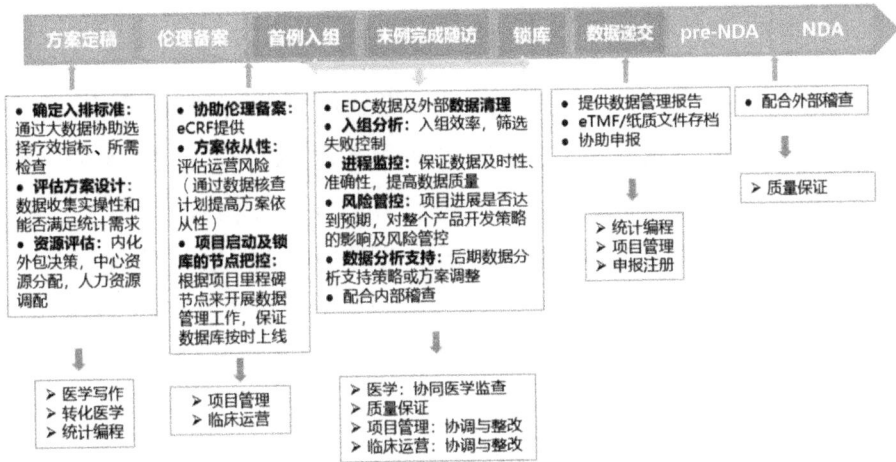

注：箭头下为内部协同部门。

图 2-8　创新药公司数据管理团队主要工作及协作说明

随着进入临床阶段的产品管线逐步增加，数据管理团队也将相应地增加数据管理经理和数据管理员。并且还需要有 1 名数据库建库员负责所有内化项目的建库工作，1 名医学编码员，负责进行内化项目的医学编码工作并审核所有项目的医学编码。

生物统计和编程（biostatistics & statistical programming）团队的主要职责包括：

（1）统计分析计划、统计分析报告的撰写；

（2）统计分析与编程相关 SOP 的制定；

（3）统计分析工具开发；

（4）临床试验项目现场核查统计支持；

（5）与内外部项目组沟通；

（6）统计分析相关专业培训。

生物统计和编程团队的组建同数据管理团队一样也取决于公司的产品管线和是否外包，一般在内化项目进入临床Ⅱ期时需要生物统计和编程团队的负责人搭建到位，并逐步建立包括统计经理、编程员（programmer）在内的生物统计团队。

四、注册团队搭建和发展

根据 2020 年 7 月 1 日起实施的《药品注册管理办法》,药品注册是指药品注册申请人依照法定程序和相关要求提出药物临床试验、药品上市许可、再注册等申请以及补充申请,药品监督管理部门基于法律法规和现有科学认知进行安全性、有效性和质量可控性等审查,决定是否同意其申请的活动。因此注册团队对于创新药公司来说也是至关重要的,药品注册贯穿于创新药产品的整个生命周期,其主要职责包括:

(1)立项调查(法规、商标、专利、市场份额等);

(2)研究方案设计;

(3)申请方针制定;

(4)申请资料撰写、申请递交;

(5)申请后与 CDE/NMPA 沟通;

(6)产品生命周期维护(上市后变更、再注册);

(7)产品撤市等。

由于注册工作贯穿于新药研发的全过程,并且对于研发 IND 申报前期(pre-IND)工作的开展具有重要的指导意义,因此注册团队的尽早搭建也是非常关键的。在创新药公司的初创阶段,也就是公司成立的一年前后,就需要有新药注册经理加入团队。视早期研发项目的推进情况,一般在公司成立的第二年,也就是开始 IND 申报的前一年左右,需要注册部门的负责人(注册总监)到岗。创新药公司的 IND 注册申请工作刚开始一般都是外包给专业的 CRO 公司,由公司注册部的专业人员来负责对接和监管。

注册团队的主要职能可以分为四个方面:药品注册、研发管理、档案管理和法规支持。注册申报又分为临床 IND 注册申请和新药上市注册申请,图 2-9 为药品注册工作从临床到上市后的流程示意。

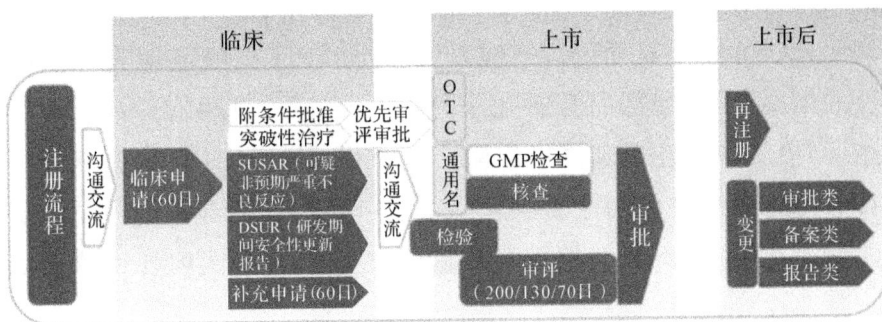

图 2-9　创新药公司药品注册流程

随着公司产品的推进、产品管线的逐步增加,注册部门团队也将相应地扩大,根据注册的主要职能,注册团队的搭建和人员配置可以参见图 2-10。

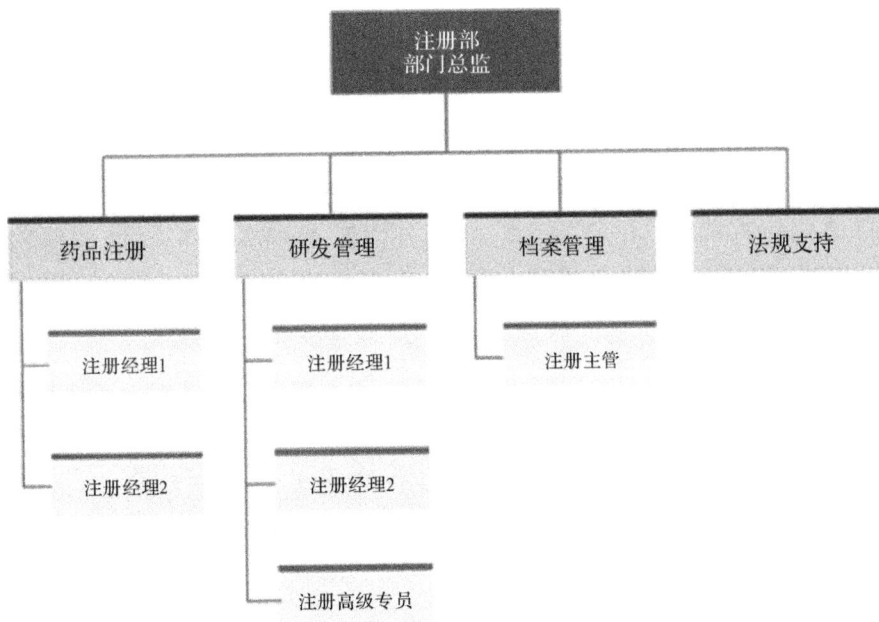

图 2-10　创新药公司注册团队人员组织架构

创新药公司在产品管线比较丰富的情况下,一般都会建立自己的注册团队以逐步把在早期外包的注册业务逐步收回来,确保自己注册团队和内部临床前研发、CMC、早期临床和临床医学团队的密切沟通、协调配合。如图 2-10 所示，一般在 3—6 个产品已经或即将进入临床阶段的情况下，注册部门需要有 6—9 人的团队。如果有产品需要在海外注册，由于国际注册和国内注册法规流程的差异，注册团队需要再增加具有海外注册经验的注册经理。很多创新药公司会把该岗位人员放在注册所在国家，一般会招聘当地能够使用中文和国内各团队良好沟通的专业注册人员。

第四节　工程制造质量阶段团队和人员架构

对于立志自主生产的创新药公司，必须在产品进入临床阶段开始布局生产基地的建设，建立自己的工程制造和质量团队。按照正常进度，大约 1 年完成设计和土建，1 年左右完成设备安装调试，1 年左右完成验收论证和试生产的计划，也就是需要在新药产品完成 NDA 申报前 3 年开始搭建团队。考虑到土地申请政策等方面的情况，需要至少提前 3 年半左右启动。按照临床试验阶段最快 5—6 年周期计算，我们将新药产品获得 IND 批准后的 1 年半往后到正式商业化投产称为工程制造质量阶段，当然前提是该新药产品是准备自主生产的。同时工程制造质量阶段和前述的临床发展阶段有很多的重叠并行。

一、质量验证团队搭建

国家法规对于制药企业的质量管理要求是非常严格的，与其直接相关的法规要求体系主要包括制药全生命周期质量体系（MAH）和新制剂工厂 GMP 质量体系等。

制药全生命周期质量体系的要求是国内药品上市许可持有人需对供应商、研制、注册、生产、销售、储存、运输、使用追踪、上市后研究及不良反应监测等药品质量全生命周期的运营负责，并进行有效监管。MAH 质量体系规定要求具体可参见图 2-11。

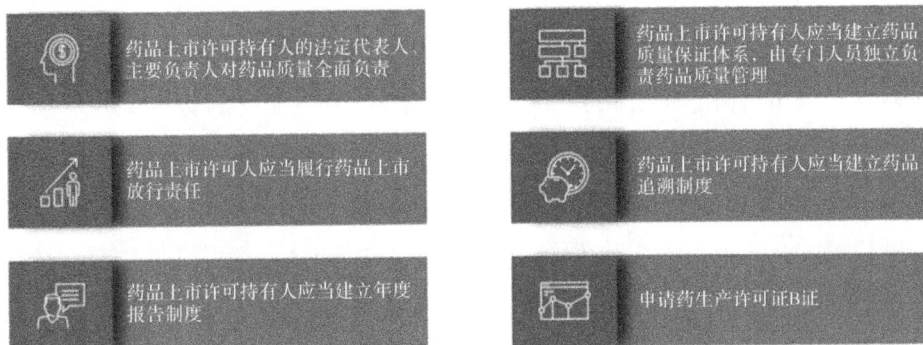

图 2-11　MAH 质量体系规定要求说明

新制剂工厂 GMP 质量体系的规定要求：从事药品生产活动，应当经所在地省级人民政府药品监督管理部门批准，取得药品生产许可证。无药品生产许可证的，不得生产药品（见图 2-12）。

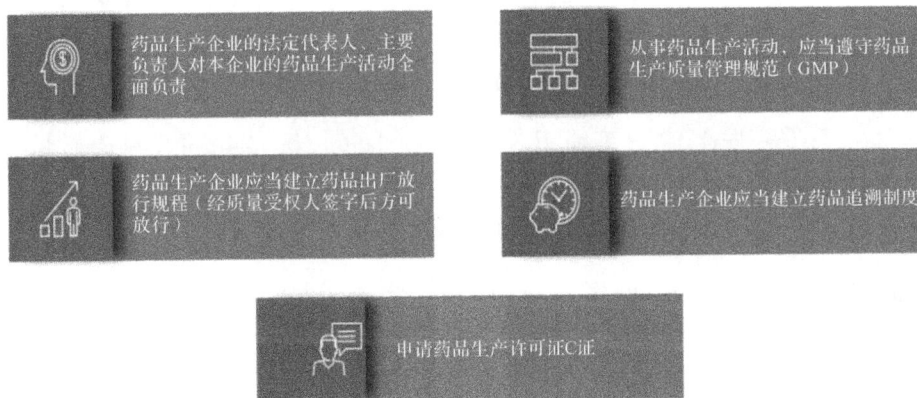

图 2-12　工厂 GMP 质量体系规定要求说明

据不完全统计，目前通过 FDA 认证的制剂厂家全国不超过 30 家，通过国际认证的制剂厂家不超过 80 家，通过国际认证的原料药厂家不超过 120 家，无菌制剂通过认证的更少。因此质量团队人员的经验、能力、素质对于从研发到生产的整个过程是非常重要的。

质量团队的搭建分为研发环节的质量、工厂生产环节的质量保证（QA）和生产过程质量控制（QC）。

研发质量团队的搭建一般会始于新药 IND 申请获批的时间节点，一位研发质量总监（或高级经理）首先搭建到位，逐步建立研发质量管理体系。同时伴随着公司产品管线的增多和产品线的推进，逐步扩展研发质量管理团队。研发质量管理分为研发项目质量管理、外包项目现场质量管理、验证和计量、质量文件管理等。研发质量管理团队一般也可以放在 CMC 部门，在研发质量负责人到位后，一般视整体产品项目管线和推进情况在第二年增加 1—2 位质量经理协助开展工作。在临床和临床前研究阶段具有 5—8 个产品管线的情况下，研发质量保证一般需要搭建 4—6 人的团队。

创新药制造工厂的质量管理团队搭建一般在制造工厂土建完工前六个月左右完成，协助制造负责人（副总裁或制造子公司总经理）在工厂工程土建阶段和设备安装调试阶段开展质量体系建设和验证申请等方面的工作。在工厂开始土建的前期，需要三位制造质量专业人员搭建到位——制造质量保证总监（或高级经理）、制造质量验证经理、制造质量分析经理，以支持工厂建设的前期各项工作。

在工厂工程土建完工到正式投产之间的 1.5—2 年里，制造质量团队一般将按照不同的职能逐步扩展为三个团队：

（1）负责 GMP 工厂的 QA 经理（或总监），负责后续 GMP 制造工厂的质量管理，在工厂即将建成投产时，将扩展队伍到 5—7 人，包括负责生产的 QA 主管和 QA 专员，负责验证的验证主管和验证专员，负责文件管理的 QA 主管等；

（2）负责 MAH 的 QA 经理，团队包括 2—3 名 QA 审计员；

（3）负责制造生产质量控制的 QC 经理，一般会分为三个组：

①仪器组：设一名 QC 主管和数名 QC 专员；

②理化组：设一名 QC 主管和数名 QC 专员；

③微生物组：设一名 QC 主管和数名 QC 专员（对无菌制剂生产工厂，该团队专业要求更高）。

在创新药制造生产工厂投产期间，整体的质量管理团队组织架构如图 2-13 所示，其中包含了研发质量管理团队，不包含临床质量管理和其他质量管理团队。

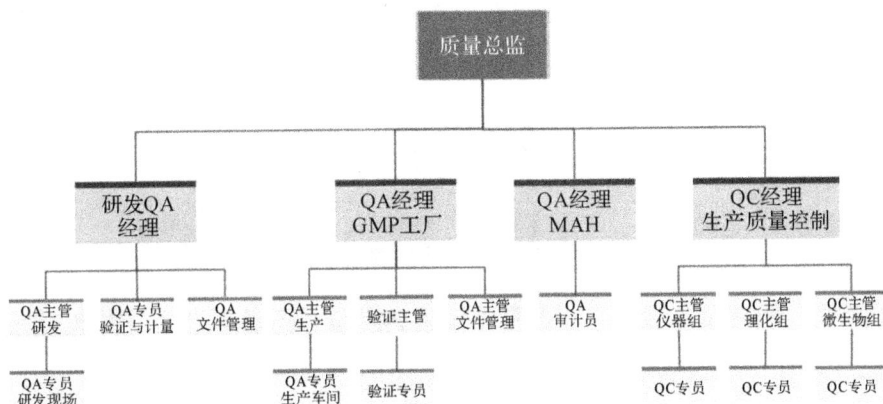

图 2-13　创新药公司质量管理团队组织架构

二、工程项目团队搭建

创新药公司确定自主化生产的发展策略后,需要提前布局启动生产制造基地建设工作。由于一般情况下从向政府部门报建到生产基地(指小分子化药)调试验证完成的周期为 3 年左右,因此生产基地建设工作需要至少在计划产品商业化上市前 3 年半到 4 年前开始,首先需要搭建工程项目团队来设计、规划和建设匹配公司产品类型和商业化市场预计体量的生产基地。

在确定公司的生产基地建设项目总负责人后,首先需要搭建工程项目团队,需要一位有药品生产基地建设经验的项目总监到位,负责项目前期的规划设计、招标、政府报批和团队搭建等工作,并且根据项目的推进进度,在 3—6 个月内需要以下主要岗位人员到位:

(1)工程团队:工程项目总监、工程经理、工程主管、工程现场监察员;

(2)设备团队:设备总监(经理)、设备主管、自动化管理高级工程师、设备及计量管理员。

在生产基地正式启动到土建结构验收完成阶段,工程设备前期团队一般需要 8—10 人,在专业化的公司质量验证、制剂、生产规划等团队的配合下开展工作。后期进入设备安装和调试验证阶段,工程项目设备团队的人员架构和新生产工厂建设项目架构可参照图 2-14。

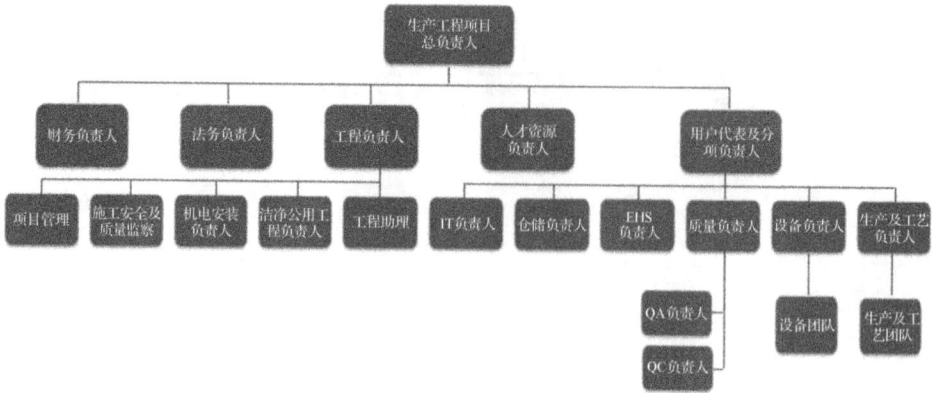

图 2-14　创新药公司生产工程项目团队架构

生产基地建设的规划进度及人员团队搭建,新药产品 CMC 工艺研究、转移、验证及质量体系建设,两者相辅相成。同时需要和公司产品的临床试验注册申报进度保持一致,以确保新药 NDA 和商业化生产就绪同步完成。

工程项目、设备团队组建及架构搭建时,还需要充分考虑到风险防范和合规安全性方面的问题,因为创新药厂房建设、设备选购等都会涉及数千万元乃至超亿元的资金,即使是部分辅助项目或咨询项目也会涉及数百万元的资金,因此健全合规体系,规避可能的风险非常重要。创新药公司在项目招标和选购设备时,都需要建立招标领导委员会和招标审核小组,同时引入专业第三方招标代理单位组织招标,常见的是 500 万元以上的工程项目采用第三方机构组织招标,500 万元以下的项目可由公司工程设备部门自行组织。在搭建团队的时候也需要更多地关注新招聘人员的背景调查(background check)、推荐人咨询调查(reference check)以及对入职人员品行的评估。

三、生产制造团队搭建

生产制造团队的组建一般根据新制造基地的项目推进进程,在工程项目和设备团队组建约 6 个月后开始。首先具有丰富制药企业对口经验的制造生产的负责人(制造副总裁/高级总监)需要到位。作为工程设备项目团队的用户方,以及 CMC 制剂、API 等业务流程的下游部门,在较早期就要开始介入生产厂房、设备、工艺、质量验证和人员团队搭建的规划和准备工作。

在新药生产基地土建准备阶段,除了和工程设备项目团队密切协作外(较为常见的做法是将工程设备项目团队纳入生产制造部门,向制造负责人汇报),需要首先建立制造质量保证、验证和质量控制团队,以确保新工厂的 GMP 等方面的工作顺利进行。需要三位制造质量专业人员搭建到位:制造质量保证总监/经理、制造质量验证经理、制造质量分析经理。同时也需要搭建早期的生产管理团队,需要具有相应的新药生产管理经验的生产主管协助制造负责人开展生产前期工作。由于制剂方面的职能和后期生产制造紧密相连,因此很多新药公司会将懂制剂的工程师从 CMC 部门转入生产工程项目部,协助开展制造厂房和设备建设期间和制剂方面相关的工作,并在未来生产正式启动后转换成为生产技术和工艺管理人员(见图 2-15)。

对于产品管线较为丰富,并且规划布局多产品自主生产的创新药公司,根据新 MAH 法规的要求,为了更好地根据不同的产品特性提升管理效率、规避风险,会将新药公司作为股份公司,在其下面成立生产不同产品的制药子公司,其中包含产品外包生产的制药子公司。当产品完成临床试验、获得 NDA 批准后,开展商业化生产的生产制造部门(子公司)的团队将更为齐全,相应的部门团队将包括生产、设备、采购、物流、质量、EHS(环境、健康和安全)合规、财务、人力资源等,其组织架构和团队搭建可参见图 2-16。

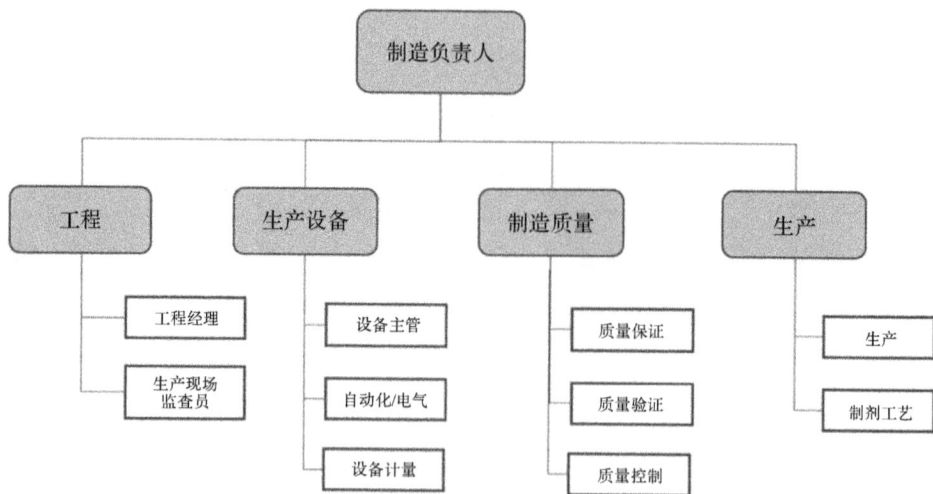

图 2-15　创新药公司制造团队早期的架构

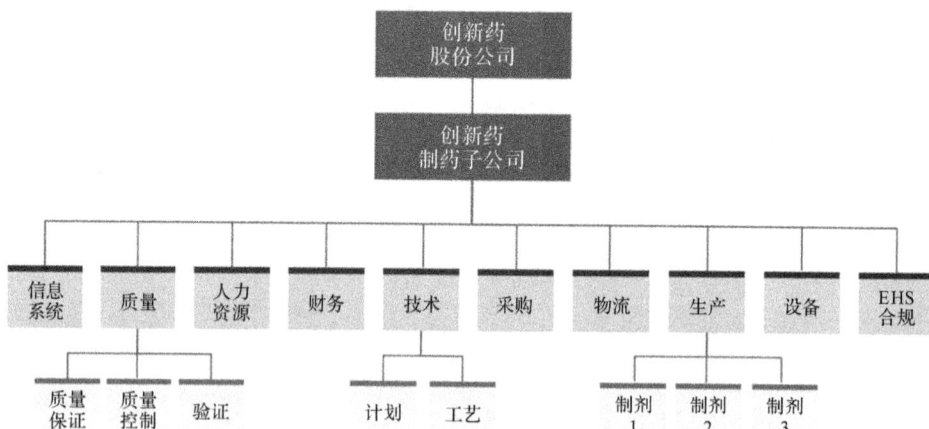

图 2-16　创新药公司制药子公司团队职能架构

第五节　市场商务阶段团队和人员搭建

创新药公司的市场商务工作分为产品上市前的市场商务（包括产品合作）和产品上市后的市场销售两大部分。产品上市后的市场销售需要等到产品完成临床试验 NDA 和商业化生产准备就绪之后，其开始时期一般在产品 IND 之后的 5—6 年,但是许多创新药公司在有产品管线获得 IND 批准之后就开始布局。尤其是有较多产品管线的创新药公司,其产品临床试验、生产制造基地建设和上市前市场商务工作几大领域的工作齐头并进。本书将主要介绍大家了解更少的上市前的市场商务方面的内容。

创新药公司的市场商务策略和团队搭建取决于公司的战略和产品管线分析,一般在确定了公司自主生产上市销售的主推产品策略后,对于其他已经进入临床试验阶段和还在临床前研发阶段的若干个产品会同时寻求市场商务合作的机会。这个时候一名经验丰富的市场商务负责人(副总裁)需要到位。由于市场商务的合作对象很多都是海外的国际化大药企、中小型国际生物技术医药企业或者是国际医药领域新药的投资基金机构,所以此岗位需要有海外医药公司市场销售背景,一般会寻找在海外(尤其是美国、欧洲)的能够说中文的国际化人才来担任。

创新药公司产品上市前市场商务工作主要围绕四个方面开展,具体请参见图 2-17。

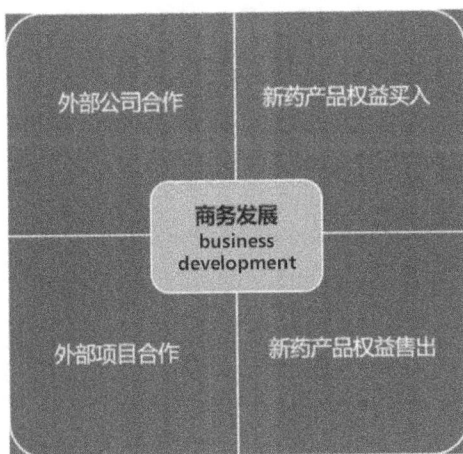

图 2-17　新药产品上市前市场商务工作

其中权益售出(license-out)是指将公司自主研发的创新药在临床

阶段或临床前阶段全部或部分专利权益卖给外部医药公司或投资基金机构。其主要原因和目的包括：公司希望回收资金用于其他产品的推进，公司缺少足够的团队或资金支持漫长的临床试验阶段，产品与公司的主要战略发展方向不太一致等。这将是创新药公司在资本市场上市和产品上市前的主要自我造血途径。国际上那些创新药权益售出金额达几亿到几十亿美元的成功例子屡见不鲜，成为很多创新药公司重要的激励因素和动力源泉之一。

商务发展负责人在充分了解公司的若干个产品管线后，需要和大量潜在的外部公司进行沟通交流以寻求有兴趣的买方，这些客户包括国际大药企、国际中小型生物技术医药企业、国内药企和国际孵化类的药企/基金。在商务发展负责人到位并开展前期工作后 6—12 个月，需要搭建相应的团队以进一步推进商务发展工作。其团队架构如图 2-18 所示。

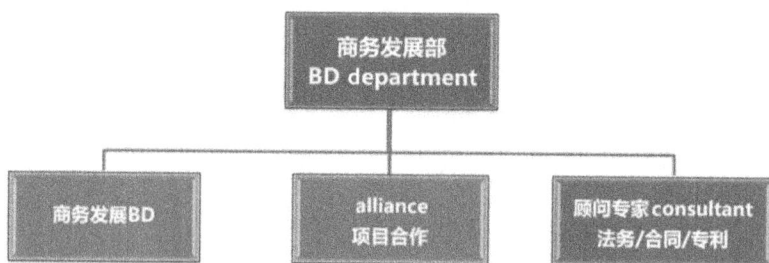

图 2-18　创新药公司上市前市场商务职能架构

商务发展（BD）人员负责相关产品管线的 license-in 和 license-out。

项目合作（alliance）负责搜寻新技术、新机会，建立并管理合作，其中包括化合物发现阶段合作（discovery collaboration）和临床阶段合作（clinical trial collaboration），以及完成 license-in 和 license-out 项目的后期管理。

经过前期商务沟通，双方都有意向进入实质性的商务谈判阶段后，需要精通类似的国际转让合同的法律顾问协助，以确保在国际法律架构下国内创新药公司的合法权益不受侵害。

第三章 专业与协同
创新药公司各业务体人力资源管理

创新药公司因为其独特的企业特征和业务模式,其人力资源管理也具有非常鲜明的特色。本章将就不同的业务体分别介绍人力资源管理相应的特点和注意事项。

第一节 临床前研发人力资源管理

临床前研发一般包括早期研发和CMC两大部分,由于其人员岗位主要和实验室研究工作(包括公司内部实验室和外包实验室管理)相关,因此临床前研发的人力资源管理也具有不同的特征和关注点。

一、临床前研发的岗位和人员

1.早期研发部门的人员组成

临床前研发业务体可以大致分为早期研发部门和CMC部门两大部分。

早期研发的团队和组成人员包括:化学(药物化学、合成化学、分析化学、计算化学)、生物、药理、药代、毒理以及作为配套支持的项目管理和知识产权岗位(见图3-1)。这个部门的人员特点是高学历、重点学校背景。据不完全统计,早期研发部门人员几乎100%为本科及以上学历,其中具有博士研究生学历的占比高达40%,拥有硕士研究生学历的占48%,本科学历的占比为12%左右。同时早期研发部门员工基本都是毕业于重点院校。

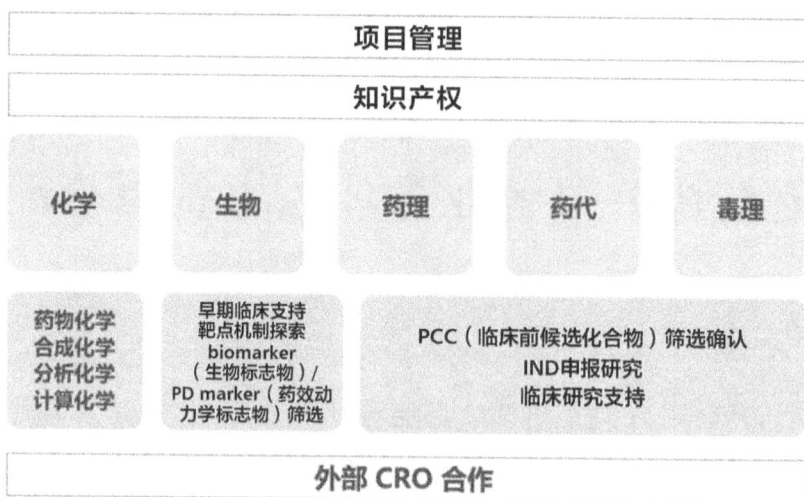

图 3-1　早期临床前研发团队的人员组成和职能板块

早期研发的岗位,以药化总监岗位为例,其常用岗位说明书(JD)可参照如下。

药物化学总监

主要职责

(1)进行药物化学的构效关系研究,解读生物学、药代动力学、毒理学等数据,发现、设计和优化先导化合物,并参与多方协作完成专利申请;

(2)了解新药研发的基本流程,能够分析和解决项目推进中出现的问题,与团队协作,推进项目进入临床阶段;

(3)进行立项调研及可行性分析,参与跟踪并收集所负责药化项目的研发进展及相关资讯信息;

(4)定期对项目进度与计划进行总结和汇报;

(5)指导相关同事完成化学合成实验操作,并清晰完整地完成实验记录与相关实验报告书;

(6)参与外部 CRO 公司的项目和工时管理。

任职要求

(1)国内外重点院校化学或药学及相关专业博士学历,10年以上工作经验;

(2)具有扎实的有机合成和药物化学知识;

(3)能够独立地带领研发团队开展调研、新药立项可行性分析、先导化合物的发现、优化以及临床候选化合物遴选的临床前研究项目;

(4)具有一定的计算化学、生物学、药代动力学、药理毒理学等知识;

(5)工作认真严谨、细致、主动,良好的协调沟通能力、工作执行能力和团队协作精神。

2.CMC部门的人员组成

创新药公司CMC团队人员组成主要包括分析、API(供应链管理、合成、化学工艺)、制剂、质量管理和作为重要管理支持的项目管理等。CMC部门的人员学历水平也非常高,一般在创新药各部门中仅次于早期研发部门。据不完全统计,CMC部门的员工98%为本科及以上学历,其中具有博士研究生学历的占比达22%,拥有硕士研究生学历的占55%,本科学历的占比为21%左右。图3-2为CMC部门团队的人员组成。

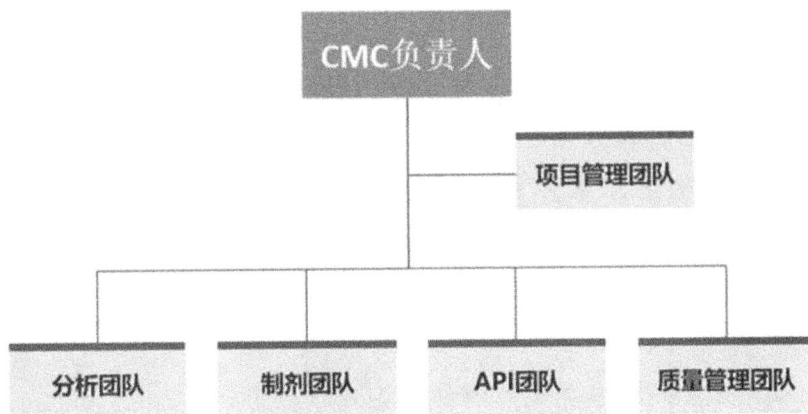

图 3-2　CMC部门团队人员组成

　　CMC 的岗位,以制剂高级研究员岗位为例,其岗位说明书可参照如下:

制剂高级研究员

主要职责

(1)能独立承担制剂项目研发工作,解决药物 CMC 研发过程中出现的问题;

(2)负责药物产品的制剂立项、处方开发与优化、临床样品供应的工作,确保及时完成新产品的研发,符合美国 FDA 和中国 NMPA 要求,满足临床用药需求;

(3)监督所有注册批次的生产,审查和批准如协议、生产记录、规格和研发报告等技术文件;

(4)指导和管理与申报批次生产有关的活动,如撰写、审查和批准包括协议、生产记录、规范、研究报告等在内的技术文件;

(5)积极与 CRO/CMO 沟通,确保处方开发、技术转移和临床批生产的顺利进行;

(6)起草、修订和说明标准操作工艺,并确保遵守;

(7)负责和管理各项目的质量、准确性并提供项目建议。

任职要求

(1)药剂学或者化学工程专业本科及以上学历,并拥有 3 年以上的药物制剂和产品开发的经验;

(2)熟悉湿法制粒、干法制粒、压片、活性包衣、功能性包衣、胶囊填装、冻干技术等实际操作经验;

(3)熟悉放大和生产环境,并对于 DOE 和 QBD 有实际理解和经验;

(4)熟悉 DOE 和常见的相关软件,能够独立设计 DOE 实验和对结果进行分析;

(5)具有很好的中英文写作和口头表达能力;

(6)具有很强的团队协作意识,能很好地协同完成项目。

二、临床前研发的保密协议和知识产权保护

创新药公司的核心价值和生命线就是他们的产品,而产品来源于临床前研发(权益引入 lisence-in 的除外),从化合物发现筛选、靶点调研确定、成药性研究、临床前研究(包括毒理、药理药代、药学等)再到IND申请进入临床环节,这一切都是公司的产品机密,需要人力资源部门配合公司管理层和临床前研发的各团队负责人一起建立起良好的研发保密和知识产权保护体系。

新员工入职的第一天,在人力资源部与之签订劳动合同的同时,需要签订保密协议。保密协议是甲乙双方签订的劳动合同的重要组成部分,与劳动合同具有同等法律效力。保密协议一般也不因劳动合同的终止、解除而失效。

创新药公司都会制定自己的保密协议,以下是保密协议的一个范例。

员工保密协议

第一条　保密义务

甲方的商业秘密和知识产权是甲方的研究成果和宝贵财富,是甲方赖以保持和发挥市场竞争力的主要源泉。对于甲方列入保密范围的商业秘密和知识产权,乙方应承担无条件保密义务。

第二条　商业机密和知识产权的定义

(一)前条所指商业机密,指不为公众知悉、能为甲方带来经济利益或竞争优势、具有实用性、并且甲方已经采取保密措施的产品信息、技术信息和经营信息等,包括但不限于:

(1)未被公众所知的有关甲方的产品、营销方案、业务信息、人员信息、财务信息、内部操作流程等。

（2）各类研发文件：包括但不限于记录关于研究开发活动内容的各类文件，比如：研究数据、会议纪要、检验检测报告、客户分析资料等。

（3）公司近远期发展战略、经营方针、重要决议、投资方案、投资决策意向以及公司营销计划、市场分析、广告策略、与公司经济利益关系重大的研究开发项目和计划、经营管理策略。

（4）甲方内部编辑或保存的关于甲方现有或未来客户要求、客户财务资料或其他现有或未来的客户的秘密资料等。

（5）甲方内部编辑或保存的关于甲方物料供应来源、成本、市场推广计划、未来活动、研究及发展及其他有关甲方业务运作及活动等秘密资料。

（6）与价格、折扣、经营项目、营销、招标及经营策略等有关的信息。

（7）甲方所规定的乙方和乙方的下属员工的薪酬股权等信息。

（8）重要合同、协议、意向书、可行性报告，包括尚处于谈判阶段的合同、协议、意向书等。

（9）其他与甲方的竞争和效益有关的商业信息、经营信息、技术信息、采购计划、供货渠道、销售计划、会计财务报表、价格方案、分配方案、计算机软件、数据库、技术指标、检查报告、操作手册、技术档案、重要的管理方法等。

（10）甲方的秘密信息可以任何形式表现，如文件、幻灯片、函件、书刊、图纸、磁盘、胶片、照片、硬盘、电子邮件、口头信息、会议记录等。

（二）知识产权，指甲方针对各项劳动所创造的成果所享有的财产权利，包括但不限于甲方现有的以及其未来员工因职务发明新创造的各项著作权、商标权、专利权、非专利技术等各项权利。

第三条　保密范围和保密义务

（一）乙方在甲方任职期间，必须遵守甲方制定的保密规章、制度，履行与其工作岗位相应的保密职责。甲方的保密规章、制度没有规定或者规定不明确之处，乙方亦应本着谨慎、诚实的态度，采取任何必要、合理的措施，维护其于任职期间知悉或者持有的任何属于甲方或者虽属于第三方但甲方承诺有保密义务的技术秘密或其他商业秘密信息，以保持其机密性。

（二）乙方不得故意泄漏、出卖或擅自利用甲方商业秘密、知识产权和其他秘密，不得利用甲方商业秘密、知识产权、其他秘密为本人或其他组织或个人牟取利益。乙方应充分尽到保密义务，避免因疏忽、过失等泄漏甲方商业秘密、知识产权或其他秘密。其中需要特别注意两项相关防范的事项：

（1）乙方应具有较强的保密意识，除了不主动泄露保密信息外，也应防止他人探询有关保密信息，并遵守下列规范：含有保密信息的文件、资料不能在无人的情况下留在桌面，离开办公室应锁好文件柜；办公电脑应设置密码，并经常更换；不在有无关第三人的情况下谈论保密信息；不得将办公电脑交付第三人使用，不得托付第三人代行公司交代的事务与工作。

（2）如发现保密信息被泄露或因自己过失泄露保密信息，应当采取有效措施防止泄密进一步扩大，并及时向甲方报告。

第四条 保密期限

在双方保持劳动关系期间，乙方受本协议约束、按本协议的约定承担保密义务。双方劳动关系解除或终止后，不论以何种方式原因解除或终止，相关的保密要求仍然有效。除非保密事项已进入公知领域或为公众所了解，从而丧失保密必要性。

第五条 违约责任

（一）乙方违反保密义务，甲方可根据情节的轻重，分别给予乙方相应的纪律处分，情况严重的，甲方可以解除与乙方的劳动合同。

（二）乙方违反保密协议，致使甲方遭受经济损失或者受到第三方指控的，甲方可要求乙方对甲方因此产生的损失承担赔偿责任，上述赔偿费用可以从乙方的工资报酬中按比例扣除，乙方的工资报酬不足以抵扣甲方损失的，甲方有权要求乙方继续赔偿。乙方的行为情节严重导致触犯法规规定的,甲方将有权进一步要求追究乙方的民事及刑事责任。

第六条　竞业限制

(一)乙方承诺,其在甲方公司任职期间,非经甲方事先同意,不在与甲方研发、生产、经营同类产品或提供同类服务的其他企业、事业单位、社会团体内担任职务、领取任何工资报酬、进行任何投资或以其他方式参与、从事该相关业务。担任的职务可包括作为股东、合伙人、董事、监事、经理、职员、代理人、顾问等。乙方离职之后是否仍负有前款的义务,可由双方以单独的协议另行规定。

(二)乙方不因双方未约定竞业限制条件和期限而免除保密义务。双方劳动关系解除或终止后,如乙方到与甲方存在竞争关系的单位工作的(含兼职),或自营与甲方有竞争关系的业务的(不论是否登记为股东),应当自该情形出现之日起15日内以书面形式通知甲方,并在双方劳动关系解除或终止后两年内尽到充分的保密义务。如乙方违反本款约定、侵害甲方商业秘密或知识产权的,甲方可依法追究乙方相关的法律责任。

除了员工签署保密协议外,在临床前研发部门及CMC部门开展对外合作过程中,也需要合作方签订保密协议。

三、临床前研发的实验室人员和管理特点

临床前研发部门的大部分员工都是在实验室工作的,对于在实验室工作的各级研究人员、分析人员等的管理具有一定的特点,创新药公司的管理层和人力资源部门人员需要很好地了解和熟知。

1.创新药公司的主要实验室

(1)化学实验室

主要功能:

①化学合成:负责新靶点发现,以及fast follow(快速追踪)靶点的

差异化,人员比合成放大和分析配置多;

②合成放大:负责早期毒理研究样品的合成放大,支持体内药理和药代研究以及杂质的初步考察;

③分析:支持化合物的定性、定量分析,支持合成制备、精密称量及理化性质检测,进行初步杂质分析及稳定性分析。

(2)生物实验室

主要功能:

①以早期靶点为主,fast-follow 靶点为辅的生物测试方法开发;

②临床前转化医学研究,包括适应证的选择和扩展,生物标志物的选择和测试方法开发;

③协助临床团队进行 PD marker 检测方法选择和开发。

(3)API 工艺实验室

主要功能:

①用于研究反应过程和优化结晶工艺;

②用于最终工艺实验室验证和 QbD(质量源于设计)研究。

2. 实验室人员的安全和职业病危害因素告知

安全在新药研发过程中自始至终都是第一位的,在实验室工作和管理过程中安全也是非常重要的。很多创新药公司在员工绩效考核中会把在实验室开展的项目各相关工作无重大安全事故作为一个重要的绩效指标来要求相关员工。

作为经常或可能参加实验室工作的员工,在新入职的时候,创新药公司的人力资源部会在签订劳动合同的同时,要求同时签订一份劳动合同职业病危害因素告知书,以确保尽到公司的告知说明义务,也使得员工能够更好地在实验室工作中按照规范操作,避免受到职业病的危害。

劳动合同职业病危害因素告知书的参照样本如下。

员工×××:

欢迎加入公司并担任新药研发工作岗位。为了预防、控制和消除职业病危害,防止职业病的发生,根据《中华人民共和国职业病防治法》第三十四条的规定,特将本公司职业病危害及相关事项告知如下:

1.您所在的岗位,因工作需要会接触到粉尘、噪声、有毒有害气体、高温等职业危害因素,如防护不当,可能会对您造成尘肺病、噪声聋、中毒、窒息、中暑等职业病,损害您的身体健康。

2.我公司按照国家有关规定已对作业场所职业危害因素进行检测与评价,并配备专职人员、专用设备对本职业危害因素进行日常监测,同时定期将监测、检测与评价结果进行公告。

3.为了控制和消除职业病危害,公司按照国家相关规定,为您创造符合国家卫生标准和卫生要求的工作环境和条件,采取了支架喷雾、煤机内外喷雾、风流净化水幕、连采机外喷雾、连采工作面除尘器、消声器、通风等职业病防护措施,并为您发放了防尘口罩、防噪垫、耳塞、防护眼罩、面罩、耐酸碱手套等个人防护用品。

4.您有权利了解工作场所产生或可能产生的职业病危害因素、危害后果和应当采取的职业病防护措施;有权要求公司建立健全职业病防治规章制度和事故应急预案,提供符合职业卫生要求的工作环境;获得职业卫生教育;对违反职业病防治法律、法规以及危害生命健康的行为提出批评、检举和控告;参与公司职业卫生工作的民主管理并提出意见和建议;获得职业健康体检并建立职业健康档案、职业病诊疗、康复等职业病防治服务。

5.您在工作时应当履行以下义务:(1)自觉遵守公司制定的本岗位职业卫生操作规程和制度;(2)积极参加职业卫生知识培训;(3)正确使用维护职业病防护设备和个人职业病防护用品;(4)按要求参加上岗前、在岗期间和离岗时的职业健康检查;(5)发现职业病危害隐患或事故,请您及时报告公司;(6)树立自我保护意识,积极配合公司管理部门,严格执行职业病防护措施,避免职业病的发生。

6.当您的工作岗位发生变更时,请重新与本单位签订劳动合同职业病危因素告知书。

7.一旦发生职业病,本单位将按照国家有关法律、法规,为您提供相应待遇。

特此告知,并欢迎您随时提出行之有效的预防职业病的建议。

职业病危害告知书作为公司与您本人签订劳动合同时的附件,具有相同的法律效力。

单位盖章:　　　　　　　　　　　被告知人签字:

日期:　　　　　　　　　　　　　　日期:

3. 实验室人员的管理

创新药公司研发实验室工作人员也具有高学历的特点,据不完全统计,实验室人员中博士研究生占比约为 19%,硕士研究生占比 60%,本科占比 21%。不少员工博士或硕士毕业后加入实验室工作 5—8 年成为实验室的骨干后,一般年龄会在 31—37 岁,其职业发展会遭遇瓶颈,而创新药公司相对来说公司规模较小,内部发展机会受限,往往会导致人员的流失。

以下是一个真实的案例。

某创新药公司临床前研发部门的药化合成和化学工艺实验室共有十几位研究员,在某年春节过后的一个多月时间里,先后有 6 位高级研究员/研究员提出了离职申请,团队总监和研发副总感到非常震惊和着急,担忧实验室项目的进度受到很大的影响。在和人力资源部负责人一起分析对比市场薪酬水平后发现,近期由于新成立的新药公司特别多,前几年并不太热门的药物化学实验室研发人员变得抢手起来,相应的薪酬也是水涨船高,于是在报请公司领导同意后,对以上几人都给予了涨薪来挽留,薪酬和外部也基本持平了。出乎意料的是,在和几位提出离职员工一一沟通以后发现,除了 1 位员工表示需要考虑一下,其他几位都还是决定要离职! 在经过仔细沟通和分析后发现,主要的离职原因可以归结为以下几点:

(1)国内具有高学历背景的实验室研究员,还是更希望做管理工作,比如团队人员管理和项目管理等,他们不希望长期做实验室技术工作,这个和国外的情况有所不同。

(2)不少实验室研究员将实验室工作视为"体力活",尤其是到了30多岁以后,不太希望继续干"体力活"。

(3)部分研究员觉得实验室工作太单调枯燥,或者对自己的身体可能会有一定的不良影响。

(4)实验室研究人员由于职业性质和个性的关系,一般他们提出离职后不太容易改变想法,挽留相对会比较难。

因此薪酬往往并不是他们离职的主要原因,或者说不是唯一的原因,为了更好地管理和保留实验室研究人员,建议创新药公司的管理层和人力资源部门密切合作,关注并做好以下几点:

(1)建立好技术发展通道,鼓励实验室研究员能够持久地走技术发展通道,就像国外一样,实验室研究员工作能够一直做到退休。

(2)给予实验室人员更多晋升的机会,这个在不少创新药公司容易被忽视,大多数情况下它们会更多地关注研发中高层管理人员或临床、销售市场部门人员的晋升和发展。需要让优秀的实验室研究人员有自己带领团队的机会,鼓励他们有更多的创新和积极性。

(3)提供实验室人员内部转岗的机会,让他们有机会担任项目管理和其他产品研发管理方面工作岗位的机会。这在创新药公司规模比较小的情况下比较困难,但至少需要让他们看到公司在这方面有所考虑和规划,并在不远的未来能够实现。

(4)公司研发管理层和人力资源部需要定期和实验室研究人员沟通交流,关注他们的想法,尽早发现相关的问题。

通过以上几点人力资源管理方面的解决方案来对实验室研究人员进行挽留和激励,在实践中往往能够取得非常不错的效果。

四、知识产权归属和科技奖励政策

作为创新药公司的核心技术研发部门,临床前研发部门员工的发明创新知识产权归属,以及对员工的科技奖励,也是公司这一业务体人力资源管理的重要关注点。为了加强创新药公司的科研开发和各项技术创新能力,实现技术进步,充分激发广大技术研发人员的创造性、积极性,需要在国家有关法律、政策的框架基础上,结合公司的实际情况,制定出相关的政策和制度,充分保障公司和员工的权益,规避可能的风险。

这方面的政策、协议都会由公司的人力资源部会同公司的法务部、知识产权负责人商讨制定,并由人力资源部负责和相关的员工沟通、签署和存档。

以下是创新药公司关于员工知识产权归属方面的协议内容参考。

员工知识产权归属协议

甲方:_____(创新药公司)

乙方:_____(员工)

第一条　职务研发定义

职务研发结果

所谓职务研发结果是指乙方在受聘甲方期间,为履行自己的职务或利用甲方物质技术条件、资源或商业秘密所完成的或构想的所有研究、开发结果,包括(但不限于):

(1)药物化学结构设计、产品设计、图形设计、人物形象、经验公式、实验数据;

(2)计算机软件及其算法、设计;

(3)商标设计、标志设计等。

包括虽不属于自己职务范围但属于甲方业务范围的所有上述研究、开发结果,以及对甲方现有研究、开发结果的改进。

第二条　职务研发结果的权利归属

1.乙方同意,自己做出的所有职务研发结果应立即按甲方所要求的形式首先向甲方报告。乙方同意并认可甲方对其在受雇期间单独或共同取得的职务发明或职务作品享有绝对的权益。该发明、作品在中华人民共和国专利法及著作权法中分别被界定为职务发明及职务作品。

2. 乙方理解,任何职务开发结果的所有知识产权归属甲方或其指定方,甲方或其指定方应对此享有完全的、绝对的、排他的所有权及相关权益,包括(但不限于):

(1)对商业秘密的权利,对商品名称和商标的专用权等;

(2)该发明或者设计在国内和国外申请专利的权利;

(3)对计算机软件、文字、图像、商标设计和标志设计的著作权。

3. 乙方同意在未获甲方事先书面同意时,决不把有关上述职务研发结果的信息向任何第三方透露。

4. 乙方同意按照甲方的要求采取甲方认为为取得、保持、保护、开发利用、处理上述职务研发结果知识产权所需的一切法律行动,包括申请、注册、登记等;并同意按照甲方的要求,出具必要的文件、采取必要的措施以确认甲方的上述职务研发结果的知识产权归属甲方。

5. 甲、乙双方同意,对于乙方在甲方工作期间非执行甲方的任务及未利用甲方的物质技术条件、资源或商业秘密,完全用自己的时间单独或与他人合作完成的与甲方业务无任何关系的研究、研发结果(在本条中简称为乙方智力成果)的有关权利,属于乙方自己。但该等乙方智力成果不得侵犯甲方届时已有的知识产权,且不得包含任何甲方保密信息或本协议所约定的归属于甲方之信息。

6. 乙方应以甲方要求的形式对所有的职务研发结果作适当的、现时的记录。所有记录甲方有权在任何时间获取。

7. 除甲方主动对乙方职务研发结果作必要奖励外(如需),乙方不可撤销地、无条件地放弃对该等职务研发结果要求其他任何补偿的权利。

第三条　原有知识产权及有关义务的说明

乙方在签订本协议时,应向甲方书面说明并作为本协议附件:

1. 乙方在此之前已经拥有的各项专利技术、著作权和商业秘密（当然可以不透露这些商业秘密的实质内容），不论该等所列项目能否申请专利或注册其他知识产权；

2. 乙方在此之前按照协议已经向任何第三方许诺在一定时期、一定工作领域内不得从事的活动；

3. 乙方在此之前按照法律或协议已经向任何第三方承担保密义务的商业秘密（当然不得透露这些商业秘密的实质内容）；

4. 乙方在此声明其不存在上述附件中未列举的职前发明。

如因乙方就上述各项所作说明存在遗漏、虚假等情形而产生的一切商业或法律责任，将由乙方自行承担。

第四条　聘用期终止后的义务

1. 当聘用期无论因何种原因终止时，乙方同意立即向甲方移交所有自己掌握的，包含有职务研发中商业秘密的文档、图片、记录、笔记、提纲、数据、源程序、目标程序、模型、样品以及任何其他材料，不论上述内容是否涉及保密信息、职务发明、公司利益等，并应甲方要求办妥有关手续。

2. 乙方进一步承诺其在受雇期间或在离任之时按甲方的要求，应返还并送交所有甲方前述财产，也承诺不会以任何方式再现、复制或传递给任何第三方知晓。

3. 乙方也同意在聘用期终止后仍然严密地保守自己在甲方任职期间所了解的甲方的商业秘密，直到这些信息在本行业中成为公知信息。

第五条　关于存在抵触性协议的保证

乙方声明并保证，接受甲方聘用并签署本协议时（包括附件），并没有违反或与自己曾签署过的其他合同或者协议相抵触。

第六条　违约责任

无论甲方还是乙方，若有违反上述条款的行为，将承担违约行为的法律责任,向对方支付违约金,并赔偿由于这种违约行为给对方造成的经济损失,违约金的金额按乙方【 】个月的工资总额(包括相应奖金、津贴及各类补助等)计。违约金不足以弥补对方损失的,违约方还应赔偿对方由此而遭受的所有实际损失。

第七条　其他条款

1. 本协议在甲方盖章、乙方签字后即开始生效。

2. 本协议约定的双方结束雇佣关系后可能继续生效的条款,在双方结束雇佣关系后须继续生效。

3. 法律管辖及管辖权。本协议的订立、解释、履行、争议及其他任何事宜均须受中华人民共和国法律管辖,并依据中国法律进行解释。

4. 本协议一式两份,每份具有相同的法律效力,由甲乙双方各执一份。

创新药公司在签订关于员工知识产权归属方面的协议的同时,也需要对于那些做出科技成果的员工给予奖励,以表彰他们的贡献。

以下是创新药公司员工科技成果奖励的参考政策样板,对于下述政策中的每一项,一般创新药公司会给予2000元—2万元不等的奖励。

创新药公司员工科技成果奖励政策

一、奖励目的和范围

为鼓励员工对科技专利成果做出贡献,特制定本奖励政策。以公司作为专利权人进行专利申报并获得国家相关部门授权的,属于本办法奖励范围。

二、奖励标准

1. 以公司作为专利权人申报专利获得国家授权的,公司给予发明人、设计人：

(1)发明专利,每项化合物发明专利给予【　】元奖励;其他发明专利给予【　】元奖励。

(2)实用新型和外观设计专利,每项专利给予【　】元奖励。

2.在专利权有效期限内,公司实施专利并取得经济效益的,则在上述奖励的基础上,公司给予发明人、设计人：

(1)发明专利和实用新型专利,每项化合物发明专利给予【　】元奖励;其他专利给予【　】元奖励。

(2)外观设计专利,每项专利给予【　】元奖励。

3.在专利权有效期限内,如公司许可其他单位或者个人实施其专利的,公司将就每项专利一次性给予发明人、设计人公司首年度或首次收取的使用费的【　】元作为报酬。

三、奖励申报程序

1.凡符合本办法第二条所规定条件的团队或个人须书面提交专利奖励申请并附相关材料报公司研发评审委员会初审并由 CEO 审批。

2.公司研发评审委员会每年度对所有申请的专利成果奖励进行集中审批,申请者应当在次年的 2 月底之前向公司申请前一年度的专利成果奖励,公司将在次年 5 月底结束前完成对前一年度全部专利成果的审批,并一次性发放全部奖励。

3.如符合奖励条件的团队或个人未向公司提出奖励申请,或不按照规定提出申请的,公司可以对该奖励提存,直至拟奖励对象提出符合规定的申请后发放或主动发放。

4.符合奖励条件的团队或个人向公司提出奖励申请并审批通过发放奖励后,员工无权再向公司进一步要求其他或额外的任何奖励。

5.公司会将员工获得专利成果奖励情况,作为员工年度业绩表现成绩之一。

四、奖励分配方法

1.符合本办法第二条所规定条件的个人,奖励归个人所有。

2.符合本办法第二条所规定条件的团队,奖励给团队,由公司研发部门负责人和该项目主要负责人决定奖励分配比例并予以实施。

五、附则

1.本着科学、诚实守信的原则,本办法所涉及的专利成果奖励必须严肃认真,实事求是。如发现获奖项目有弄虚作假或剽窃他人成果者,公司有权撤销奖励,收回所发的奖金,并按照公司的内部管理制度责成其所在部门按情节轻重给予相关处分。

2.对于引进产品项目,在第三方公司或机构转让至公司时尚未授权的专利,如授权后,对相关发明人或设计人参照本办法,按上述奖励标准一次性给予一定数额的奖励。

第二节　临床医学人力资源管理

创新药公司广义的临床可以包括早期临床、临床医学、注册等三大部分,其中临床医学又包括医学、医学撰写、临床运营、药物安全、临床质量、数据管理、生物统计等几个部分。其中临床运营的团队最大,包含了临床运营项目管理、临床质量控制、临床监查和临床文档四个职能。整个临床团队的任务是从产品 IND 开始将产品一直推进到 NDA 上市,是创新药公司投入资金最高,团队人员最多,经历周期最长,各专业协作最广泛的环节,因此也对人力资源管理提出了更高的要求。

如何搭建和管理好高效的临床医学团队,对于创新药公司来说是非常重要的,也是公司管理层和人力资源管理者的重要任务之一。

一、临床医学的岗位和人员

1.早期临床部门的人员组成

早期临床部门虽然人员规模不大,但却是一个承上启下的关键部门,对于新药研发和临床的推进非常重要。其岗位除了早期临床负责人(副总裁)外,还包括转化医学总监、转化医学经理、临床药理总监、临床药理经理等岗位人员。

以下以临床药理为例介绍临床药理和临床医学各专业团队的密切协作关系(见图 3-3)。

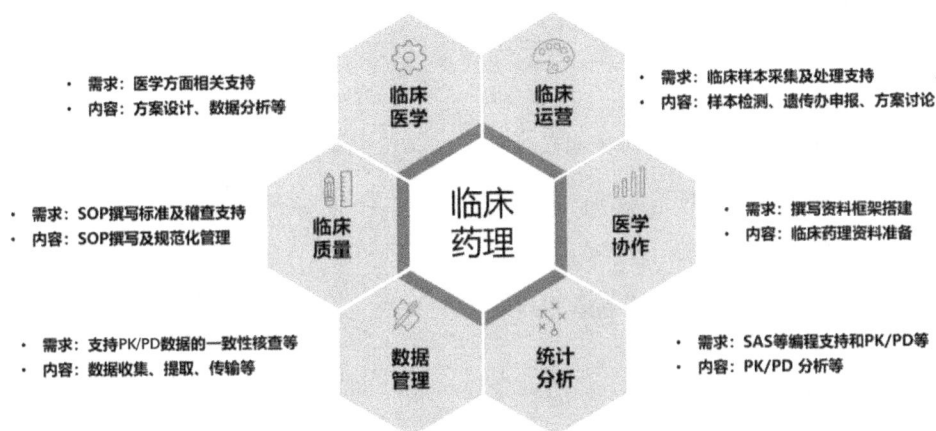

图 3-3　临床药理和临床工作关系

早期临床的岗位,以临床药理经理岗位为例,其岗位说明书可参照如下。

临床药理经理

主要职责

(1)负责临床试验方案中临床药理学部分设计,包括药代动力学(PK)、药效动力学(PD)等;

(2)基于产品特点及法规要求制定临床药理研究计划,主导临床药理相关研究开展;

（3）撰写 IND/NDA 申报资料中的临床药理学部分内容；

（4）解读非临床数据，根据非临床数据和文献数据设计 I 期临床药理研究方案；

（5）结合定量药理工具，对 PK/PD 等数据进行分析和解读，提供临床药理方面的支持。

任职要求

（1）临床药理、药理学、药物代谢动力学、定量药理学等相关专业硕士及以上学历；

（2）熟悉临床药理和药物代谢动力学相关知识，具有一定的药理学和新药临床研究的知识；

（3）在制药企业或相关研究机构至少 2—4 年工作经验，具有定量药理/建模与模拟工作经验者优先；

（4）具有 PK 生物分析经验，并熟悉国内外相关法规；

（5）熟悉国内外药物研发临床药理相关指导原则，熟悉了解 GCP 和新药物研发流程；

（6）具有较强的外文文献查阅能力及英文阅读和翻译水平。

2. 临床医学部门的人员组成

越来越多的创新药公司在策略上将产品的临床试验收回来自己做，因此需要建立一支自己的相对完整的临床医学团队，这样才能够更好地把控产品在临床阶段的成本、进度、质量和数据安全，更好地和公司内部的研发、CMC、注册、商务市场等沟通和对接。同时考虑到临床人才的所在地和临床试验的医院资源等因素，创新药公司的临床医学部门一般都会放在上海、北京等城市。临床医学大部门在首席医学官（CMO）的领导下，按照团队分一般包括以下的岗位和人员：

（1）医学团队：包括医学总监（按照产品和适应证来分）、医学经理。

（2）医学编辑团队：医学撰写总监、医学撰写经理/主管。

（3）临床运营团队：包括临床项目总监、临床项目经理、临床质量控制经理、各级别的临床监查员（masterCRA，SCRA，CRA 等）、临床项目助理(CTA)。

(4)药物安全团队:药物安全总监、医学安全经理、药物安全经理。

(5)临床质量团队:临床质量总监、临床质量保证经理/主管。

(6)数据管理团队:数据管理总监、数据管理经理、各级数据管理员、数据库编程/建库员、医学编码员。

(7)生物统计团队:生物统计总监、统计编程总监/经理,统计编程员。

以医学编辑岗位为例,其岗位说明书可参照如下。

医学撰写总监

主要职责

(1)负责医学写作部门的日常工作和人员团队管理;

(2)负责撰写、审核用于向药品法规部门递交的各类临床研究文件,以及医学发表相关的文件,包括但不限于:临床研究方案、临床研究报告、研究者手册、定期安全性更新报告等;

(3)建立和更新写作相关医学文件的 SOP 及各类写作工具表格(如医学文件的质控表格);

(4)建立、发展和维护临床研究方案、临床研究报告等相关医学文件的写作模板;

(5)能够很好地与医学、统计等相关职能部门协作,积极参加临床研究会议,准确阐释和表述临床研究结果,根据国家相关法规、ICH-GCP,以及公司 SOP 和战略发展要求,按时完成医学文件编制,并将其正确归档;

(6)按照相关 SOP 要求,对同部门的各类医学文件进行质量控制,并正确及时地填写质控表格;

(7)深入研究国内药品监管部门(CNDA)和国际药品监管部门(如美国 FDA、欧洲 EMA 等)对医学报告内容、格式等的要求,建立好各相关模板,并积极维护和及时更新模板;

(8)与相关各部门通力合作,建立写作医学文件的 SOP,严格按照

SOP 要求撰写和完善医学报告,并对已有 SOP 进行恰当的更新和调整。

任职资格

(1)临床医学、药学或生命科学相关专业硕士及以上学历;

(2)精通医学写作的国内、国际法规的要求,在制药企业或 CRO 公司从事医学写作相关工作八年以上;

(3)熟悉肿瘤、非肿瘤领域医学写作的特点及相关标准,熟悉药物研发进程;

(4)具有 NDA 资料撰写项目经验,熟悉 eCTD 申报者;

(5)熟悉《药品管理法》《新药审批办法》《药品注册管理办法》,熟悉 ICH-GCP、临床试验全过程和国内外临床研究发展与现状;

(6)具有优秀的中英文写作能力和清晰的口头表达能力,注重细节,工作耐心;

(7)具有较强的领导能力和执行力,具有良好的问题解决能力及应急预案管理能力。

3.注册部门的人员组成

注册部职责和业务流程如图 3-4 所示,两个重要工作节点是产品临床试验注册和产品上市注册,注册团队的岗位人员一般包括:注册总监、国内注册经理、国际注册经理、注册主管、注册文档管理员等。

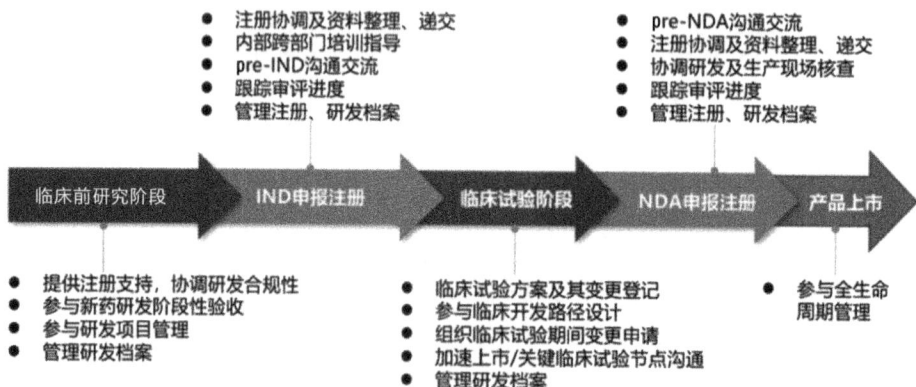

图 3-4　创新药公司注册部职责和业务流程

由于注册部门是对国家药品管理法规最为熟悉的部门,因此在一些创新药公司中,除了以项目管理团队来负责管理整个产品研发全周期外,还有尝试以注册部门来负责整个项目周期管理的模式,这种模式在创新药公司规模不太大的时期以及优秀的新药研发项目管理人才短缺的情况下,也不失为一种较好的解决方案。

以注册主管岗位为例,其岗位说明书可参照如下。

注册主管

主要职责

(1)负责项目研发监管,按照相关注册法规的要求,收集研发资料信息,管理研发合规性和进度;

(2)与政府注册部门、药检机构和审评中心联系,跟踪注册进度,及时掌握注册信息;

(3)撰写、整理、审核及报送药品注册、补充申请、变更等注册申报资料,按照程序配合药品监管部门办理相关手续;跟踪药品注册进度,使注册申请得以顺利批准;

(4)通过多种途径,掌握药品注册政策和品种动态,及时将申报品种与市场同类品种的比较情况等反馈给公司;对不公正的注册提出行政复议、行政诉讼,维护企业利益;

(5)对拟开发注册品种进行注册申报状况、技术要求等综合分析;

(6)撰写相应工作的研究资料及相关文件,满足药品注册现场检查要求;

(7)配合公司各类科技项目、企业资质荣誉、知识产权、地方政府支持政策基金等工作的组织及申报。

任职资格

(1)药学、临床、药事管理等相关专业,本科及以上学历;

(2)有 3 年以上药品注册或研发相关工作经验;

(3)熟悉药品注册法规和技术指导原则要求,对药品注册管理法律法规有一定了解,了解药物研发的流程;

（4）具备良好的沟通协调能力，对注册评审部门、药检所等的工作流程有经验者优先；

（5）做事细致，思维逻辑清晰，沟通表达能力突出，文字功底较强；

（6）富有团队合作精神，责任心强，能承受一定的工作强度和压力。

二、临床运营项目经理的角色和要求

1.临床运营项目经理的角色

新药项目进入临床试验阶段后，项目推进的主要负责人——临床运营项目经理，担负着对内对外管理协调各方机构人员、管理临床项目进度的重要责任，因此临床运营项目经理团队是否专业，是否具备足够的能力，对于创新药公司来说非常重要，毕竟临床试验的进度将大大影响公司产品的上市时间。

图3-5概括了临床运营项目经理所担当的重要角色，贯穿于整个试验周期并串联试验各方的工作。

图 3-5 临床运营项目经理所担当的重要角色

2.临床运营项目经理的职责和知识技能要求

由临床运营项目经理组成的项目管理组，主要负责临床试验的总体协调组织，对临床试验的进度、物资、预算、运营团队、外包资源以及风险等进行总体管理。根据人员的经验和资深程度一般可以分为临床运营项目总监、高级项目经理、项目经理、助理项目经理等。在很多创新药公司中临床监查员的管理一般也是由项目经理来负责的,主要包括临床监查员的工作量分配、培训、带教指导、日常管理、考评,同时负责进行项目层面的培训指导、项目相关的工作质量进度监督管理和考评等。

创新药进入临床试验阶段,每个产品都凝聚了临床前研发团队数年的心血,公司也为临床试验投入了巨额的研发经费,临床试验本身也关系着每位参研患者的健康。因此,临床运营团队的工作关系到创新药公司的产品发展,同时也关乎每一位患者的期望和切身利益。对临床运营项目经理来说,为了更好地完成其工作职责和任务,需要具备专业的知识并掌握匹配的技能。临床运营项目经理/项目总监的具体职责和任务以及其岗位的相关知识和技能要求如表 3-1 所示。

表 3-1　新药临床运营项目经理岗位能力模型

岗位职责	岗位任务	专业相关知识	相关技能
职责一: 内部 启动会	合同解读	全面了解方案和合同	分析工作任务的范围的能力
	内部交接	1.合同 2.方案	澄清、确认工作职责范围的能力
	主导外部启动会	启动会的流程和内容	1.主持召开会议的能力 2.与申办方及各方沟通达成一致的能力
	筛选并洽谈供应商		1.同供应商谈判价格的能力 2.分析供应商性价比及风险的能力
职责二: 组建 CRA 团队	提出团队需求	1.合同 2.客户需求类型	与直线经理沟通获得所需资源的能力
	审核简历		
	与申办方沟通面试	客户需求类型	1.抗压能力 2.在解决冲突时的情绪管理能力
	确认团队成员		

续表

岗位职责	岗位任务	专业相关知识	相关技能
职责三：制订项目实施计划	撰写修订确认 PMP/MP/药物管理手册	1.项目管理 SOP 2.监查 SOP 3.方案 4.合同	1.制订项目计划的能力 2.逻辑思维能力
	审核职能部门计划与手册	职能部门 SOP	1.跨部门沟通协调能力 2.风险识别能力（进度） 3.判断计划合理性
	设计项目管理工具	项目管理 SOP	应用 Office 制作管理工具的能力
	审核合同并制定预算	1.报价的基本结构 2.任务的标准工时	根据项目方案的特点调整工时的能力
	主导职能部门会议		会议主持和掌控
职责四：带领团队筛选研究中心	确定中心筛选名单	方案	主动检索信息能力
	准备筛选文件包	1.方案 2.SOP	总结、归纳、筛选要点的能力
	中心筛选培训	方案	有效培训的能力
	跟踪调研进度	时间表	1.任务跟踪管理能力 2.沟通能力（CRA） 3.解决 CRA 问题的能力
	审核调研报告	1.中心选择 SOP 及工具 2.方案	根据方案捕捉影响项目开展的关键信息的能力
	确定中心名单	方案	跟申办方沟通并达成一致的能力
	主导申办方会议	会议的常规流程和规则	1.主持召开会议的能力 2.与申办方及各方沟通达成一致的能力
	审核费用报销和工时	1.合同 2.报销要求	分析费用和工时合理性的能力
职责五：启动前准备	设计基本文件	SOP	1.与供应商沟通协调能力 2.应对突发状况能力
	准备递交立项和 EC 文件	SOP	
	跟进执行进度（指导回复伦理意见）	1.方案 2.法规 3.SOP	1.指导 CRA 与伦理沟通能力 2.与申办方沟通能力 3.解读法律法规能力

续表

岗位职责	岗位任务	专业相关知识	相关技能
职责五：启动前准备	准备遗传办申请书和相关资料	遗传办（新老）流程	
	网上递交形式审查		
	跟进遗传办审核进度		与遗传办沟通能力
	准备并定稿协议模板	1.法律法规 SOP 2.合同	1.与 CRA、律师以及申办方的沟通能力 2.解读并运用法律能力 3.控制成本及付款比例能力
	及时答复及审核协议至定稿		1.与 CRA 申办方的沟通能力 2.指导 CRA 与机构沟通能力
	主导申办方会议	会议的常规流程和规则	1.主持召开会议的能力 2.与申办方及各方沟通达成一致的能力
	审核费用、工时	1.合同 2.报销要求	分析费用和工时合理性的能力
职责六：实施启动	组建 MMT 团队	1.公司架构 2.SOP	1.与 LM 和申办方沟通协调能力 2.面试和识别合格 CAR 能力
	启动前资料及系统、设备、药准备		
	启动前培训	1.疾病知识 2.法规 3.各方工作流程及工作内容	1.协调沟通各方能力 2.制作 PPT 能力 3.演讲应变能力
	跟进启动进度		沟通能力
	审核启动报告	SOP	根据方案捕捉影响项目关键信息的能力
	主导职能部门会议	会议的常规流程和规则	1.主持召开会议的能力 2.与申办方及各方沟通达成一致的能力
	主导申办方会议	会议的常规流程和规则	1.主持召开会议的能力 2.与申办方及各方沟通达成一致的能力
	审核费用、工时	1.合同 2.报销要求	分析费用和工时合理性的能力

续表

岗位职责	岗位任务	专业相关知识	相关技能
职责七：管控入组期项目进度及质量	沟通并确定各中心的入组计划	1. 疾病背景知识 2. 合同	1. Excel 使用能力 2. 与 CRA 沟通能力 3. 入组难点分析能力
	每周跟进计划达成情况并发周报（月报、研究通讯等）	汇报模板	1. 与 CRA 沟通能力 2. 归纳总结能力（透视表）
	分析进度问题并制定改进计划		1. 分析问题 2. 指导 CRA 解决问题能力 3. 与 CRA 沟通问题能力
	跟进解决结果		1. 与 CRA 沟通问题能力 2. 指导 CRA 解决问题能力 3. 协调各方资源能力
	管控监查实施情况（如：频率、时长、审报告、遗留事情、解决药物样本、方案违反）	1. GCP 基础知识 2. 监查相关 SOP	1. 与 CRA 沟通监查情况能力 2. 识别判断风险能力 3. 应对紧急突发状况能力
	制定并实施 QC、QA 计划	1. 医学知识和医疗规范知识 2. 流程和系统 3. SOP、GCP	与研究者、CRA、CRC 沟通能力
	QC/QA finding 跟踪解决及分享	1. SOP 2. 合同范畴	1. 发现问题能力 2. 汇总和归纳问题能力 3. 解决并跟进问题能力
	项目文件管控		
	主导内部会议、职能会议、申办方会	会议的常规流程和规则	1. 主持召开会议的能力 2. 与申办方及各方沟通达成一致的能力
	分析投入产出比	1. 合同 2. 财务	1. 财务预算能力 2. 财务分析能力 3. Excel 使用能力
	审核费用、工时	1. 合同 2. 报销要求	分析费用和工时合理性的能力

岗位职责	岗位任务	专业相关知识	相关技能
职责八：管控项目随访期质量	管控监查实施情况	1. GCP 基础知识 2. 监查相关 SOP	1. 与 CRA 沟通监查情况能力 2. 识别判断风险能力 3. 应对紧急突发状况能力
	实施 QC/QA 计划	1. 医学知识和医疗规范知识 2. 流程和系统 3. SOP、GCP	1. 与研究者、CRA、CRC 沟通能力 2. 识别和发现中心质量风险能力 3. 带教和协助 CRA 解决问题的能力
	QC/QA finding 跟踪解决及分享	GCP 和 SOP	1. 指导 CRA 解决问题 2. 分析问题能力 3. 培训 CRA 能力 4. 与稽查员和 CRA 沟通能力
	监管脱落率	1. 方案或合同 2. 样本计算能力	1. 与研究者、CRA/CRC 等的沟通能力 2. 分析、总结、解决问题的能力
	管控单中心数据清理	DM 相关 SOP	1. 数据管理能力 2. 与 DM、CRA、PV 等的沟通能力
	协调完成机构质控		
	管控锁库前数据清理	DM 相关 SOP	1. 数据管理能力 2. 与 DM、CRA、MM、PV、第三方等沟通能力
	组织实施数据核查会	DM 相关 SOP	1. 主持召开会议的能力 2. 与申办方及各方沟通达成一致的能力
	跟进并确定数据库锁定	DM 相关 SOP	1. 与 DM、SA、研究者沟通能力 2. 应对突发事件能力
	主导申办方会议、内部会议	会议的常规流程和规则	1. 主持召开会议的能力 2. 与申办方及各方沟通达成一致的能力
	审核费用、工时	1. 合同 2. 报销要求	分析费用和工时合理性的能力
	合同变更管理		谈判沟通能力

续表

岗位职责	岗位任务	专业相关知识	相关技能
职责九：收尾和交付项目	跟进报告撰写进度并参与审核	1. SOP 2. 了解 SAR 和 CSR 基本结构	与 SA、MW、PI 以及申办方的沟通协调能力
	准备关中心的资料包	SOP 及 SOP form	
	跟进关中心进度并审核报告	关中心 SOP	1. 识别风险，预防风险能力 2. 与 CRA 沟通关中心流程及解决问题能力 3. 应对紧急突发状况能力
	跟进小结表和总结报告盖章	注册法规知识	1. 指导 CRA 与机构沟通能力 2. 应对紧急突发状况能力
	TMF 交接	公司 SOP	1. 解决 finding 能力 2. 与申办方沟通协调能力
	审核费用，工时		
	确认项目结顶	SOP	费用审核能力
	协助政府核查	核查法规	1. 应对紧急突发事件能力 2. 沟通协调能力 3. 识别与预防风险能力

三、临床监查员的职责，能力要求和考核

1. 临床监查员的角色职责

临床监查员（CRA）是临床运营团队中主要的组成部分。创新药公司进入临床阶段的产品管线不断增加时，一般都会考虑布局建立自己的临床运营监查 CRA 团队，以更好地加强内部沟通交流、把控质量、进度和节约成本。由 CRA 组成的临床监查组负责按照公司临床运营 SOP 与研究中心的流程处理跟进、日常沟通关系维护、数据质量监查，以及保证试验执行过程符合方案要求。

临床监查员详细的中英文岗位说明书可参照如下。

CRA

主要职责

负责临床研究中心筛选、启动和监查,确保研究中心管理和公司的SOP、国际临床试验标准(GCP)以及其他可适用的法规保持一致,确保在中心产生的所有数据是高质量的、准时的和在预算控制内的。

(1)实施 Implementation

①为研究活动实施组织和领导会议/电话会议(如研究者会议、项目评审会议等),监查每个CRA负责中心的进展情况,并评估项目的整体状况。

Organize and lead meeting/teleconferences for study activities implementation (e. g. investigator meeting, project review meeting etc), monitoring the progress of each CRA responsible sites, and assessing overall status of the project.

②为临床研究制定项目管理计划、监查计划等。

Develop the project management plan, monitoring plan etc as required for the study.

③为临床研究开发研究相关工具/表格及研究模板。

Develop study specific tools/forms, study templates as required for the study.

④制定和管理项目预算。

Develop and manage project budget.

⑤确保在整个临床研究过程中所有临床供应(包括药物和非药物)足够满足所有中心。

Order and ensure all clinical supplies (including drug and non-drug) are adequate for all sites throughout the study period.

⑥确保所有成员及时获得适当的系统和工具(如适用)。

Ensure all team members have timely access to appropriate systems and tools, if applicable.

⑦根据指导方针组织开展项目可行性访视并为最终批准提供推荐。

Organize and conduct site feasibility visits according to guidelines and make recommendation for final approval.

⑧完成标本出口许可证申请(如适用)。

Coordinate the application of specimen export permit,if applicable.

⑨在整个研究期间,需维护和管理所有的项目试验主文件,直到在研究结束时移交给发起人。

Maintain and manage all project trial master files throughout the study period and coordinate the long term archiving and handover to sponsor at the end of the study.

⑩根据公司的 SOP,与 CRA 对中心进行协同访视。

Conduct the co-visit at site with CRA according to company's SOP.

(2)交流 Communication

①与监督管理者沟通新的研究信息,研究时间表和目标,研究需求。

Communicate to monitors new study information,study timelines and goals,study requirements.

②负责向管理层(例如项目总监、临床运营管理层)提出项目特定的问题。

Responsible for raising overall project specific issues to management (e. g. project director,clinical operation management).

③提交每周的项目管理报告给管理层(如项目总监、高级管理层)。

Submit the weekly project report to management (e. g. project director,senior management).

④每月向公司提交项目报告。

Generate monthly project status report to company.

（3）中心管理 Site management

①研究中心筛选、启动（SIV）和临床监查。

Study site selection, initiation (SIV) and clinical monitoring.

• 执行前期研究访问，确保根据申办方中心选择标准选择合格的中心，包含但不限于足够的资源和经验。

Perform pre-study visit to ensure eligible sites are selected according to sponsor site selection criteria, including but not limited to adequate resources and experience.

• 准备和引导 SIV，确保足够的研究培训，使相关中心人员按照方案和相关法规推进研究启动和实施。

Prepare and conduct SIV to ensure adequate study training for relevant site staff to proceed with study start and conduct in compliance with protocol and relevant regulations.

• 确保主要研究者/研究人员遵从如方案、SOP 和 GCP 所定义的安全报告要求。

Ensure principal investigator/study staff complies with safety reporting requirements, as defined in protocol, SOP and GCP.

• 跟踪研究入组，确保入组目标在所有研究中完成。

Track study recruitment to ensure recruitment target is achieved in all studies.

• 根据 SDV 计划和 SOP 进行监查访问，及时协调解决中心问题和完成监查访问报告。

Conduct monitoring visit according to SDV plan and SOP; address issues with sites and complete monitoring visit report in a timely manner coordinating.

• 在中心启动及整个研究过程中，及时协调研究物资（药品、非药品、设备）给到研究中心。

Ensure timely coordination of study materials (drug, non-drug, equipments) to the site for start-up and throughout the study.

• 收集中心特定 EC 提交档案,确保档案提交到 EC。

Assemble site specific EC submission dossier,and ensure submission to EC.

②Training 培训

• 给中心人员提供关于 GCP、研究方案和需求的持续培训。

Provide ongoing training to site staff with regards to GCP,study protocol and requirements.

• 引导中心启动,确保中心对研究方案和需求有全面的了解。

Conduct site initiation to ensure that the site has a thorough understanding of the study protocol and requirements.

③财务管理 Finance Administration

• 制定预算,在中心启动访问前,获取中心签署的合同。

Finalize budget and obtain signed contract from site,prior to site initiation visit.

• 确保研究费用计划的执行和保留相关的文件/收据。

Ensure study payment schedule is executed and retain relevant documents/receipts.

(4)药品安全 Drug safety

①确保安全信息根据 SOP 和适用法规的要求发布到所有中心。

Ensure safety information is disseminated to all sites according SOP and applicable regulations.

②根据 SOP 和适用法规,确保 SAE 在规定时间内呈报。

Ensure SAE is reported within the timeline incompliance with SOPs and applicable regulations.

(5)文档管理 Documentation

• 在研究的启动、进行和研究完成阶段,按照方案和法规确保必要文件的及时收集。保持和更新研究者档案和试验总档案中的文件。

Ensure timely collection of essential documents in compliance with protocol and regulations at study start-up,during and at study closedown. Maintain and update these documents in investigator files, trial master files.

- 准备/完成研究记录,根据方案和申办方的需求进行归档。

Prepare/complete study records' archiving according to protocol and sponsor requirements.

(6)研究工具和系统 Study tools and system

及时更新和维护研究工具/系统。

Update and maintain study tools/systems in a timely manner.

2.临床监查员的层级发展和能力特质要求

临床监查员岗位根据工作经验的长短一般分为一级临床监查员(CRA Ⅰ)、二级临床监查员(CRA Ⅱ)、高级临床监查员(SCRA)和主任临床监察员(MCRA 或 LCRA)。在有些公司还会把处于实习期或经验少于 6 个月者称为初级临床监查员。至于管理 CRA 团队的岗位,在创新药公司会设立 CRA 经理或者由临床运营项目经理来管理。在CRO 公司,由于 CRA 的人数特别多,一般会由各级临床运营经理(或称医学经理)按照区域负责 CRA 人员的日常管理。

CRA 岗位自身的技术职业发展通道如图 3-6 所示。

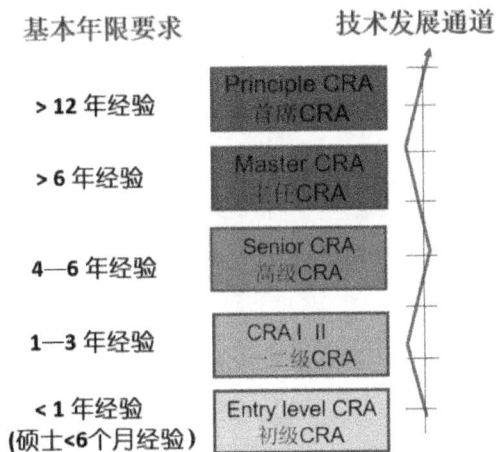

图 3-6　CRA 岗位的技术职业发展通道

　　在欧美发达国家,年龄在 40 岁以上,具有十几年甚至几十年丰富临床监查经验的 CRA 非常普遍,但在国内却很少见到有 8 年以上经验的 CRA,这一方面和国内临床监查这个岗位诞生的历史较短有关,另一方面是国内年轻人不太愿意走技术发展通道。创新药公司需要建立良好的体系鼓励 CRA 走技术发展的通道。

　　CRA 岗位作为临床医学部最大的岗位群体,随着创新药公司的不断发展壮大,也将成为公司人才培育发展的一个蓄水池,其进入和输出的职业发展通道如图 3-7 所示。

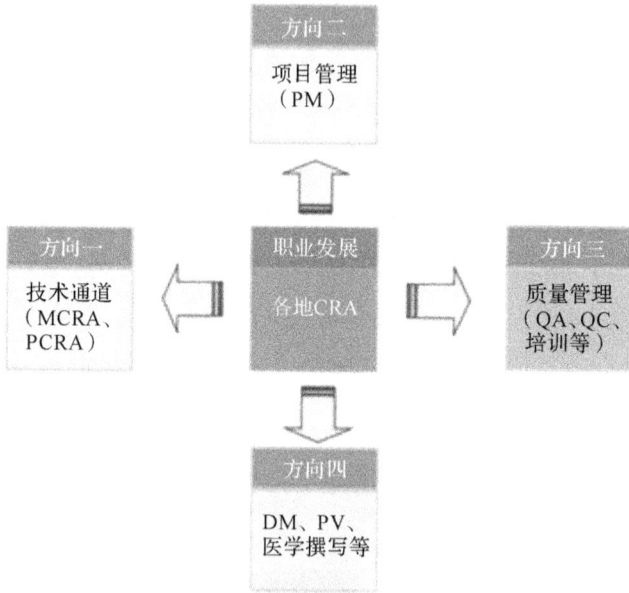

图 3-7　CRA 岗位的内部职业发展方向

　　CRA 的主要工作地点是在临床试验现场,也就是各个医院机构,为了更好地开展临床试验,加快拓展病例入组,很多创新药公司都会在全国主要城市招聘 CRA 负责当地医院的临床试验。CRA 除了去医院机构外,平时也会在家办公,负责文档和数据工作。可以形象地说,CRA 就是临床医学部的一线员工,CRA 既要在相对艰苦的医院环境下面对患者、各级医护人员,又要面对公司内外的各级核查,需要具备全面的抗压工作能力。一线员工的能力素质和特质对于产品的推进和公司的发展是非常重要的。

3.临床监查员的管理和考核

CRA 作为一线人员,其工作具有特殊性,平时都是在医院机构工作或在家办公。每一家中心、每一个病例的数据质量,最终决定了整个试验的整体质量水平。这就要求每一位 CRA 坚持高效细致的工作方式,高效处理千头万绪的工作,同时不放过每一个可能影响项目质量和进度的细节。创新药公司对于自身 CRA 的日常管理也显得非常重要和必要,需要制定月度的绩效评估考核制度体系和必要的奖惩方案,以做到目标、任务考核到人。

表 3-2 是创新药公司对于 CRA 工作的考核项目内容。

表 3-2　创新药公司 CRA 岗位的考核项目

编号	年度考核项目内容	分值	比例权重/%
1	企业文化核心价值观评估	15	15
2	团队内部满意度	5	5
3	部门外部满意度(由医学、QA、DM 等反馈意见)	5	5
4	TMF(临床试验主文档)归档率/及时性/质量	10	10
5	项目节点目标达成率	10	10
6	Co-Visit(协同访视)/QA 质量评估	10	10
7	项目管理计划、监查计划执行力	10	10
8	周报、半月报以及月报等汇报执行力	10	10
9	沟通报告和监查报告归档与质量评估	10	10
10	CRF(病理报告表)录入及 Query(问询)完成率	5	5
11	QA、QC 发现问题的协同处理与分享	5	5
12	SAE(严重不良事件)报告及备案	5	5
合计		100	100

四、临床医学文件保密管理制度

新药项目进入临床试验阶段后,其相关的数据文件对于公司的产品推进、市场商务和上市申报非常重要。同时由于市场的激烈竞争,保守公司商业秘密、维护公司相关权益,以及避免项目数据、进展或相关文档的流失、泄露就显得十分重要。临床项目试验时间周期长、项目文件多,这就需要公司的人力资源部会同临床医学部一起制定文件保密管理制度,培训并要求相关人员严格执行。关于创新药公司的临床医学文件保密的相关管理制度内容可以参考如下。

1.文件机密重要程度

公司临床试验文件的机密重要程度一般可以分为以下几个等级:

(1)绝密级:公司核心机密,需经董事长或总经理同意才可以分享给其他人。

(2)机密级:公司中层以上人员可查阅的资料,须经公司中层以上领导批准才可分享给其他人员,包括部门内部人员。

(3)保密级:按照部门划分,公司部门内部员工可查阅的资料,须经部门负责人书面同意才可转发给公司内部其他部门人员。

(4)一般级:公司下发的致全体员工的通知或公文,仅限公司内部传阅。

(5)公开级:公司对外披露的文件或公司官网可查阅的资料和信息。

2.文件加密规定

公司内部所有文件,都应在首页或每一页标明文件保密级别。文件的保密级别由文件产生或汇总的部门负责人定义,本着保密"就高不就低"的原则编制文件保密级别。

3.加强保密文件相关信息载体的保密管理

临床医学部门及公司其他员工应遵守公司保密协议的具体规定,明确在临床项目相关信息公开前,应对承载临床项目相关信息的纸质、电子等文件采取保密防护措施。临床项目相关信息载体的制作、收发、传递、使用、复制、保存、维修、销毁,应进行必要的记录。禁止未经公司领导或直属领导同意而超越权限复制、记录、存储临床项目相关信息,禁止向无关人员泄露或传播相关信息。

4. 加强文件传输或分享范围的管理

根据工作需要,限定参加会议人员的范围,对参加涉密级事项会议的人员予以指定。同时依照保密规定使用会议设备、管理和分发会议文件。

5. 项目月会资料的管理

项目负责人组织的项目月会资料是公司项目进度的最核心资料,属于机密级别,收到相关资料的人员应严格保密。

原则上项目月会文件首次分享至部门负责人,由部门负责人指定部门专人负责的事项,未经部门领导同意,严禁分享至部门内外其他人。项目月会资料每部门分享人原则上不超过2人。

公司内部的项目会,除公司管理层批准的特殊要求和项目组特殊要求拍照、录音、录屏的情况外,严禁与会者拍照、录音、录屏。

6. 临床医学部门对外提供文件规定

临床医学部门对外联络较多,对接对象包括CRO公司、医院、研究者检测单位等,对外提供项目文件须经部门负责人邮件或书面同意;

临床前资料,包含但不限于项目PPT、临床前结果、临床前报告等,对外提供前须经部门负责人邮件或书面同意;

临床试验立项或伦理PPT对外提供前,须经内部会议讨论形成定稿文件,以及部门领导邮件或书面同意。

禁止在公司内部来往邮件的基础上回复对公司外部的邮件。在与公司外部其他单位沟通中,禁止在公司内部邮件、微信等电子媒介文件的基础上直接对外转发。

第三节　工程制造质量人力资源管理

创新药公司在产品进入临床阶段后,其商业化生产的准备也会按照规划有条不紊地开展。新药临床试验和商业化生产准备就相当于公司的两条战线,分别推进又相互关联。在生产工厂筹备建设期(一般需要3—4年时间),除了团队组建和人员招聘外,其团队管理的最大特性就是各团队部门的协同协作和交叉管理。需要项目协作共同推进的部门团队包括工程项目、设备、生产管理、质量验证、制剂工艺等,人力资源管理者需要很好地从多方面配合支持上述各团队负责人做好生产基地建设的推进工作。

一、生产基地建设推进和跨团队协作

创新药公司根据产品临床推进的时间规划进度,其生产基地建设和CMC相关的产品工艺也将相应地同步推进。临床医学(包含注册)、CMC制剂合成、工程生产三大团队人员需要密切协作,建立跨团队的运行体系和机制。为了更好地协作,创新药公司经常会进行跨部门的人员调动,比如将CMC部门熟悉制剂工艺的人员调入生产工程团队,或将前期在CMC部门负责质量管理者调入生产质量团队,等等。图3-8是在创新药产品推进过程中,以临床推进为时间标尺的基地建设和CMC制剂等方面的协作推进工作时间进程,根据这个工作时间计划,人力资源部将配合公司各部门来安排相应的工作。

创新药生产基地的建设需要工程项目团队和生产制造团队的密切分工协作。以小分子创新药生产基地建设的工作任务为例,工程项目团队主要负责土建结构、机电安装中的冷热水系统、给排水系统、消防系统、工业管道系统和污水处理系统以及实验室、车间、办公室的装修装饰等。生产制造团队的主要工作任务职责为:生产设备、质保检验设备、洁净非洁净公用工程设备的采购、机电安装中的洁净室系统、洁净管道系统、暖通空调系统和弱电系统等。

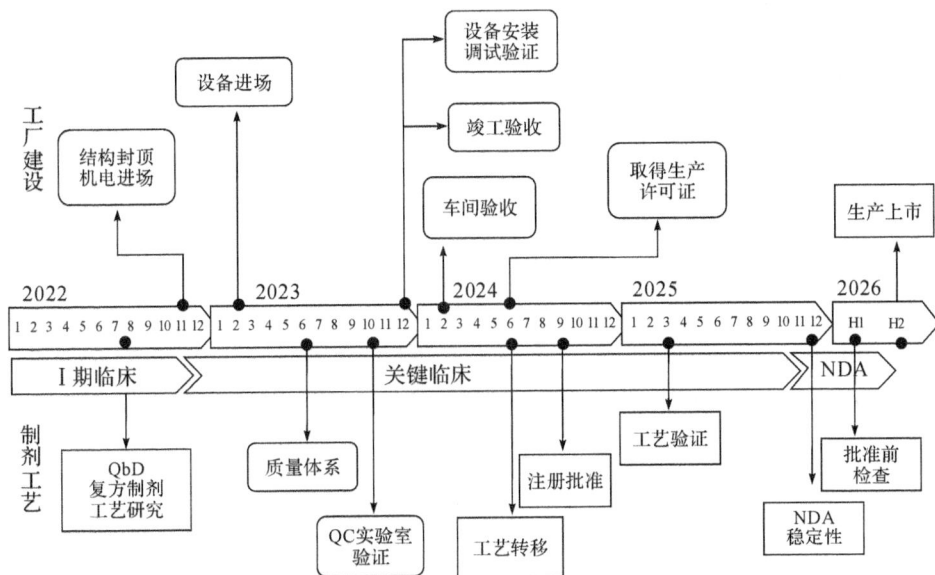

图 3-8　临床推进、基地建设和 CMC 制剂协作

二、工程质量制造的岗位管理

创新药生产基地建设期间需要的岗位除了工程总监、工程经理/主管、生产现场监察员、工程设备总监、设备主管、工程设备计量管理员外,还包括相关各技术专业岗位,如土建工程师、电气工程师、暖通净化工程师、自控工程师、洁净公用工程师、洁净非公用工程师、计算机系统验证工程师等。

以计算机系统验证工程师为例,其岗位说明书如下。

计算机系统验证工程师

主要职责

(1)建立和完善生产制造基地的计算机系统验证和管理体系,保证计算机系统的合规性;

(2)组织并完成 SOP 中计算机系统内容的制定和完善工作,持续推动 GMP 管理体系不断完善;

(3)负责计算机系统验证和再验证项目确认工作,组织建立计算机系统验证计划来推动验证工作,并对验证方案和结论合规性进行审核;

(4)协调计算机系统验证项目的开展,确保 GMP 相关的自动化或计算机系统验证的合规性;

(5)负责计算机系统验证的管理规程的建立;

(6)提供计算机系统验证相关培训。

任职资格

(1)计算机、自动化、软件工程等相关专业本科或以上学历;

(2)三年以上制药企业质量、工程或 IT 部门的相关工作经验,熟悉 GMP 环境下工作的基本要求;

(3)有计算机系统验证的实战经验,需拥有 ERP(企业资源计划)、LIMS(实验室信息管理系统)、WMS(仓库管理系统)等一种或多种相关验证经验;

(4)熟悉 GMP 法规,熟悉计算机系统验证和数据完整性要求,并能根据法规要求进行验证和维护数据库安全运行与故障处理;

(5)英语能力良好,尤其能熟练阅读和书写英语文件。

在创新药生产基地建设期间需要搭三方面的制造质量专业人员:制造质量保证总监(或高级经理)、制造质量验证经理、制造质量分析经理(QC)以支持工厂建设的前期各项工作。这里以其中的制造质量验证经理为例,其岗位说明书可以参照如下。

制造质量验证经理

1.主要职责

(1)在质量负责人的领导下,组织建立公司确认与验证管理组织架构及平台搭建;

(2)根据公司质量目标,负责组织制订公司验证总计划、各部门分计划,确保按计划完成所有的验证工作,组织验证管理文件的起草及审核;

（3）维护高标准的，符合现行中国、欧盟和美国相关法规要求的验证活动，确保药品在不同阶段的验证活动均满足 GMP 等法规要求；

（4）负责组织验证人员按照确认与验证管理流程开展验证工作；

（5）审核公司内所有验证方案与报告，确保符合法规要求；

（6）组织或参与验证与确认相关的风险评估工作，参与验证相关偏差的调查和处理；

（7）参与厂房设施、公用系统、设备、仪器、计算机化系统的设计、选型等技术工作，审核 GMP 相关系统的验证方案与报告；

（8）负责组织系统影响性和关键设备部件、设备风险评估；

（9）负责组织系统及设备、仪器、计算机化系统的审核；

（10）组织验证阶段性回顾，并组织实施持续改进；

（11）负责验证工程师的上岗培训、在岗培训及日常工作指导。

任职资格

（1）药学、制药工程、化学化工、机械自动化、计量等相关专业本科或以上学历；

（2）不少于 5 年的制药企业验证相关工作经验，具主管设施设备验证经验者优先；

（3）熟悉制药企业的 GMP 规范，了解验证相关知识，熟悉掌握口服制剂及无菌药品验证方法及流程，最好有 NMPA（国家药品监督管理局）或 FDA 认证；

（4）了解制药公司的质量管理体系和质量风险管理，有扎实的法规知识，能熟练地解释和应用法规要求和指南；

（5）最好有新建工厂验证体系建设和运营经验；

（6）良好的团队协作能力、学习与创新能力、沟通技巧与人际交往能力，有一定的数据处理和分析能力。

三、质量生产制造的人力资源管理相关法规要求

由于医药关系到人民大众的生命健康安全，国家法规对于制药企

业的质量管理要求是非常严格的。相对于一般的生产制造企业,创新药的生产工厂质量 GMP 对组织机构和人员的法规要求更加严格。其管理法规要求体现在以下两个方面。

1. 质量管理方面的机构人员基本原则要求

(1)一定要设置生产管理部和质量管理部,并且要分别设立,其他部门视企业实际情况而定。

(2)企业应当设立独立的质量管理部,需要包括 QA、QC 两块,并直属企业负责人领导。

(3)从事药品生产者应当是有依法经过资质认定的相关技术人员,包括法定代表人、企业负责人、生产管理负责人、质量管理负责人、质量受权人及其他相关人员。

(4)关键人员必须为企业的全职人员,包括企业负责人、生产管理负责人、质量管理负责人和质量受权人。

(5)质量管理负责人和生产管理负责人不得兼任;质量管理负责人和质量受权人可以兼任。

(6)应当制定操作规程确保质量受权人独立履行职责,不受企业负责人和其他人员的干扰。

(7)生产负责人资质要求:至少具有药学或相关专业本科学历(或中级专业职称或执业药师资格),至少 3 年药品生产和质量管理经验,其中至少 1 年的药品生产管理经验。

(8)质量管理负责人:至少具有药学或相关专业本科学历(或中级专业职称或执业药师资格),至少 5 年药品生产和质量管理经验,其中至少 1 年的药品质量管理经验。

(9)质量受权人:至少具有药学或相关专业本科学历(或中级专业职称或执业药师资格),至少 5 年药品生产和质量管理经验,从事过药品生产过程控制和质量检验工作。

2. 生产管理方面的机构人员基本原则要求

(1)要求药品生产设施配备数量充足的人员,要有能正确完成他们既定工作职责的必要教育背景,培训和工作经历。

（2）药监局建议药品生产设施的员工数量应与其生产规模和操作的复杂性相当，能按时圆满地完成所有生产任务。建议所有员工职责和既定任务都以书面形式记录下来。

（3）如果一位员工有能力同时担任生产和质量保证两种工作（即受过相应教育、文件记录的培训和在这些技术领域有卓越的工作经验），那么他就可以同时做这两种工作。

（4）在药品生产和质量保证的每个活动或完成每个工作职责的人员必须接受过相应的教育、培训和有相应的工作经验。建议药品生产设施建立完备的培训程序和计划，对员工在新的工艺规划、操作中缺陷之处进行持续培训。

（5）建议药品生产设施保留每位员工动态档案（如简历、学历复印件和培训结业证书等）。

第四章　人才与创新
创新药公司的人才招聘和吸引

　　作为创新药公司,伴随着药物的研发和上市,人才团队也在汇聚和发展壮大,谁拥有了一支优秀全面的团队,谁就拥有了未来新药成功的机遇。因此对于人力资源管理来说,最重要的往往就是人才的搜寻、挑选、吸引和招聘录用了。如何更好地尽快招聘到优秀合格的各方面人才,将是创新药公司人力资源管理者面临的最大挑战。不少创新药公司的CEO或总经理认为人力资源部的负责人的任务就是帮公司找人,虽然该观点不一定全面,但确实对于创新药公司来说,尤其是在较早期阶段,招聘非常重要。人力资源负责人可能需要花费60%—80%的时间用于为公司寻找合适的人才,而创新药公司选择人力资源管理者时,往往会把其招聘经验和能力作为重要的考察因素。

第一节　创新药公司如何招聘和吸引人才

　　如何打造创新药行业可持续的产业人才链?

　　创新药的产业人才招聘和发展一直是生物医药产业相关各机构最为关注的问题。在由苏州工业园区各相关政府部门和专业人才服务机构联合举办的"苏州生物医药产业人力资本研讨会"的圆桌论坛环节,主持人请到场的嘉宾结合在工作中打造企业人才链、招募人才方面的事例,分享如何打造创新药行业可持续的产业人才链,以及怎样把HR的工作做得更好。笔者当时是这样介绍的:

创新药公司要吸引人才，候选人一般关注三点，一是金融，创新药公司的资金、融资能力、上市步伐是不是比较快？融资能力是不是比较强？众所周知，新药研发周期长、投入大，而且成功率并不是百分之百，所以资金的支持对公司运作非常重要。二是产品线，公司一共有多少产品线？是不是外部收购进来的？团队好不好？只有各方面完备才能吸引人才的加入。三是管理层及公司文化，是不是开放包容、是否具备创新精神等。

就人才吸引而言，首先，企业要综合、全面地布局，很多创新药公司虽然总部不在"北上广深"，但在上海、北京等都有分公司、子公司。综合、全面的布局能吸引更多、更好的人才。其次，将视野扩展到海外，招揽海归人才。再次，打造好的股权激励体系，作为一个初创型公司，在还没有上市、还没有盈利的情况下，可以通过股权吸引人才，而不是完全靠现金或者年薪。最后，人才集聚效应，要尽量招揽优秀人才，这样才会带动更多优秀人才的加入，这点至关重要。

一、创新药行业人才市场趋势

1. 医药行业整体人才招聘现状及趋势

由于受到新冠肺炎疫情和国家医药行业的新政策的影响，一方面受到资本追捧的创新药和抗疫产品公司大量涌现，另一方面新政策的颁布和执行使得医药行业从研发、注册、生产到销售流通环节更加规范、合理、高效，对于医药领域人才的需求更加旺盛，国内医药人力资源市场表现得更为积极活跃，医药行业整体招聘市场体现出以下几个特点。

（1）人才竞争激烈，整体招聘难度增加

创新药从研发到临床再到质量生产各环节所需要的人才都成为市场上受追捧的热门岗位，创新药公司由于薪酬架构比较灵活，更有股权授予的吸引力，因此更加能够适应快速变化的市场行情。但是各创新药公司之间的人才争夺非常激烈，很多候选人手里同时握有好几份录用函,综合对比,在考虑薪酬的同时也会更加注重公司平台和项目技术发展方向,因此新近成立的创新药公司会面临一些成熟的医药公司的人才争夺压力。

(2)招聘速度节奏加快

由于创新药、抗疫医疗、疫苗生物制品等市场竞争激烈,时间就是生命,时间就是金钱,能招到合适的人才就是成功了一大半。市场及资本对于创新药公司产品及资本上市的严格要求也加快了招聘的节奏和速度。对于技术研发领域和临床医学领域,各创新药公司以及大型的医药集团更加愿意投入高薪吸引掌握高端核心技术的人才,以减少试错成本,加快产品项目的推进进度。招聘节奏的加快对公司的人力资源岗位人员提出了更高的要求。一些传统企业或外企 HR 按部就班的招聘工作方式已经无法适应当前的招聘需求了。

(3)投资和创业成为热门趋势

由于资本市场普遍看好医药行业,尤其是具有技术创新的创新药行业,有了资本的支持,不少医药公司的高端技术和管理人员带着项目出来创业。初创公司虽然平台较小,但拥有更为灵活的机制和运行模式,能够吸引和挖掘到一些愿意冒险的医药行业技术人才,这也导致部分医药企业人才流失和招聘困难。

2.创新药公司人才招聘现状及趋势

(1)小分子研发领域招聘现状趋势

据统计数据显示,小分子药品一直是中国医药市场的主体,占比超过 50%,比中药和生物制剂的总和还多。近年来小分子创新药企业较为成熟的研发体系以及丰富的 CMO(合同定制生产企业)/CDMO(合同定制研发生产企业)外包资源体系使得小分子药物研发的周期缩短,成功率得以提升,促进了小分子创新药研发的优势的形成。

根据诗迈医药人力资源研究院数据统计显示,有 30% 以上的医药企业集中在北京、上海、深圳、成都、重庆、广州、天津、苏州、杭州这几个城市,这几个城市的生物医药产业园区也非常多且成规模,以园区的形式聚集,可以帮助医药企业更好地获取人才、资本和研发资源,打通医药产业链。诗迈医药人力资源研究院还统计分析了小分子创新药从早期开发到 CMC 制剂研发不同阶段的三个主要招聘岗位种类——药理、药化合成和制剂在以上所列的九个主要城市的分布占比发现,上海依然是小分子创新药企业的最大汇聚地,上海这三类岗位的招聘量在九个城市中都名列前茅,占比分别为 42%、28%、27%;其次为北京,占比分别为 20%、16%、15%;苏州、成都、广州、深圳、南京和杭州,三类岗位的占比都在 5%—10%,而位于华中的武汉三类岗位占比均不到 5%。

小分子创新药人才更换工作的原因主要包括:

①市场变化导致的原有工资偏低,公司没有及时根据市场薪酬评估、调整;

②企业发展或产品管线推进没有达到预期;

③创新药管理层变动频繁,企业外聘来的高管层因水土不服而离职,给团队带来不利的影响;

④个人职业发展受限,希望从事新的研发管理工作,等等。

其中高层管理层变动频繁是创新药公司常见的情况,由于团队很多时候是高层搭建的,因此对应高层的离职对整个团队的稳定性来说往往是非常致命的,需要更好地关注和思考这个问题。

(2)大分子研发领域招聘现状趋势

国内近年来大分子行业发展迅速,从临床方向来看,全球处于临床研发管线中的大分子药物行业的增速很快。在国内,国家新的各项政策尤其是医保政策使得人才竞争更加激烈。国内现有多家大分子创新药企业的产品进入临床Ⅱ期和Ⅲ期,同时国家对于创新药的鼓励政策也使得越来越多的海归博士、专家回国创业,一些以小分子创新药为主的公司也开始涉足大分子领域的产品开发和合作,这些都导致了目前市场大分子方面的人才非常紧缺。

根据诗迈医药人力资源研究院的调研分析,大分子行业的热门招聘职位从临床逐渐转至研发、CMC 工艺和质量生产,早期研发职位需求增长率超过 50%,其中临床前药理毒理、CMC 制剂、API 合成和项目管理等职位需求超过 100％。由于各公司都在市场上抢人,因此创新药公司需要引进比较优秀的专业人才所要付出的成本大大增加,优质人才所在的原企业为了留住人才也会给予调薪。

根据有关调研数据分析显示,大分子方面的专业人才需求流动最高的城市分别是上海、北京、广州和苏州,占比分别为 10％、9％、8.5％和 7％。大分子人才跳槽的原因依次为:薪酬待遇、职业上升空间、项目产品管线、企业发展。

近些年双抗、三抗、ADC(抗体偶联)药物的兴起,必然会导致新一轮的企业和人才激烈竞争,对于新兴领域,新药公司需要决定是快速抢占赛道先机,还是专心深耕自己的专长细分领域,而无论哪种决策,都有赖于专业人才的支撑,都需要寻找到专业的人才,同时也要做好内部人才架构建设,形成外部人才引进和内部人才保留,培养并举的人才策略。

(3)临床研究领域招聘现状和趋势

创新药研发中极其重要的临床研究环节一直在国内外市场备受重视,究其原因,不但是因为临床研究的时间周期相比临床前研究更长,其需要投入的资金金额也更大。数据统计显示,美国用于临床研究的支出一般为药物发现研究的 3 倍多,是临床前研究支出的 6 倍左右。在国内,虽然临床研究的费用相对美国要少一些,但也是占据了创新药公司研发的主要部分。创新药公司的产品进入临床阶段,关系到产品的成败和公司的前景,因此该阶段对临床研究人员的需求和要求都会非常高。

得益于国家新政的支持和资本市场的追捧,新药申报 IND 数量连年增长,国内临床试验行业持续蓬勃发展,临床研究人才需求旺盛。过去十年 CRO 公司不断快速扩展自己的临床团队,培养出了许多临床研究人才,近年来各申办方、创新药公司基于进度、质量和内部策略的考虑也开始建立和扩展自己的临床研究团队。临床研究的各专业领域岗位,从 CMO、医学经理、PM、PV、CRA、临床 QA 到数据、统计、医学撰写,整个市场上人才都非常紧缺。近两年随着行业内更加注重医学指导临床研究运行,医学方面的人才更加紧俏,同时具有临床医生背景和企业商业化经验的人才即使高薪也仍然难求。

近些年涌现出来的众多 CRO 公司由于拥有较好的临床人员培养机制和体系,其经历的项目比较多,因此他们的临床研究人员成为各申办方、创新药公司抢挖的对象。而 CRO 公司的临床研究人员,除了已经居于较高管理岗位的人才,一般的也是非常愿意去申办方工作,经历和了解新药研发的全产业链过程对于他们来说还是非常有吸引力的。

二、创新药公司人才吸引策略和要素

对于创新药公司来说,如何在快速发展过程中吸引和招聘到优秀、对口的专业人才是公司管理层和人力资源部面临的重大挑战之一。优秀的专业人才选择加入什么样的创新药公司?除了薪酬福利和股权外,主要围绕着三个方面:一是创新药公司的融资资金实力;二是在研的产品管线布局;三是公司管理和技术团队。这些都是创新药公司吸引人才加盟的主要硬件因素。在具体的招聘策略方面,创新药公司为了更好地吸引人才,需要关注和考虑以下几个方面。

1. 企业的全国性发展布局

创新药公司的总部一般会在上海、北京、苏州、成都等主要城市,这些城市也是创新药人才汇聚的地方,人才招聘相对比较方便。但是由于创新药公司需要临床前研发、CMC、临床医学、注册和生产质量各方面的专业人才,人才市场需求端的竞争非常激烈。虽然现在人才跨地区流动越来越普遍,但不少优秀的人才还是有选择工作地城市的倾向,所以具有全国性发展布局的创新药公司更有机会招聘和汇聚更多的专业人才。

比如不少创新药公司会把总部和研发中心放在上海或苏州,把生产制造基地放在上海周边城市的医药产业园,把临床医学中心和销售中心放在上海(上海的临床医学人才更多),将注册申报的中心放在北京。同时考虑到人才全国性布局,在成都、广州等地也设立分公司或办事处,吸纳一些优秀的临床医学方面的人才。

2.国际化视野与海外人才招揽

创新药公司研发的人才最先培养于设在海外的国际化医药公司的研发机构,早期临床的人才也一样。由于国内创新药公司的蓬勃发展、国家政策吸引、国际政治形势变化以及疫情等因素,越来越多的海外中国籍创新药人才回到国内工作。因此创新药公司将招聘的目光投放到海外,尤其是美国和日本成为创新药公司的人才吸引主要目标国家。为了更好地吸引人才、推进项目的国际化进程,许多创新药公司会在美国建立分支机构,吸引优秀的美国本土人才(主要是华人)在美国或来中国和国内团队一起工作。创新药公司的管理层和人力资源团队需要具备招聘和管理海外人才能力。

3.人才的汇聚效应

由于创新药的产品成功上市需要各环节专业团队的共同努力,因此人才在选择公司的时候也会考虑公司现有技术团队的背景和实力情况。人力资源部门在招聘人才时经常会遇到候选人(或猎头服务机构)询问公司的技术团队情况,尤其是会询问汇报对象的背景、资历。因此当创新药公司拥有良好的人才团队时,就更加能够以此来吸引更多优秀的人加盟,这就是所谓的人才汇聚效应。

4.面试官的专业度和魅力

创新药公司需要的人才一方面背景要求比较高,另一方面他们的市场选择机会也非常多。对于候选人来说,面试官的综合素质和魅力也是吸引候选人的一个重要因素。那些对产品和技术熟悉的、能够和候选人进行深入交流的人力资源部面试官会更能够获得候选人的认可并更有机会说服候选人加入创新药公司。

5.广泛的猎头合作和管理

创新药公司的快速发展往往离不开与外部专业猎头服务机构的合作,在创建的前几年内通过猎头公司招聘到位的人才占总入职人数的比例可能达到30%—50%甚至更高,成为非常重要的人才吸引招聘途径,提升了招聘速度与招聘质量。

第二节　创新药公司猎头管理

创新药公司招聘具有学历和专业度要求高、用人紧急度高、人才市场供给稀缺度高、自身培养难度高等"四高"特性，同时还具有愿意在人才寻找和人才待遇提升上投入的特点，因此使用猎头是创新药公司的一个普遍现象，创新药公司的人力资源管理者需要具有熟悉、使用、管理好猎头公司的能力和经验。

一、创新药公司猎头合作

1. 猎头公司在国内的发展历史

猎头的英文是 headhunting，其最早来源于拉丁文，真正叫作猎头是二战以后。"头"指智慧、才能集中之所在，"猎头"也可指猎夺人才。猎头公司是"高级管理人员代理招募机构"的俗称，是组织搜寻高层管理人才和关键技术岗位人才的招募服务的组织。

猎头进入中国是在 20 世纪 90 年代中期，随着中国的改革开放不断深入以及大批外资企业的涌入，中国猎头行业也随之萌芽，进入探索和快速发展阶段。最初猎头公司只是服务于外资企业，进入中国市场的外资企业中，有超过 80% 的企业都使用过猎头公司提供的人力资源服务。这些优秀公司为了尽快适应市场需要，一般都会寻求专业的猎头公司为其寻找适合企业的人才。

国内企业逐步发展和兴起，对于高端管理和技术人才的需求也越来越迫切，通过猎头公司帮助搜寻急需和合适的人才也越来越被广大国内企业所接受。

2. 创新药公司为什么需要使用猎头公司

（1）弥补快速发展中的专业人才和专业知识储备不足

创新药公司基本上都是最近几年才新创立的公司，团队也是新建立的，市场上相应人才供不应求。而新药研发需要化学、生物、药学、医学等各领域及细分交叉领域的专业人才，公司无法在短时间内培养，有些领域找什么样的人最合适,可能创新药公司自己也不一定非常清晰,因此借助外部专业猎头公司的帮助成为必不可少的手段。

(2)提高招聘的效率

受技术竞争与资本的影响,创新药公司发展非常迅速,一般自身人力资源团队人手较少,通过和外部猎头服务供应商合作,可以有效地提升招聘的效率,更快地筛选、接触和录用合格的专业候选人,提高外部人才获取的弹性和能力,适应内部需求的波动,在行业市场竞争和优秀人才获取上走在前列。

(3)增加宣传吸引力

创新药公司产品还在早期研发或临床试验阶段,企业品牌知名度还在打造之中,很多候选人对一些创新药公司并不了解。使用专业的猎头服务,可以拓展和宣传企业的品牌知名度,吸引更多优秀的人才加盟,提升企业整体人才水平。

(4)降低招聘用人的风险

创新药公司面临激烈的人才竞争压力,优秀的候选人一般会同时有多个机会,候选人接收录用函后又临时改变主意而不来的情况也很常见。使用猎头供应商可以有效地保持和候选人的多方沟通,及时了解情况,也可以保持和多个候选人的接触,保留招聘人员备选方案,避免临时变化导致被动耽搁用人工作。

3. 创新药公司总结的成功猎头画像

根据创新药公司的特点、创新药公司和各猎头供应商的工作合作情况,笔者进行了以下归纳总结供大家参考。

创新药公司最希望合作的猎头公司一般具有以下的一些特质:

(1)专注医药,能够非常熟悉岗位的要求;

(2)能够了解岗位市场动向和需求,掌握行业薪资待遇;

(3)专门的项目负责人对接;

(4)有良好的沟通交流能力;

(5)具有较大公司平台的支持,招聘缓、急都能满足;

(6)具有持续推荐候选人的能力;

（7）公司成立时间长，有良好的品牌和市场影响力；

（8）收费合理，具有长期合作意愿。

笔者总结出的和创新药公司合作比较成功的猎头画像如下：

（1）在医药行业积累时间长，具有锲而不舍的精神，能够不断推荐简历；

（2）对于岗位有良好的认知和定位，能专业分析提供的岗位说明书；

（3）有统一的对接窗口；

（4）能够主动地进行沟通交流；

（5）强大的搜索支持团队，专业医药领域团队，100人以上；

（6）广阔的视野、人才贮备和人才搜索范围，具有200万以上医药人才数据贮备；

（7）快速反馈；

（8）公司品牌在医药行业影响力大，成立时间10年以上；

（9）良好的服务态度和精神。

二、创新药公司如何用好猎头

1. 猎头公司的前期筛选

由于医药行业近几年的快速发展和巨大的用人需求，其越来越成为猎头公司关注和投入的行业服务对象，各猎头公司纷纷拓展医药行业客户并扩建医药行业团队。各猎头公司的服务水平、能力和态度参差不齐，对于创新药公司来说，使用错误的猎头，可能导致损失时间、精力，影响市场口碑，会造成很多隐性的损失，因此需要认真对待，并不是像一般人理解的那样多多益善。

目前市场上猎头公司按收费一般可以分为按过程收费和按结果收费两种；按业务可以分为以下几种类型。

（1）专业医药猎头公司；

（2）外资猎头公司；

（3）综合性的猎头公司；

（4）小猎头公司和新转向医药行业的猎头公司。

选择合适的猎头服务供应商对于创新药公司的人才招聘获取非常重要，特别是大多采用创新药研发 HVIC 模式（即 HR＋VC＋IP＋CRO，中文意为"人力资源＋风险投资＋知识产权＋研发外包服务"相结合的新药研发模式），可借助外部专业力量，快速组建团队，快速推进项目，获得先机，加速融资。如何来筛选众多的外部猎头合作伙伴呢？

①前期了解调查

先了解和收集一个猎头供应服务商的大名单，向医药行业打听其背景、业内的知名度和口碑、专注的行业领域、专长的岗位等，可重点考察成立时间、专注医药领域时间、医药猎头顾问团队规模、医药人才数据贮备量、沟通流畅性等，可以上猎头公司的网站了解公司的基本情况、团队情况和业绩特点等，也可先电话/视频沟通考察专业度。

②会面访谈

邀请猎头公司到公司面谈，或到猎头公司实地考察，可以更好地对双方的公司运营人员情况、能力特点、合作意愿、岗位需求情况进行沟通、匹配、探讨，创新药公司可以了解猎头公司顾问的能力特点，以及对创新药所空缺岗位的熟悉程度。猎头公司也可以实地了解创新药公司的人员和环境情况，有利于后期和候选人沟通、介绍。

③公开竞争竞标

这种方式虽然并不是非常普遍，但对于创新药公司来说却是非常有效的。创新药公司的人力资源部会准备一个"人才服务项目建议书"（talent request for proposal），类似于服务招标书，但中标成为合作供应商的可以不止一家，这样公开招标的方式有以下一些好处：

一是可以和中标的猎头供应商建立良好、牢固的战略合作关系，分级管理；

二是可以相互竞争，获取比较优惠的服务价格；

三是中标的猎头服务机构能够得到公司各部门的认可；

四是可以树立良好的对外形象，增加人才吸引力。

2.猎头公司的合作合同

在经过前期了解调查、会面访谈或公开竞标筛选确定合作的猎头公司后,需要商谈和签订猎头合作协议,各猎头公司都会有自己的合作协议模板,当然那些合作协议模板在条款上一般都会更多地保护他们的权益,因此创新药公司如需要长期和多家外部猎头公司合作,需要人力资源部在公司法务部门的配合支持下,制定出自己的标准猎头合作协议,更好地保护创新药公司作为甲方的权益。

以下就创新药公司(以下简称甲方)与猎头机构(以下简称乙方)合作的协议中的主要条款和要点作一些介绍与分析,供创新药公司的管理层和人力资源部门参考。

(1)协议合作期限

首次合作,一般为一年一签,根据一年的合作,从推荐成功人数、推荐人选量、推荐成功率、推荐回应速度、简历质量、其他方面的服务质量等方面评估乙方后再决定是否续签合作协议。

(2)甲方简历推荐和乙方简历认定

①甲方在收到乙方的推荐简历信息后,可通过两种形式进行确认:邮件确认;甲方招聘管理系统确认。

②乙方根据甲方要求提供候选者、推荐简历报告。若报告内容经查验,与实际情况不符,甲方将给予乙方口头或书面警告,可能会导致终止双方的合作。

③若甲方同时收到同一候选者的几份报告,则被甲方认可的第一推荐方的乙方,必须是时间上最先推荐且成功说服候选者参加面试的乙方。

(3)甲乙双方的权利和义务

甲方

①在乙方为甲方提供了推荐候选人简历,并被甲方确认为第一推荐方起的一年内,若甲方雇用了乙方推荐的候选人,甲方应告知乙方,并按照本合同约定向乙方支付相应费用。

②甲方应对乙方推荐人选的个人资料保密,并严格控制内部人员

知情范围,不得将乙方提供的人员、资料提供给甲方面试流程所涉之外的任何第三方。

乙方

①乙方在招募过程中,应向候选人详细说明职位信息(组织架构、工作内容、公司荣誉等),积极宣传甲方的雇主品牌形象。

②乙方需特别注意甲方的职位是否是保密招聘,确保搜寻不影响甲方的目前人员状态。

③乙方在征得甲方和候选人同意后,组织双方面试。面试后,若甲方认为候选人不合适,则乙方须继续推荐候选人,直到甲方满意为止。

④乙方在甲方决定聘用被推荐者后,应协助甲方对被推荐者进行录用沟通,并帮助解决被推荐者的离职手续相关问题,确保被推荐者可以按时到甲方公司报到。

⑤乙方在被推荐人入职后三个月内,需不定时与被推荐人保持沟通,了解被推荐人的思想动态,随时和甲方保持良好的沟通,和甲方一起帮助被推荐人适应和融入甲方团队。

⑥乙方对甲方公司的薪酬信息、员工个人信息以及商业机密应当绝对保密,不得泄露。

⑦经甲方确认录用、待入职的候选人,乙方要根据甲方要求提供详细的背景调查报告。

(4)服务费用和付款方式

目前市场上创新药公司和猎头机构合作收费的标准一般为录用转正第一年年薪的 20%—25%,有部分较大品牌猎头公司的收费为25%—28%,具体需要双方根据招聘职位情况协商谈判。年薪是指甲方发给乙方的书面录用函薪酬结构单中该候选人第一年税前总收入,有些协议包括年底的固定基数奖金,比如 13 薪、15 薪,也有些是不包括年终奖 13 薪、15 薪的。年薪是否包括各项股票、期权、企业特殊福利项目,需要双方根据甲方招聘人才难易程度与薪酬策略协调确定。

候选人的入职保证期,一般为 2—6 个月不等。考虑到创新药公司人才的特殊性,试用期与保证期均不宜太长也不宜太短,太短有损失猎头费的风险,太长则早期技术秘密安全风险大,所以创新药公司人才招聘前期专业筛选把关极为重要。

关于付款方式,根据合作形式而定,按过程付费的和特别重要的紧急职位一般需要预付款。目前大多按结果付费,候选人到岗后7—30天一次性付款,或采用两次付款的方式:第一次服务费在候选人到岗后7—30天支付,在候选人通过保证期后支付剩余的服务费。上述服务费是否含增值税、背景调查费等,需要在签订合同时明确。

(5)保证期和服务费用抵扣

①如在服务保证期内,乙方推荐的候选人因不能胜任工作导致被甲方解聘,或候选人主动提出离职(提出离职当日在保证期内),均视为候选人未过保证期。如在保证期内,因甲方组织架构调整或业务调整(如入职后的岗位与录用通知书上不一致或部门合并、解散等对候选者职能调整)导致候选者离职或辞退,可不予保证。

②如上述候选人保证期未通过,乙方须立刻继续推荐该职位替代候选人(限三个月内完成),且该岗位后续服务费用甲方暂停支付,直至新的候选者通过保证期,甲方将扣除针对该候选人已支付的服务费用,补足差额。若甲方通过其他渠道和方式完成了此职位招募,则乙方应将针对该候选人已支付费用的一定比例退还给甲方。该退还的费用可以用于抵扣甲方应支付的其他费用。

③合同期内,甲方应支付的费用已超过乙方应退还的费用时,甲方应及时按照本合同的约定补足。合同终止时,乙方仍有需要退还的钱款时,应在合同终止之日起20个工作日内退还甲方。

(6)双方违约责任

双方违约,应该承担相应的违约责任。

(7)其他约定

①乙方保证具有从事本合同约定事项的合法经营资质,并督促乙方员工合法合规经营。乙方提供各种合法经营资质文件,盖公章交甲方存档,如资料发生变更,应及时通知甲方。

②保密职责:任何一方在本合同履行过程中得到或知悉的任何商

业秘密及未对外公开之任何资料与信息,除非事先获得对方书面同意,不得直接或间接向任何第三方披露或用于非本合同范围。该等保密义务不因本合同无效、提前解除或终止而受到影响。

③廉洁条款:为建立合规良好的商业合作环境,促进良好合作关系,双方承诺:任何一方不直接或间接向对方工作人员或者与对方利益有关联关系的第三方(包括但不限于顾问、代理人、亲属、监督机构、管理机构、评审专家、政府部门、国有企事业单位等)提供商业贿赂或者其他任何形式的利益。

④ 争议解决:因本合同产生的争议与纠纷,由双方协商解决,协商不成,任何一方均可向甲方、乙方所在地人民法院提起诉讼。

⑤附件:甲乙双方营业执照复印件;人力资源服务许可证复印件。

3.猎头公司合作中的注意事项

在通过前期筛选并与猎头公司签订合作协议以后,创新药公司开启了与外部猎头公司的正式合作。为了更好地提升合作效率,尽快地找到企业需要的合适人才,同时也为了规避可能的风险,创新药公司的人力资源招聘部门以及用人部门需要和猎头公司紧密协作。合作的原则是共赢,并注意以下几个方面事宜。

(1)沟通了解并进行沟通管理

与专业医药猎头沟通,了解行业情况,了解行业待遇,再经过与创新药公司高管团队沟通确认,准备较为详尽的公司介绍与合理的岗位说明书,公司介绍包括创新药公司创始人背景、团队情况、融资情况、赛道情况、技术优势(经确认可公开的)、管线规划、用人特点、公司理念、公司未来规划、IPO情况等可对外公开的信息;岗位说明书包括岗位职责、岗位要求、上下级、部门人员数量、待遇、股权、工作地点、工作方式等。

(2)了解不同类型猎头公司的特点

了解猎头专注领域,尽量向猎头传递清楚公司亮点,分解招聘目标和任务,了解寻访过程中的问题,相互磨合,培养能够开展战略合作的猎头供应商。

目前市场上与创新药公司合作的猎头公司一般分为以下几类，创新药公司的人力资源部需要了解这几类公司的特点，并有针对性地与之交流和协作。

①国际性猎头公司：如 Michael Page（米高蒲志）、Career International（科锐国际）、Isaac & Kennech Associates（艾萨肯）等。这类国际性猎头公司具有深厚的底蕴和庞大的人才资源网络，内部管理层级体系较为复杂，其包括专业和区域在内的内部分工非常细，优势是对细分领域岗位非常熟悉，缺点是需要对接的人员非常多。另外这些国际化公司的客户非常多，尤其是一些大的外企公司客户，因此可能无法持续地快速回应创新药公司的需求。

②国内大型猎头公司：如锐仕方达人才科技集团、上海德筑企业管理有限公司（CGL）、杭州对点人力资源管理有限公司等。这些公司近几年发展非常迅速，已经形成了全国性的布局，分工精细，建立了专业化的医疗行业猎头服务团队，回应速度非常快。而且一般都有专门的客户经理和创新药公司对接，效率较高。其存在的问题是可能为了快速提高业绩而与候选人没有沟通到位，另外公司队伍扩展较快，会出现猎头顾问素质参差不齐的情况。

③国内专注于医药行业的猎头公司：如诗迈医药人力集团、聚诚人力资源管理咨询公司、成都特威麟企业管理有限公司等。这类公司非常专注于医药行业，在医药行业深耕多年。一般公司的创始人或项目对接人就是非常好的猎头顾问，对于医药市场有深入的了解。可以将比较关键的岗位给予这些公司去搜寻。不足之处可能是这类公司的岗位涵盖面有限。

（3）定期评估

创新药公司和多家猎头公司签订合作协议后，除了日常保持紧密的业务沟通外，还需要定期的评估考察，必要时可以给出一些具体、量化的要求，比如希望每周或每月推荐多少高质量的简历等，以保持良好的招聘效率，同时避免出现猎头公司或者某些猎头有选择性地做单子的情况。这些评估总结也可以作为合同结束前决定是否续约的评判依据之一。

（4）风险规避防范和解决

在和多个猎头公司同时合作过程中，会出现多家猎头公司同时推荐一个候选人给一家创新药公司的情况，当该候选人被公司录用的时候，就容易产生纠纷。创新药公司可能会被两家公司要求支付猎头服务费用，或者在已经支付给一家猎头公司服务费后，又被另外一家提出支付要求。发生这种情况的原因有多种，通常合同会规定，按推荐先后时间为准。创新药公司要建立自己的人才管理平台（也可在签订协议时咨询合作猎头是否能提供），在接收猎头公司推荐的简历时，需要统一梳理并在第一时间书面（邮件、微信等）告知对方该候选人已经有人推荐了。

在管理猎头供应商时，也要规避有些猎头顾问为了抢时间，在没有和候选人沟通的情况下推荐，对于这类情况，需要猎头公司提供沟通凭证，对未沟通的提出警告。

这里有一个关于猎头的真实案例。

某创新药公司在业务交往中认识了创新药某技术领域的海归专家A先生，并曾邀请他到公司参观、交流。半年多以后公司需要招聘这方面的专家，并委托了数家猎头公司，其中一家猎头B公司推荐了A先生，推荐后A先生选择离开原先的公司到了一家新的C公司就职。又过了数月，A先生主动联系创新药公司表达了希望加盟的意愿，后经过双方面谈后加入了创新药公司。B猎头公司得知消息后要求创新药公司支付猎头费用，为此，创新药公司提出了以下三个拒付理由：

①调查询问A先生情况时，他出具了一个书面的说明书，说明他没有委托B公司推荐他；

②创新药公司在B猎头公司推荐A先生之前，已经认识A先生并且来公司进行过业务交流和参观；

③B猎头公司推荐A先生后，A先生选择了去C公司就职，并未参加创新药公司的面试。

后经过双方谈判，尤其是基于这三个理由中最为关键的第一个，B

猎头公司不再索要该猎头服务费用,双方达成一致,继续友好合作。

第三节　创新药公司招聘管理体系

创新药公司在产品临床前研发和临床试验阶段公司的人数规模虽然不大,但对于招聘的需求非常大,需要建立良好的招聘管理体系才能提高招聘效能,适应对创新药人才的需求。招聘整体布局和外部招聘猎头合作外,也需要关注内部招聘管理体系的建设。

一、招聘途径和内部人才推荐

创新药公司的人才招聘渠道中,常规的网络招聘、猎头招聘和内部人才推荐是招聘的"三驾马车"(三大招聘渠道)。由于创新药公司所需要招聘的人才专业性强、市场人才数量少、人才需求端竞争激烈,因此内部员工进行人才推荐成为创新药公司非常重要的招聘途径。以某创新药公司 2021 年一年的入职人员招聘渠道的分析为例:通过各种招聘网络招聘入职的员工平均为 28 人,通过猎头招聘入职的人数为 21 人,通过内部推荐(统计包含通过创始人和管理层推荐的人员)招聘入职的人数为 38 人,其占比分别为 32%、24%、44%。通过内部员工推荐的比例超过 40%,可见内部推荐招聘入职在创新药公司中的重要性。

为了更好地鼓励员工积极为公司推荐合适的人才并良好地管理内部推荐工作,创新药公司需要制定完善的员工内部推荐奖励制度,以下是该制度所包含的要点。

1.内部人才推荐的奖励标准

对于内部推荐的奖励一般会根据推荐岗位层级、市场紧缺度(招聘难度)来划分成几个档次,根据公司发展需求和市场情况由人力资源部定期更新发布。

①各级研究员、主管、经理等岗位推荐奖励金额一般为 2000—5000 元。

②各级总监、副总监、资深技术专家推荐奖励金额一般为 5000—

8000 元。

③特殊岗位如 CMO、CSO、CTO 等奖励金额，一般为 15000 元以上。

有些国内知名的规模大、产品管线丰富的创新药公司，比如恒瑞医药，关键岗位的内部推荐奖励金额可能高达 5 万—10 万元。具体奖励标准也会根据创新药公司不同发展阶段的需要而适时更新调整。

2. 内部人才推荐的奖励发放和表彰

一般在被推荐人入职后，将在当期公司月度工资发放时，发放内部推荐奖励费的 50% 给推荐人。被推荐人通过试用期后，将在当期公司月度工资发放时，发内部推荐奖励费的另外 50% 给推荐人。同时为了更好地鼓励员工积极地将他们在行业工作中认识的优秀的同学、朋友、前同事等推荐给公司，除了给予奖金奖励外，公司人力资源部还可以通过定期统计，将推荐成功的人数信息和推荐人信息在公司内部平台系统中发布，并评选年度最佳内部人才推荐人，给予额外的奖励，以此来建立公司内部推荐的良好氛围。在形成良好的人才内部推荐奖励政策氛围后，曾有不少创新药公司的员工一年内为公司成功推荐超过 10 人。

3. 内部人才推荐的奖励适用范围

公司的高层管理者和人力资源部员工的工作职责就是为公司引进优秀的人才，为了更好地规避用人风险，一般以下人员可以内部推荐但不享受内部人才推荐奖励：

①公司创始人、总经理及高层管理人员（如首席官、副总裁等）；

② 人力资源部各岗位人员；

③被推荐人担任推荐人直接下属或者隔级下属的。

以下被推荐人员一般也不属于内部人才推荐奖励范围：

①在两年以内离开创新药公司的前员工；

② 在一年以内已经被其他员工或猎头中介等服务机构推荐或递交过简历的人员；

③在一年以内被推荐人已经投递过应聘简历给公司的；

④学历在硕士或者硕士以下的应届毕业生。

4.其他注意事项

①对于内部推荐的候选人,用人部门和人力资源部在面试评估、录用时,将采用和其他候选人同等的招聘标准,择优录取。

②需要确保被推荐人的个人履历和信息的真实有效性。

③需要遵守公司相关用人政策规定,在推荐和审核面试录用过程中不私自与用人部门接洽,不影响用人部门和人力资源部的正常招聘流程。

④在人才推荐过程中,推荐人需要注意公司机密信息安全,不得透露公司的技术、产品市场策略以及薪酬等机密信息。

二、招聘人员滚动计划表

为了更好地优化招聘管理流程,创新药公司需要及时地了解新药产品项目的业务进展而带来的人员需求,由于创新药研发和临床试验的不确定性特别大,人员招聘需求的不确定性也非常大。创新药公司的人力资源从业者需要积极了解项目产品的特性和进展,同时很好地使用人员滚动计划表这样的工具来支持招聘工作。人员滚动计划表的使用具有以下优点:

(1)能够更好地了解公司的整体人员状况和未来趋势;

(2)及时紧密地和业务发展结合;

(3)能有效地连接公司和部门人员业务计划、招聘计划、人员培养发展、内部调动等计划体系;

(4)有助于提前开展招聘活动。

表 4-1 为创新药公司的人员招聘滚动计划表样例部分,供大家参考。

表 4-1 创新药公司人员滚动计划表

填写说明：
1. 当月数据为截至月底的实际在岗位人数，之后 6 个月的数据根据诸根据部门的招聘计划预测
2. 人数包含试用期、退休返聘等人员，但是不包括兼职、实习生等未签署劳动合同的人员

招聘：1. 当月入职/待入职 2. 待招聘：岗位人数
当月离职/待离职、当月转出/待转出

部门		2021-12	2022-01		2022-02		2022-03		2022-04		2022-05		2022-06		2022-12		增长		招聘		出		备注
		人数	人数	增减	人数	增减	人数	增减	人数	增减	人数	增减	人数	增减	人数	增减	人数	招聘	转入	离职	转出	
临床前研发部	合成工艺																					
	药化设计																					
	药化合成																					
	毒理																					
	药理																					
	生物																					
	计算化学																					
	知识产权																					
	临床前项目																					
	小计																					

续表

部门	子部门	2021-12 人数	2022-01 增减人数	2022-02 增减人数	2022-03 增减人数	2022-04 增减人数	2022-05 增减人数	2022-06 增减人数	2022-12 增减人数	增长 人数	人 招聘	人 转入	出 离职	出 转出	备注
CMC部	化学分析														
	API														
	供应链														
	制剂														
	质量														
	项目管理														
	小计														
早期临床和转化医学部	临床药理														
	转化医学														
	医学总监														
	项目管理														
	小计														

三、招聘人才库的建设

创新药公司在不断发展壮大过程中需要汇聚各方面优秀的人才，对于具有长远发展战略目标，致力于成为国内乃至国际知名医药企业的创新药公司来说，需要注重公司人才储备库的建设，公司人力资源部将负责公司人才库的建立和建设工作，在各部门协助下，将通过各种渠道获得的内外部推荐、待用应聘简历输入公司的人才储备库，以备未来之需。公司有招聘需求时，可先搜索、分析公司人才库中是否有合适的人选，如有合适的人选，将能够有效地缩短招聘周期，节约招聘成本。

创新药公司在招聘过程中可能会遇到以下一些问题，创新药人才库系统建设可以为这些问题提供良好的解决方案。

（1）企业战略规划的业务转型、海外业务扩展等需要大量人才，而内部人才识别、梯队准备不足，缺乏有效方法和工具。

（2）伴随创新药公司人力资源招聘人员的离职，企业人力资源流失严重。

（3）候选人简历信息更新困难，缺乏有效方法高效盘活简历库，需要做大量的电话意向沟通工作，工作效率低、成本高、可延续性差。

（4）简历重复量大，缺乏有效去重工具，人工筛选的工作量巨大。

（5）简历资源分散在不同的招聘人员手中，没有统一的管理手段，资源不共享。

（6）每年花很大费用积累的简历资源库，如猎头/内部推荐的高质量简历没有得到有效利用。

（7）积累的成千上万份简历没有利用，逐渐变成"垃圾数据"。

人才库的建设是一项长期的系统工程，需要招聘团队持续努力并借助一些招聘信息系统的支持，比如目前的北森招聘信息系统就能够建立共享招聘平台并很好地从技术上支持人才库的建设和日常使用。

创新药公司人才库建设涉及人才招聘的各个相应环节。早期的人才库可在签订合作协议时向专业医药猎头公司提需求，以优惠价格或免费获得。创新药公司人才库建设，一般可以遵循以下的步骤来推进。

从第一步按照层级、职能、区域、方向几个维度来分类搭建,到人才信息入库储备,然后是人才激活,再到从人才库推荐候选人,最后是人才库的分析和运营管理。具体可以参照图 4-1。

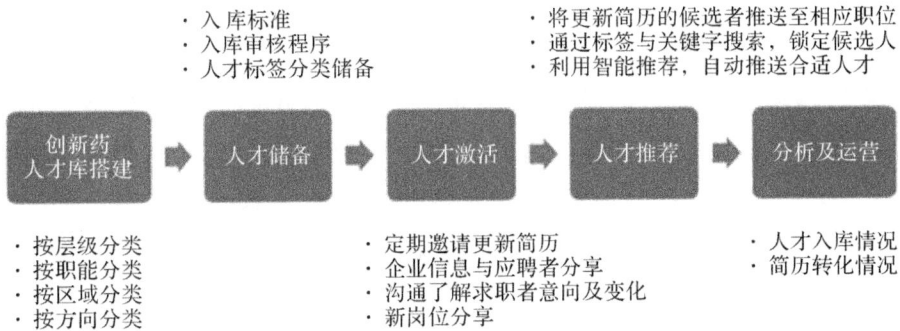

图 4-1 创新药公司人才库搭建和推送流程

随着创新药公司产品上市并发展到一定的规模后,通过多年的不断积累并借助招聘人才库信息系统平台,可以将外部人才库和公司内部人才库联系起来统一规划。外部人才库包括应聘简历库、储备人才库和高管人才库,内部人才库包含梯队人才库、高潜人才库和战略人才库。对于内部离职人员也可以建立起独立的储备库,放入大的外部人才库中管理备用。具体可以参照图 4-2。

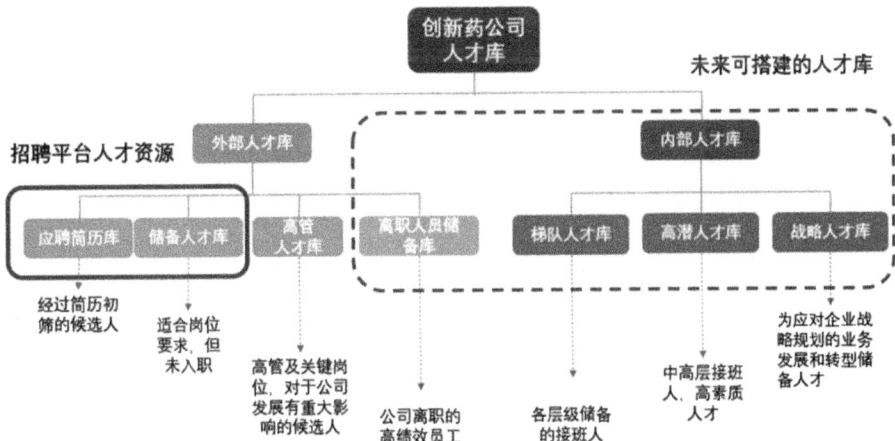

图 4-2 创新药公司人才库结构

四、创新药公司招聘管理 SOP

创新药公司的人力资源管理体系建设中,招聘管理 SOP 制度是非常重要的,需要在公司发展的早期就建立并完善,招聘管理 SOP 对于招聘工作的开展和公司人才引入、新药产品发展的重要性不言而喻。以下为创新药公司招聘管理 SOP 的一个参考样例。人力资源管理者可以根据各自公司的实际情况,进行调整、修订、完善。

创新药公司招聘管理 SOP

一、目的

为了实现创新药企业的远大战略目标和愿景,依据公司经营战略及发展规划,制定人才战略招聘计划,为公司发展招聘、选拔一流人才,规范招聘管理流程,提高招聘质量和效率。

二、适用范围

该制度适用于公司各部门的人员招聘与录用管理。

三、招聘原则与要求

1. 招聘工作必须符合现行的劳动合同法等国家的相关法律法规的要求。

2. 招聘需要符合目标岗位任职的要求。

3. 采取公平择优、人岗匹配、反复比较的招聘录用上岗原则。

四、职责与分工

1. 人力资源部

(1)制定、完善公司招聘管理制度,规范招聘流程制度。

(2)根据公司业务发展计划,核定公司年度人力需求,制定年度招聘计划。负责月度人员滚动计划的更新、审核和管理。

(3)负责依据月度人员滚动计划和人员招聘需求表开展各项招聘工作,依据公司的实际情况,负责策划与组织专项的招聘活动。

(4)负责收集、初步筛选候选人简历并推荐给相关部门评估、面试,并和用人部门共同或单独面试候选人。

(5)负责各招聘渠道、供应商的管理、评估、开发和调整。

(6)根据岗位要求和公司用人原则、需求,与用人部门共同讨论确定录用人选。

(7)依据公司薪酬策略及薪酬体系,参照市场行情沟通确定薪酬等录用条款,制定并发放录用函,并会同用人部门主管和候选人保持良好的沟通。

(8)协同相关各部门确保招聘录用人员报到入职等顺利进行。

2. 用人部门

(1)根据公司发展战略和部门发展规划,编制部门年度人力需求计划,定期更新月度人员滚动计划,提出人力需求申请。

(2)对于新设立岗位,需要完成新岗位说明书和任职资格分析。

(3)对于人员月度滚动计划以外的招聘,需要填写人员需求申请表,报人力资源部和公司 CEO(首席执行官)审批。

(4)负责对应聘本部门的候选人进行专业面试并出具专业方面的评估意见,原则上至少需要招聘岗位的直接经理主管和上一级负责人的两方面试评估。

(5)负责做好新员工的部门入职带教等工作。

五、招聘流程

1. 招聘需求分析和计划

(1)影响招聘需求的主要因素包括:公司发展经营规模的扩大,组织架构和部门职责的调整,员工异动及其他特殊情况。根据公司年度经营管理发展目标,人力资源部和各部门根据现状分析结果,在每年11—12月份制定下一年度的人员招聘计划,并报公司 CEO 批准后备案实行。

（2）根据年度人员计划并结合业务发展新情况，各部门每月更新人员滚动计划表，由人力资源部负责汇总更新审核并报公司 CEO 审核。

2. 招聘需求申请

人员招聘需求分为三种类型。

（1）人员滚动计划中的招聘需求：将根据需求展开日常招聘工作。

（2）增编需求：当部门因业务变更、业务量增加等原因导致人员不能满足业务需求的，即使采用临时加班或人员职责调整依然难以满足需要的，可以由部门填写人员需求表，经过部门负责人批准后，发给人力资源部和公司 CEO，经过批准后开展招聘工作。

（3）补员需求：因本部门人员离职、调动、退休等原因导致的招聘需求，用人部门填写人员需求表，经过部门负责人批准后，报人力资源部批准后开展招聘工作。

3. 招聘预算

（1）招聘预算在每年 11—12 月份由人力资源部结合年度招聘需求计划进行编制，并经公司 CEO 批准后实行。

（2）招聘费用包括：招聘网站费用、招聘宣传材料费、专场招聘费、招聘猎头费、内部员工招聘奖励费、招聘差旅餐饮费和其他相关费用。

4. 招聘途径的确定和管理

（1）招聘渠道分为内部招聘和外部招聘。内部招聘主要方式为：内部推荐调动、内部竞聘。外部招聘主要方式为：网络招聘、招聘会、猎头搜索、外部推荐、校园招聘及其他方式。

（2）网络招聘包括公司官网招聘专栏、各外部综合类招聘网站和专业/行业网站。招聘网站由公司专人负责，管理账号、密码、数据，下载并定期更新信息。

（3）外部招聘渠道由公司人力资源部统一管理，结合公司整体发展目标策略、市场情况及招聘效果、招聘预算、费用成本等因素，定期进行评估，并根据评估情况进行调整。

（4）猎头搜索招聘渠道适用于招聘难度较大、要求较高的岗位。原则上只适用于经理级别(含)以上或者技术专家(含)以上级别的岗位招聘。

(5)人力资源部将统一管理和协调公司的外部猎头合作渠道,负责和猎头对接,并将根据公司发展人员需求情况、市场供求情况、猎头搜索服务能力、服务业绩等因素,定期评估更新和调整。

5.招聘信息的发布

招聘信息由对应的管理负责人通过招聘系统发布于公司官网和对应的渠道上,发布信息应规范,注意企业品牌形象并及时更新。内部员工人才推荐的岗位需求由人力资源部定期在公司内部发布。

6.简历筛选

(1)简历筛选标准:按照岗位任职资格要求进行候选人简历的筛选,由用人部门和人力资源部共同筛选确定。

(2)人力资源部原则上应该在收到简历的一周内进行初步评估筛选并推荐给用人部门,用人部门原则上也应该在一周内对候选人简历给出反馈意见,反馈意见包括三项:安排面试、储备备用、不考虑。

7.面试

(1)电话面试:经过简历初选合格的候选人,可以由用人部门或人力资源部对候选人先进行电话面试沟通。主要了解其求职动机、工作意向、基本背景情况以及候选人关心的相关问题。根据电话面试的结果,确定是否安排进一步到公司面试。

(2)公司面试:经过电话面试合格后,选取安排最符合条件的候选人到公司面试。公司面试由用人部门和人力资源部共同负责,可以选择共同面试或者分开面试。重点关注候选人的教育背景、仪容仪表、专业能力、沟通能力、思维应变能力、文化价值观以及对于未来事业的激情等。对于部门直线经理面试合格者,需要经由部门负责人面试同意后方可进入录用程序。

(3)重要岗位面试:对于公司副总监及以上级别岗位、公司中层管理岗位或者技术专家及以上岗位,需要总经理面试同意后方可进入录用流程。

（4）笔试与测评：对于部分岗位，在必要时可以安排相应的笔试和测评，以更好地评估候选人的知识能力素质，达到择优录取的目的。

（5）面试结束后，面试官应该填写完成面试评估表。经过各面试官商讨后，作出进入录用程序、后备备选或不录用的决定。

8. 录用

（1）经过面试合格进入录用程序后，人力资源部将会同相关的外部机构、用人部门和推荐者进行必要的背景调查。背景调查合格后，准备录用函。

（2）人力资源部将依据公司的薪酬策略体系及市场情况，和拟录用者沟通讨论相关的薪酬及其他相关事宜。用人部门负责人也可以提出建议的薪酬水平。原则上由人力资源部和用人部门负责人一起确定拟录用人员的起始薪酬。

（3）录用函发放：对于拟录用人员，人力资源部负责在一周之内将录用函发给拟录用人员，并抄送给用人部门的部门负责人。发出录用函后，人力资源部将和拟录用人员保持良好的沟通交流。

（4）人力资源部将拟录用人员的确定报到时间提前 10 天反馈给用人部门及行政等其他相关部门。

六、其他招聘相关表单

主要包括《人员编制滚动计划表》《招聘需求表》《岗位说明书》《录取通知书》《内部人才推荐奖励制度》《应聘登记表》《面试评价表》等。

第四节　创新药公司岗位薪酬市场参照

创新药公司虽然人员数量不多，但由于各岗位的技术和学历要求普遍较高，因此整体薪酬水平较高，薪酬投入高，占开支比重大。同时由于激烈的人才市场需求端竞争，其薪酬策略的制订和薪酬管理对于公司人才的吸引和保留的重要性不言而喻，需要建立符合市场水平的薪酬体系,并动态地跟踪市场薪酬的变化。一般公司的市场薪酬调查是每年进行一次,由于创新药人才市场的特殊性,最好每半年左右进行一次市场薪酬分析调研和评估,以确保能够及时地洞察市场变化,提前做好必要的人员吸引和挽留工作。

例如,某创新药公司人力资源部按照惯例在 11 月份做了市场薪酬调查,并以此为依据上报公司管理层,在下年度初公司基于上述数据进行了年度薪酬调整。没想到在 4—5 月,公司连续收到了临床前研发部门实验室的多名药化和合成研究员/高级研究员的离职报告。经过调查寻访才得知,由于近几个月市场上有多家创新药公司和 CRO 公司扩展临床前的业务,当地市场临床前药化和合成研究员非常紧缺,市场薪酬水平上升很快,人员流失现象比较严重。经过公司的特别调薪和挽留沟通,总算避免了更大规模的人员流失现象。

总的来说,国内市场薪酬水平不像欧美国家那样比较规范平稳,不同地域、不同企业性质和不同时期的市场薪酬水平变化较大。部分创新药公司在融到资金后不惜以大大高出市场水平的薪酬来挖需要的人才,加上一些候选人和猎头公司有意无意地推高了市场薪酬的期望水平,因此通过多种途径收集市场薪酬数据,更及时、更好地了解各岗位市场薪酬的变化趋势,对于创新药公司的人力资源管理者来说就显得非常重要。根据这些数据动向,及时和管理层沟通交流,共同制定公司薪酬策略,以吸引、保留优秀的人才并合理控制公司的人工成本。

根据行业市场薪酬数据、部分猎头公司提供的数据和候选人才实际薪酬数据,汇总分析得出的创新药公司部分岗位的市场薪酬数据,按照临床前研发、CMC、临床医学、PV 和数统、注册、制造工程 EHS 质检、其他职能部门这几大类来划分归类表述(见表 4-2 至表 4-9)。薪酬数据将上海、北京、苏州作为主要的参照城市,同时采用年薪酬 25 分位、50 分位和 75 分位数据,以尽量避免出现一些特殊情况的数据。这里需要特别说明的是,由于创新药人才市场变化很快、地区差异较大、国内薪酬市场有较大的特殊性,因此以下数据仅供参考。也建议广大读者可同时参阅使用外部其他专业机构的薪酬调研报告数据。

表 4-2　临床前研发类岗位市场薪酬数据

（2021 年 4 季度数据 单位:万元）

岗位类别	岗位层级	相关专业工作年限	薪酬（25分位）	薪酬（50分位）	薪酬（75分位）	城市	备注
药化	药化研究员	硕士 3—5 年	16	20	28	上海	苏州、南京、杭州等城市（下同）一般比上海低 10%—20%
	药化研究员	博士毕业 1—3 年	21	26	33	上海	
	经理/主管	博士毕业 4—9 年	32	43	58	上海	
	副总监/总监	博士毕业 10—15 年	59	70	90	上海	
	药化负责人	博士毕业＞18 年	95	108	135	上海	
生物	生物研究员	硕士 3—5 年	16	22	28	上海	同比药化高 15%—20%
	生物研究员	博士毕业 1—3 年	24	29	38	上海	
	经理/主管	博士毕业 4—9 年	38	50	68	上海	海归一般高 10%—20%
	总监/高级总监	博士毕业 10—20 年	65	80	120	上海	
毒理/药理计算化学	和生物学岗位市场基本处于同一薪酬水平线上						
项目管理	高级专员	3—6 年	19	23	28	上海	二线城市一般低 10%—20%
	经理/主管	7—12 年	30	39	50	上海	
	副总监/总监	12—18 年	45	56	75	上海	
知识产权	和项目管理基本处于统一薪酬水平线上						

具有特别管线要求的项目管理/项目总监薪酬会更高:在 70 万—95 万

表 4-3　CMC 岗位市场薪酬数据

（2021 年 4 季度数据　单位：万元）

岗位类别	岗位层级	相关专业工作年限	薪酬（25分位）	薪酬（50分位）	薪酬（75分位）	城市	备注
分析/API	研究员	硕士 3—5 年	16	20	25	上海	苏州、南京、杭州等城市一般比上海低 10%—20%
	研究员	博士 1—3 年	22	28	32	上海	
	经理/高级经理	硕士毕业 8—18 年	32	38	47	上海	
	副总监	硕士毕业 12—15 年	43	52	66	上海	
	总监/高级总监	博士毕业＞15 年	60	74	90	上海	
制剂	研究员	硕士 3—5 年	16	21	27	上海	小分子比大分子一般低 10 万元左右
	研究员	博士毕业 1—3 年	22	28	32	上海	
	经理/高级经理	硕士毕业 8—12 年	33	40	49	上海	
	副总监	硕士毕业 12—15 年	43	52	60	上海	
	总监/高级总监	博士毕业＞15 年	65	78	102	上海	
	海归制剂负责人	博士毕业＞15 年	115	155	180	上海	
质量	质量专员	2—4 年	13	17	20	上海	
	质量主管	5—8 年	22	25	28	上海	
	质量经理/高级经理	10—15 年	30	39	52	上海	
	验证经理/高级经理	10—15 年	32	39	55	上海	
	质量总监	硕士毕业＞15 年	54	65	80	上海	
	质量高级总监/负责人	特殊背景＞20 年	75	85	110	上海	

表 4-4　临床医学岗位市场薪酬数据

（2021 年 4 季度数据　单位:万元）

岗位类别	岗位层级	相关专业工作年限	薪酬（25分位）	薪酬（50分位）	薪酬（75分位）	城市	备注
医学	医学经理	硕士 3 年,本科 5—6 年	35	42	47	上海	
	医学经理	3 年左右医生经验	32	43	48	上海	
	医学经理	5—7 年医生经验	43	54	60	上海	
	医学高级经理	硕士 4—7 年	49	55	62	上海	
	医学副总监	硕士毕业 8—10 年	70	80	92	上海	
	医学总监	硕士毕业 12—15 年	90	108	125	上海	
	医学负责人	博士毕业＞15 年	125	145	185	上海	带团队/内外资
首席医学官	CMO	国内博士毕业＞15 年	200	260	300	上海	
	CMO	海外工作经验背景	300	360	450	上海	海外博士＋经验
临床运营	临床项目经理	PM 1—3 年经验	41	49	54	上海	一般比医学岗位低5 万—10 万元
	临床高级项目经理	PM 5—8 年经验	56	63	72	上海	
	临床副总监	PM 10—12 年经验	70	76	82	上海	
	临床总监/高级总监	PM＞15 年经验	86	102	120	上海	
	临床运营负责人	＞15 年经验	128	160	185	上海	
CRA	ECRA	应届毕业生	12	14	16	上海	二线城市低 10%—25%
	CRA Ⅰ/Ⅱ	1—2 年经验	16	22	25	上海	
	SCRA	3 年经验	24	27	32	上海	
	SCRA	4—5 年经验	32	35	39	上海	

表 4-5　药物安全/数据统计岗位市场薪酬数据

（2021 年 4 季度数据　单位:万元）

岗位类别	岗位层级	相关专业工作年限	薪酬（25分位）	薪酬（50分位）	薪酬（75分位）	城市	备注
药物安全	PV 经理（Operation）	3—5 年经验	32	38	41	上海	
	PV 经理（Physician）	3—6 年经验	43	49	52	上海	
	PV 高级经理/PV 副总监	7—10 年经验	65	76	80	上海	
	PV 负责人/高级总监	>12 年经验	86	96	115	上海	
数据管理	数据管理员 Ⅰ	1—2 年经验	11	13	15	上海	
	数据管理员 Ⅱ	3 年经验	16	18	20	上海	能独立做项目
	数据主管	3—5 年经验	22	26	30	上海	二线城市低 10%—25%
	数据经理/高级经理	5—8 年经验	32	41	53	上海	
	数据副总监/总监	9—12 年经验	65	76	90	上海	
	数据负责人	>15 年经验	92	105	130	上海	
统计师	统计师 Ⅰ	硕士 1—3 年	22	26	30	上海	二线城市低 10%—30%
	统计师 Ⅰ	博士 1—3 年	30	37	45	上海	
	统计师 Ⅱ	硕士 3—5 年	32	38	47	上海	
	统计师 Ⅱ	博士 3—5 年	43	52	60	上海	
	统计专家	硕士 6—8 年	54	63	76	上海	
	统计专家	博士 6—8 年	65	80	108	上海	
	统计负责人	>15 年经验	135	155	180	上海	
统计编程	Program Ⅰ	1—3 年	13	16	20	上海	二线城市低 10%—30%
	Program Ⅱ	3—5 年	22	26	30	上海	
	Program 专家 Ⅰ	5—8 年	38	48	60	上海	
	Program 专家 Ⅱ	>10 年经验	56	65	78	上海	

表 4-6 注册岗位市场薪酬数据

(2021 年 4 季度数据 单位:万元)

岗位类别	岗位层级	相关专业工作年限	薪酬（25分位）	薪酬（50分位）	薪酬（75分位）	城市	备注
注册	注册经理	3—4 年经验	32	38	43	北京	
	注册高级经理	5—6 年经验	43	54	63	北京	创新药 NDA 经验
	注册副总监	7—8 年经验	65	73	80	北京	创新药 NDA 经验
	注册总监	>10 年经验	90	120	135	北京	研发注册
	注册负责人（大团队）	>15 年经验	135	150	175	北京	外企研发背景

表 4-7 制造工程 EHS 质检市场薪酬数据

(2021 年 4 季度数据 单位:万元)

岗位类别	岗位层级	相关专业工作年限	薪酬（25分位）	薪酬（50分位）	薪酬（75分位）	城市	备注
工程	工程经理（土建/工程）	8—12 年经验	29	40	47	上海	
	工程经理（设备/暖通）	8—12 年经验	29	40	47	上海	二线城市低 10%—15%
	工程总监	>15 年经验	52	63	70	上海	
制造	生产经理	>10 年经验	29	34	48	上海	
	生产总监	>15 年经验	52	63	78	上海	二线城市低 10%—20%
	制造负责人	>20 年经验	80	96	120	上海	
EHS	EHS 经理	6—10 年经验	27	32	40	上海	
质检	QC 工程师	1—3 年经验	11	13	15	上海	二线城市低 10%—20%
	QC 主管	5—7 年经验	17	21	25	上海	
	QC 经理	8—12 年经验	30	35	39	上海	
	QC 总监	>15 年经验	40	47	58	上海	

表 4-8　职能岗位市场薪酬数据(财务、人力资源)

(2021 年 4 季度数据　单位:万元)

岗位 类别	岗位层级	相关专业 工作年限	薪酬 (25 分位)	薪酬 (50 分位)	薪酬 (75 分位)	城市	备注
财务	CFO	>20 年经验	85	105	130	上海	有上市 IPO 经验
	财务总监	>15 年经验	62	78	90	上海	
	财务副总监	>12 年经验	47	52	58	上海	二线城市低 10%— 20%
	会计经理	>8 年经验	29	35	42	上海	
	财务分析经理	>8 年经验	31	36	43	上海	
	财务专员	3—5 年经验	11	16	21	上海	
人力 资源	人力资源 VP	>20 年经验	90	100	125	上海	有医药行业经验
	人力资源总监	>15 年经验	65	80	90	上海	
	招聘副总监	8—12 年经验	39	45	52	上海	二线城市低 10%— 20%
	招聘经理	5—8 年经验	26	33	45	上海	
	HRBP 经理	6—10 年经验	26	34	41	上海	
	HR 主管	3—5 年经验	14	17	20	上海	

表 4-9　职能岗位市场薪酬数据(采购、法务、IT)

(2021 年 4 季度数据　单位:万元)

岗位 类别	岗位层级	相关专业 工作年限	薪酬 (25 分位)	薪酬 (50 分位)	薪酬 (75 分位)	城市	备注
采购	采购主管/高级工程师	3—5 年经验	15	20	24	上海	
	专业临床采购主管	4—8 年经验	21	28	35	上海	二线城市低 10%— 20%
	采购经理	6—10 年经验	31	38	45	上海	
	采购总监	>15 年经验	57	66	78	上海	不包含工厂
	采购供应链总监	>15 年经验	70	85	95	上海	包含生产工厂

续表

岗位类别	岗位层级	相关专业工作年限	薪酬（25分位）	薪酬（50分位）	薪酬（75分位）	城市	备注
法务	法务主管	3—5年经验	21	27	36	上海	二线城市低10%—20%
	法务经理	7—10年经验	26	37	47	上海	
	法务总监	>12年经验	56	72	90	上海	
IT	IT主管	6—10年经验	19	24	30	上海	
	工厂IT经理（GMP）	>12年经验	50	60	68	上海	懂研发
	IT总监负责人	>15年经验	56	65	78	上海	负责ERP选型上线

第五章　目标与奋进
创新药公司的绩效管理和考核

　　每一家创新药公司都具有非常明确的目标,就是将公司研发出来的新药产品尽快地上市。需要全体员工共同努力,才能达成个人、团队、部门和公司的战略目标。曾有不少创新药公司的创始人或CEO在被问到对于公司人力资源部的主要工作目标期望的时候,较为一致地谈道:一是尽快招聘到优秀、匹配的人才,二是建立起适合创新药公司特点的绩效考核评估体系。由此可见,绩效管理对于以研发和临床为重点的创新药公司来说是非常重要的。

第一节　创新药公司如何做好绩效管理和考核

　　创新药公司在国内出现和发展的时间相对较短,可以借鉴的历史经验也较少,其绩效管理、考核体系就像新药产品一样也需要经历一个摸索的过程。如何建立合理、有针对性的绩效考核评估体系是需要每一位人力资源负责人和公司管理层共同探讨解决的问题。

一、创新药公司绩效管理考核的难点

1. 项目产品的不确定性太大,目标进程难以确定

　　创新药公司的新药产品在研究开发过程中,由于围绕产品的研发和临床医学方面的工作都是探索性的,具有很大的不确定性。产品的推进计划也经常会发生较大的变化,给项目目标的确定和考核目标的

制定带来了很多的困难。在考核评估员工业绩的时候往往需要评估是项目策略调整导致的进度等变动,还是员工业绩能力因素导致的滞延。

2.研发岗位的工作目标较难量化

创新药公司的研发类、医学研究类岗位占比非常大,这些岗位的工作目标较难量化评估,因此制定考核 KPI 目标会比较困难,尤其是对于一些缺乏绩效管理考核经验的管理者和人力资源部员工来说,如何建立良好的绩效考核目标体系是一个难题。

3.创新药公司的管理层和人力资源部大多数人员对于绩效考核的理解和经验比较欠缺

创新药公司在国内的成立时间较短,在如何做好创新药公司的绩效管理评估方面,大多数管理层和人力资源从业者都缺乏研究,也缺乏可以借鉴的经验,无论是医药行业和还是人力资源行业对于这方面的研究都非常少。

4.创新药公司的岗位人员学历普遍较高,对于细化的绩效考核的接受度有待提高

创新药公司的绝大部分员工的学历都比较高,博士、硕士学历的占比可能会超过一半,从内心来说他们都喜欢一种比较宽松的研究开发的工作氛围,虽然他们的自我驱动力和上进心还是挺强的,但为了公司能建立完善的绩效评估考核体系,还需要对他们进行引导,这有一个接受的过程。

5.创新药公司的新人较多,建立绩效体系需要的培训和管理工作量较大

创新药公司创立时间较短,新人较多,初创阶段一般没有或只有非常简单的绩效管理和考核评估,建立新的完善的绩效体系需要很多的培训指导和管理工作。

二、创新药公司绩效管理考核的关注重点

1.绩效管理从新员工入职之日开始
创新药公司对于每一位员工的专业度期望都比较高,因此在员工

入职之日起,每一位员工除了了解自己的工作职责外,还需要明确自己的当年绩效目标和考核要求,这个需要由新员工、新员工的直线经理在人力资源部的协助下共同完成并由人力资源部存档。制定的绩效考核目标需要在试用期结束前和年底进行考核评估,这也是帮助新员工尽快适应和融入公司的重要步骤。

2.建立员工试用期答辩转正制度体系

创新药公司的产品研发和临床推进需要每一位新员工都能尽快地融入公司,在各自的岗位上展示最好的能力。因此建立新员工试用期转正答辩总结就是绩效管理非常重要的一个组成部分。员工试用期转正答辩一般会在试用期结束前15—30天时安排,参加的人员一般包括员工本人、员工的直线经理、部门负责人和人力资源部的代表。转正答辩时间一般为40分钟—1小时,转正答辩的内容主要包括:自我背景介绍、试用期的主要工作内容和成绩、试用期工作的不足之处、未来的计划和需求。试用期转正答辩不但能够使员工有效提升试用期的工作业绩表现,还能够让新员工有一个总结、展示自己工作业绩表现的机会,感受到公司对他们的重视。让员工的直线经理和部门负责人更加全面地了解新员工的工作表现和想法,并给予及时的反馈和指导,让员工明确自己的优缺点和下一步的工作方向目标。

最后,对于人力资源部的管理者来说,这也是他们深入了解员工、深入了解业务,加强和部门员工沟通交流的一个最佳的场合和机会。

3.建立完善的员工绩效管理评估和融入发展管理体系

在人员招聘到位后,如何建立新员工的绩效管理评估体系以帮助他们达成公司/部门的业绩目标,如何将新老员工的绩效管理评估体系和员工融入适应、发展体系紧密地结合起来就显得十分重要。图5-1是某创新药公司新员工和老员工的绩效管理结合员工融入发展的人力资源工作环节说明流程示意。

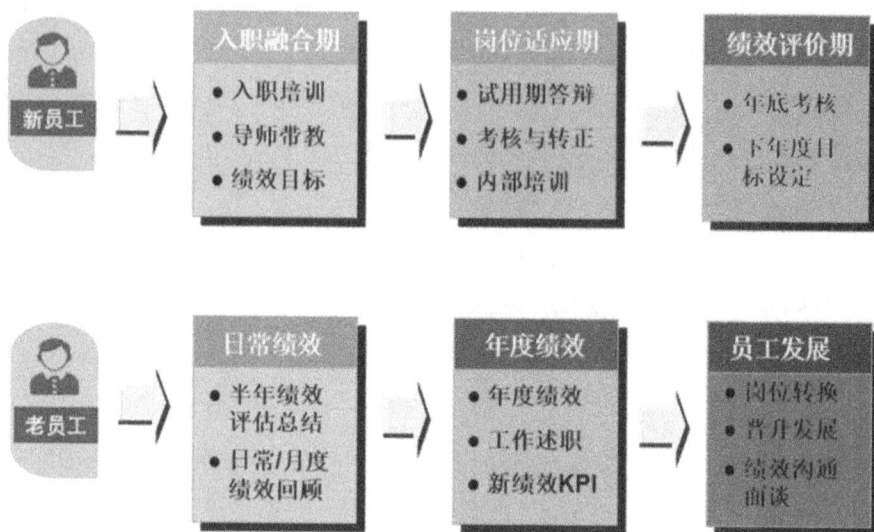

图 5-1 创新药公司绩效管理工作流程说明

4. 建立适合研发和临床研究岗位,量化的、有针对性的绩效考核指标体系

按照现在流行的绩效管理理论,高效完善的绩效管理考核体系的建立,需要依照 SMART 原则,也就是 specific(明确的)、measurable(可衡量的)、relevant(相关的)、achievable(可达到的)和 time bound(有时限的),其中前两条尤其重要。在创新药公司中临床前研发和临床岗位占非常重要的地位,虽然这些岗位的工作具有很大的不确定性,比较难以量化评估,在实际操作中绝大多数创新药公司人力资源部制定的绩效管理考核体系也比较笼统,更多的是从定性的角度去评估,这样绩效评估考核的效果往往并不理想。

以创新药公司临床前研发部门药化合成组的药化合成研究员岗位为例,依据公司/部门的目标和岗位的特性,可以制定以下明确、可衡量并有时效性的关键绩效考核指标和目标:

(1)参与药物设计讨论,合理设计药物分子 3—5 个/年;

(2)高效完成化合物合成,平均每月合成化合物数目≥4 个;

(3)负责的项目目标:在 2022 年年底前 PCC 提名;

（4）参与 2 个项目调研和文献整理。

5. 引入企业文化核心价值观的考核，鼓励弘扬创新文化和精神

创新药的产品研发上市过程是一个漫长、艰难、曲折的历程，说九死一生也不为过（实际上一个产品的成功比例比这还要低）。因此创新药公司的员工需要具备一种特殊的精神特质和情怀，在企业文化和绩效考核中不断地去引导他们。对于公司的核心价值观，需要在不同的场合反复宣传强调，其中将其放入员工绩效考核评估中就是一个非常好的方法。

创新药公司可以将公司的核心价值观作为公司员工的通用目标进行考核评估，一般可以占考核总比重的 20％—30％。比如某创新药公司的企业核心价值观是创新、专业、团队、开放这四个方面，参见图 5-2，可以将这四方面作为 20％的员工考核权重（每一方面占 5％），余下80％依据不同的岗位绩效目标考核；每一方面都可以制定细化的说明演绎并制定更加明确的评估标准。

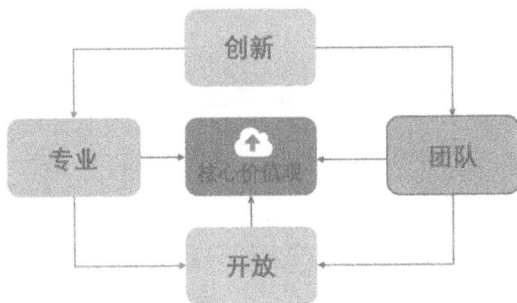

图 5-2　创新药公司的企业核心价值观

第二节　创新药公司的绩效管理考核体系和工具

创新药公司的绩效管理和考核体系的成功建立关键取决于两个方面，一是建立适合创新药公司的绩效管理考核体系，良好地运用绩效管理的工具、方法，二是人力资源部能够和各部门共同探讨建立适合每一

个岗位的关键绩效指标。由于创新药公司大部分创立时间较短,大部分管理人员和员工对于绩效管理体系了解不多,建议开始还是先使用比较明确简洁的岗位 KPI 作为绩效考核工具。本节和下一节将分别就上述两方面展开描述。

一、创新药公司绩效管理考核体系

创新药公司的产品研发和上市是与时间在赛跑,一款新药产品的成败往往会决定创新药公司的发展与存亡,因此需要将创新药公司的整体战略目标、产品发展目标和各部门、各团队以及各岗位的绩效目标紧密地结合起来(见图 5-3)。比如某创新药公司某新药产品 XY001 的目标是在 2023 年年底前完成新药申请,则相应地可以分解到创新药各部门,例如临床医学部门必须将产品临床Ⅲ期在 2023 年 1 月前完成,CMC 部门制剂团队在 2022 年 7 月前完成注册批验证,等等。再进一步分解到各岗位,比如制剂团队负责该项目的制剂高级研究员按工艺于 2022 年 1 月前完成 QbD 实验。

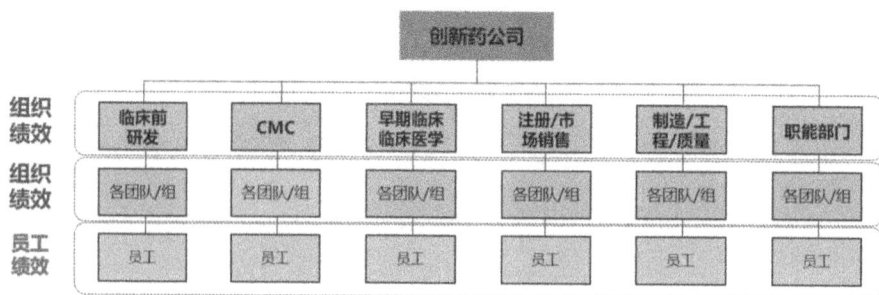

图 5-3　创新药公司整体绩效管理和考核

创新药公司良好的绩效管理考核体系,需要公司管理者(直线经理)、员工本人和人力资源部三者各自职责明确并紧密协调配合。在绩效管理考核中三者的主要职责如下。

(1)管理者(直线经理)

管理者是员工绩效管理考核的主体,需要对员工的工作职责和目标任务有非常准确、深入的认识,在人力资源部的支持下,制定员工的关键绩效指标。与员工关于绩效目标计划的沟通，包括半年（或过程）辅导和绩效评估面谈工作，帮助员工提升工作业绩。

（2）人力资源部

根据公司的发展战略目标和企业核心文化价值观，确定公司绩效管理考核导向，逐步建立完善的绩效管理体系，制定具体可行的绩效管理方法和制度，培训相关人员并组织推进和实施。

（3）员工本人

具备适应创新药公司的独特企业文化要求，协助配合直线经理制定个人年度（或季度/月度）目标计划，明确目标并努力工作达成。同时认真参与各阶段的绩效评估总结、面谈活动，参与制定绩效改进完善计划并勇于迎接新的工作挑战。

二、创新药公司的员工绩效管理考核

1. 创新药公司员工绩效管理考核的组成

创新药公司的员工需要具备一种特殊的精神特质和情怀，在企业文化和绩效考核中需要不断地去引导他们。因此将其放入员工绩效考核评估中就非常有必要，和每个岗位各自的关键绩效指标一起组成创新药公司的员工绩效考核体系。

核心价值观评估考核是每一位员工绩效考核的重要组成部分，需要每一位员工都能认真地阅读理解并贯彻落实到日常的工作行为中去。例如：某创新药公司以创新进取、务实勤奋、专业卓越、团队合作作为四项核心价值观，每一项可以按照下列标准进行评分衡量。

（1）1.2标准：该项核心价值观行为的榜样，在该方面有优异、突出的表现，在日常工作中主动引导同事遵循公司核心价值观，能够起到表率作用，可受到公司的表彰。

（2）1.0标准：行为完全符合细则要求，表现优良，能够在整个日常工作期间严格遵守该核心价值观，并能够在必要时帮助他人改进该项核心价值观相关的行为。

(3)0.8标准:该项核心价值观表现合格,能够在整个日常工作期间遵守该方面的公司核心价值观行为要求,表现中规中矩。

(4)0.6标准:在该项核心价值观行为表现方面有待改进和提高,在日常工作中不能全部遵守公司该项核心价值观要求。需要很好地学习理解该项核心价值观的要求。尚未产生违纪事件或不良的影响。

(5)0标准:该项核心价值观相关的行为表现不佳,在日常工作中不能遵守公司该方面的要求,有实际的行为对公司或团队造成不良的影响或者损失,需要在这方面定期改善。

2.创新药公司员工绩效评估等级

根据员工在上述公司通用目标和岗位关键绩效指标上的表现,创新药公司会给出员工在当年(或当期)的整体绩效评估等级。该等级有助于对各部门/团队的员工给予一个一体化的评价标准,并且能够持续跟进员工历年的表现,同时有效地和员工的年度奖金、加薪、事业发展、晋升调岗相结合。

员工的年度整体绩效评估等级,一般可以分为五档七个等级,从高到低分别为 A、B(包括 B$^+$ 和 B)、C(包括 C 和 C$^-$)、D 和 E,其所占比例一般符合正态分布,如图 5-4 所示。

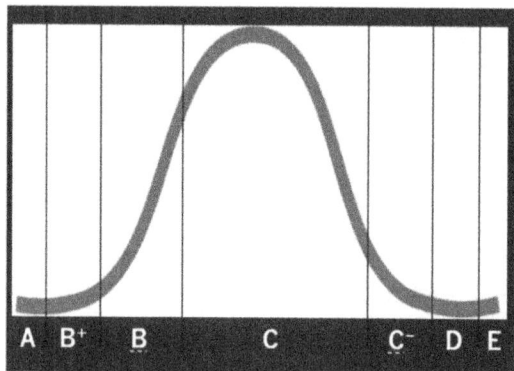

图 5-4 员工整体绩效等级正态分布

对于每一个员工整体绩效评估等级,以下给出了定义和说明,便于创新药公司的各级管理者和人力资源部人员,在基于员工岗位关键绩效指标完成情况和核心价值观表现情况的基础上,给予一个客观公正的评价。

(1)A 类　比例:0—5％

表现卓越,为公司做出了非常突出的贡献。

Very exceptional. Special case.

(2)B 类　比例:25％—35％

B⁺ 表现非常突出,得到了广泛的认可。

Very outstanding,well recognized.

B 表现出色,总是能超额完成目标。

Good,always above target.

(3)C 类　比例:65％—75％

C 表现良好,达到了制定的工作目标。

Achievable,on target.

C⁻ 有时低于目标要求,表现有待提高改进。

Sometime below target. Need to improve.

(3)D 类　比例:0—8％

表现不佳,需要在一定时间(3—6 个月)内采取有效的方法来改变绩效。

Not acceptable. Need to improve in a certain period.

(4)E 类　比例:0—1％

表现很差,需调岗或离职。

Very bad. Need to change position or terminate contract.

3.创新药公司员工绩效评估表

创新药公司的员工岗位绩效评估一般会包括通用目标(核心企业价值观)的考核评估、岗位个人关键绩效指标评估、员工下一年度关键

绩效指标设定以及所需培训及职业发展等内容,具体内容格式如表 5-1
所示。

表 5-1 创新药公司年度岗位绩效评估表
ANNUAL PERFORMANCE REVIEW FORM

Basic Information 基本信息	Overall Comments 总体评价
Name 姓名　　Department 部门　　Position 岗位 LM Name 直线经理姓名　　Evaluation Date 评价日期 Location 工作地点　　Joining Date 加入公司日期 Date of Present Position 现任岗位日期	Comments By Department Director 部门负责人意见
Overall Grade 总得分	Signature 签名_____　Date 日期_____
Signature by LM & Employee 员工及直线经理签字	Comments By HR/GM, If Need 人力资源部/总经理意见,如需要
Employee's Signature 员工签名 _____ Date 日期_____ Line Manager's Signature 直线经理签字 _____ Date 日期_____	Signature 签名_____　Date 日期_____

Grade 等级	1.2 标准 6分	1.0 标准 5分	0.8 标准 4分	0.6 标准 3分	0 标准 2分	Please refer to the rating rules for details.具体可看评分细则

Annual Objective Appraisal Previous Year 年度考核目标

Common Objectives (Previous Year) 年度通用目标(20%)	Weight (%)	Objectives Achieved 完成情况	Weighted Score 加权分	Comments 评论
Core Value: Innovation 核心价值观:创新	5%			
Core Value: Expertise 核心价值观:专业	5%			
Core Value: Teamwork 核心价值观:团队	5%			
Core Value: Open Mind 核心价值观:开放	5%			
Total Score 通用目标总分				

Annual Objective Appraisal Previous Year 年度考核目标

Individual KPI&Objectives 年度个人关键绩效及目标(80%)	Weight (%)	Objectives Achieved 完成情况	Weighted Score 加权分	Comments 评论
KPI&Objective 1:　部门通用目标(如有,如安全等) 关键绩效指标1:				

续表

KPI&Objective 2： 关键绩效指标 2：			
KPI&Objective 3： 关键绩效指标 3：			
KPI&Objective 4： 关键绩效指标 4：			
KPI&Objective 5： 关键绩效指标 5：			
KPI&Objective 6： 关键绩效指标 6：			
Total Score 总分			

Annual KPI & Career Development For Next Year 下一年度考核目标职业发展设定

Individual KPI&Objectives(Next Year)下年度个人 关键绩效及目标（80%）	Weight（%）	Comments 评论
KPI &Objective 1 关键绩效指标和目标 1		
KPI &Objective 2 关键绩效指标和目标 2		
KPI &Objective 3 关键绩效指标和目标 3		
KPI &Objective 4 关键绩效指标和目标 4		
KPI &Objective 5 关键绩效指标和目标 5		
KPI &Objective 6 关键绩效指标和目标 6		

Appendix 1 附录 1

第三节　创新药公司各岗位月度绩效管理考核

　　创新药公司的绩效管理和考核体系中，除了常见的年度考核评估和年中半年评估回顾外，还有一些岗位由于其特殊性，需要进行月度考核评估,比如临床运营的临床监查员(CRA)岗位、生产制造的一些岗位和市场销售的一些岗位。由于生产制造和市场销售的岗位具有一定的相似性和通用性,而临床方面的岗位由于具有以下的特性,需要在绩效考核方面予以特别的重视和关注。

一、临床阶段是创新药公司的考核关键

1.临床阶段是决定创新药项目市场竞争力的最重要环节

创新产品经过前期研发进入临床,其临床阶段的适应证选择和临床数据决定了该产品在市场同类产品中的竞争力,也决定了该产品的存活度。

2.临床阶段是花钱最多的阶段

相比于临床前阶段几十万元、几百万元的投入,临床阶段的投入少则数千万元,多则数亿元,其决策和管理运营人员的经验和能力将直接决定这些投入的价值回报。

3.临床阶段是产品上市时间早晚的主要因素

创新药产品在经过早期临床前研发后,相比于CMC注册申报阶段可能影响的1—3个月,临床阶段对于产品上市的影响时间可达数月到数年之久。

4.临床阶段是最为复杂的环节

创新药产品在临床试验阶段受各种因素的影响,不确定性最大,涉及人体生物机制机理的临床研究,也是最为复杂的环节。

5.临床阶段是决定公司发展和价值的最重要环节

创新药公司获得外部资本市场的投资或申请上市,都需要看公司的产品在临床阶段的表现,一般来说,进入临床Ⅰ期就可以获得更多的融资,进入临床Ⅱ期可以达到港股上市的基本门槛,进入Ⅲ期就符合科创板上市的基础条件。同时产品临床表现也将很大程度上决定产品和公司的市场估值。

6.临床阶段的人才是目前国内最为稀缺的

新药临床阶段的推进需要专业的临床研究人才,而这些人才也是目前市场上最为抢手、市场薪酬水平最高的群体。

二、临床运营中临床监查员的工作特点和目标要求

1.临床监查员的工作特点

创新药产品进入临床的项目凝聚了临床前研发团队数年的心血,投入了巨额的研发经费,临床试验本身也关系到每位受试者的健康和安全。为了加快推进产品临床试验,创新药公司会在全国的主要大城市招聘布局临床监查员团队,大多数临床监查员需要在家或在医院办公,远程和他/她的直线经理(一般为项目经理)保持沟通交流。他们在医院的办公环境也比较艰苦,一般都没有固定的办公场所,需要和病人、医生护士等打交道。同时他们的工作也是经常处于各种压力之下,需要面临入组、核查、文件数据和药物生物样本管理等,是创新药公司人数较多、分布很广、处在一线且非常重要的员工群体。

2.临床监查员的工作精神和工作目标

作为临床监查员,其工作精神概括起来主要就是八个字:严谨、高效、求实、责任。

临床试验也是创新药研究开发的一个重要环节,临床试验本身也是一个医疗工作,非常注重科学性和合规性。这就要求临床监查员具有科学严谨的工作态度,做事有依有据、一丝不苟。

临床试验也是一项非常烦琐的工作,需要考虑方方面面的因素,协调外部内部的各方资源,必须提高工作效率才能保证项目的进度。同时,每一家中心、每一个病例的数据质量,最终将决定整个试验的整体质量水平和成败。每一位临床监查员必须坚持高效细致的工作方式,关注处理好每一个可能影响项目进度和质量的细节。

临床试验不但肩负着公司和各团队的期望,也担负着治病救人的社会责任。临床监查员必须具备高度的责任感和自我驱动力,遇到困难障碍时,勇于担当、努力克服。

临床监查员的工作目标主要包括以下几点：

(1)临床监查员应以认真、严谨的态度对待本职工作,严格执行创新药公司制定的临床试验标准操作规程。确保临床试验的质量,保证临床试验记录与报告的数据准确、完整无误,保证试验遵循已批准的方案和有关法规。

(2)临床监查员应按计划保质保量地完成中心参与意向调研、机构立项、伦理递交、合同洽谈、中心启动、病例监查、中心关闭任务。

(3)临床监查员应培训并督促研究者按项目要求采集、处理、储存、运输生物样本并完成相关记录。

(4)临床监查员应培训并督促研究者按照法律法规、研究中心/申办方制度、项目要求完成药物接收、存储、发放、回收等流程,并及时完成相关记录。

(5)临床监查员应培训并督促研究者在规定时限内上报药物安全性信息,协助研究者回复对药物安全信息的质疑。

(6)临床监查员应按监查计划完成研究中心监查访视,记录并及时报告监查中发现的偏离;总结监查问题并与研究者进行沟通,讨论解决措施;汇总发现的问题,给出纠正计划和预防措施,并及时形成监查访视报告。

(7)临床监查员应按计划/要求归还申办者研究中心文档,并确保文档的正确性、完整性与及时性。

3.临床监查员的考核具体内容

由于 CRA 前述的工作特性,一些创新药公司对在各地的临床监查员采取月度考核的方式,每月由负责的项目经理(PM)和临床质量监查经理(QA)共同打分考核评估。一般 PM 的考核打分占 70%—80%,QA 占 20%—30%,两者相加后得出该临床监查员在当月的得分。表5-2 和表 5-3 为项目经理和质量监查经理对临床监查员的考核样例表,供阅读参考。

表 5-2　项目经理对 CRA 的考核(75 分)

考核项	考核细则（共 100 分）	得分
原始数据核查/数据清理	完成本月计划监查数据的 SDV（原始数据核查）及清理	10 分
	完成本月计划监查数据的 SDV 及清理 80％以上	8 分
	完成本月计划监查数据的 SDV 及清理 60％以上	6 分
	完成本月计划监查数据的 SDV 及清理不足 60％的,此项考核为不合格	0 分
药物管理	药物供应、储藏、分发、回收等流程都符合法规、公司和中心流程的要求且按要求记录	5 分
	药物管理流程不符合法规要求但能纠正的,或记录不及时、不完整	3—4 分
	药品管理流程不符合法规要求且无法纠正的,或记录不真实,此项考核不合格	0 分
生物样本管理	按方案要求采集、处理、储存、运输生物样本并按要求记录	5 分
	核查发现生物样本相关操作记录不及时、不完整、不准确。注:若监查已发现、制定并执行了合适的纠正预防措施可不扣分	3—4 分
	核查发现未按要求管理生物样本或者≤10%丢失或坏损,包括处理过程的偏离	2—3 分
	核查发现未按要求管理生物样本或记录不真实,或＞10%丢失或坏损,包括处理过程的偏离,考核不合格,评分为 0 分	0 分
监查报告提交	监查员应该按监查计划完成研究中心启动/常规监查/关闭访视并及时提交监查报告至项目经理审核,监查报告应完整记录监查过程中发现的问题、提出合理的纠正和预防措施、及时汇报项目经理寻求协助,监查报告及时提交、内容符合要求	20 分
	准时提交,但监查报告内容不符合要求、描述不清楚、无纠正和预防计划的	15 分
	未经批准,监查报告晚于计划时限提交、但内容合格的	10 分
	未经批准无故不提交监查报告,未经批准晚交监查报告且内容不合格的,当月此项考核均不合格	0 分

续表

考核项	考核细则（共100分）	得分
文档收集	监查员应根据项目计划要求收集申办者研究中心文档并交付临床研究助理,按计划完成文档收集且质量合格的	20分
	在时限内质量合格的文档收集完成90%—99%	15分
	在时限内质量合格的文档收集完成70%—90%	10分
	在时限内质量合格的文档收集完成60%—70%	5分
	在时限内质量合格的文档收集完成在60%以下的,考核不合格	0分
药物安全信息报告	经核查发现不存在漏报,且存在肿瘤项目小于3例次、非肿瘤项目小于2例次AE(不良事件)漏报的	10分
	经核查发现存在1次晚报的,或存在肿瘤项目≥3例次、<6例次、非肿瘤项目≥2例次小于4例次AE漏报的	5分
	经核查发现存在漏报、2次及以上SAE(严重不良事件)晚报,或存在肿瘤项目≥6例次、非肿瘤项目≥4例次AE漏报的,此项考核不合格	0分
质疑管理	所有EDC质疑均在28天内回复且所有SAE相关质疑在时限内回复	5分
	10%及以下的EDC质疑超出28天回复,或1次SAE相关的质疑未在规定时限内回复	3分
	10%以上的EDC质疑超出28天回复,或1次以上SAE相关的质疑未在规定时限内回复,此项考核不合格	0分
其他	针对常规监查、各方协同监查、稽查发现的问题,监查员应与研究者沟通、制定、按计划实施/敦促实施纠正和预防措施。对于问题的解决和跟进不及时、不达要求的将扣减分数	扣1—10分

表 5-3　质量监查经理对 CRA 的考核(25 分)

考核项	考核细则	得分
考勤 (5 分)	监查员须按照部门要求每个工作日准时到达医院或者办公室,每人上班到达或下班离开工作现场时均需使用企业微信打卡。考勤率＝(实际按要求打卡次数/理论打卡次数) * 100％。每月考勤率≥100％	5 分
	每月考勤率≥95％	4 分
	每月考勤率≥90％	3 分
	每月考勤率<90％	0 分
培训学习 (5 分)	监查员须按照部门、分线及项目组拟定的培训计划参加各项培训、完成并通过	10 分
	监查部例行考试部门安排的线上必修培训未按时完成扣罚 3 分/次,未经批准不参加部门组织的线下必修培训扣罚 3 分/次,部门例行考试不合格扣罚 3 分/次	扣减项
反馈效率 (10 分)	监查员应按照项目组、质量监查经理的要求按时反馈各项工作,超出时限反馈扣罚 2 分/次;未经批准不反馈的扣罚 3 分/次	扣减项

4.临床监查员考核结果管理和奖惩

临床运营部的质量控制团队(临床 QC)负责每月对每位 CRA 评分情况进行复核,并将评估情况上报临床运营部的负责人和人力资源部。质量控制经理拥有打分否决权。CRA 试验质量出问题的,CRA 当月考核打分可为 0 分,临床运营部将会同人力资源部,对该 CRA 发出相应的提示警告信,以促使当事的 CRA 员工能够及时改进。

对于 CRA 的月度绩效考核,可以根据每月的得分情况进行一定的奖励和处罚,其目的是让一线的每一位 CRA 都能够高效、高质量、快速地推进项目的临床试验。如果 CRA 当月的得分低于 80 分,将由临床运营部负责人、项目经理、质量监查经理和质量控制经理组成评议小组审核,并与之谈话。如果 CRA 全年有累计三次得分低于 80 分,可扣除一个月的年终奖。如果 CRA 连续 2 个月得分低于 80 分,将由临床运营部门会同人力资源部商讨进行降职或调岗等处理。

第四节　创新药公司各岗位的关键绩效指标

创新药公司的绩效管理考核的核心和难点内容是建立各岗位的关键绩效考核指标。由于创新药公司的特殊性,在新药产品上市前,其岗位以临床前研发和临床医学类岗位为主,大部分岗位工作专业性强、不确定因素多、岗位新、员工对其熟悉度低,相对比较难以量化考核。因此建立良好的绩效管理考核体系一直是创新药公司各级管理层和人力资源部的困惑点和难点。以下是笔者通过多年的工作经验,结合各创新药公司的实际操作,系统地展示选取的创新药公司各部门职能团队代表岗位的关键绩效指标体系和实际样例,供广大读者参考。

一、临床前研发岗位关键绩效

1. 药化合成组

表 5-4 为创新药公司早期研发部门的药物合成高级研究员岗位的年度关键绩效考核指标,供广大读者参考。

表 5-4　药化合成高级研究员关键绩效考核指标

年度个人关键绩效及目标		权重(%)	完成情况	加权分	评论
关键绩效指标 1:	遵守实验室安全操作规则,确保无事故发生,EHS 分数达到 85 分以上				
关键绩效指标 2:	积极参与药物设计和化合物线路设计讨论,合理设计药物分子 3—5 个/年				
关键绩效指标 3:	高效完成化合物合成,平均每月合成化合物数目>3 个				

续表

年度个人关键绩效及目标		权重(%)	完成情况	加权分	评论
关键绩效指标 4：	参与新药 XY008 项目工作，项目目标：2022 年 3 月前 PPC 提名				
关键绩效指标 5：	2022 年底前参与至少 2 个新药项目的调研和文献整理				
总分					

2.药理组

药理总监：

(1)作为药理负责人,确保无严重影响时间线的事件发生。

(2)审核药效药代毒理等研究内容,相关研究费用预算误差控制在 25％以内。

(3)参与确保创新药项目 XY02 项目在 6 月前成功申报 IND。

(4)参与配合多个新靶点调研,其中至少一个新靶点(项目)通过立项委员会批准立项。

(5)团队建设:二季度前完成招聘药理经理 1 人,支持药效、药理、DMPK 研发。

3.毒理研究组

毒理高级经理：

(1)进度:确保所有项目在毒理阶段的项目进度不受任何影响。(因毒理方面原因导致公司在研项目 IND 申报、临床研究或 NDA 申报延期 25 天以上视为毒理研究未及时完成)

(2)质量:确保毒理方案不出现重大的错误和调整。毒理研究完成及时率和质量达标率均≥95％。

(3)成本控制:相关研究费用预算误差控制在 25％以内,成本有效控制。

（4）积极配合完成各项毒理相关支持性工作，内部满意度评分≥80分。

4.生物组

生物高级研究员：

（1）参与完成对创新药 XY11 的适应证和分子标志物研究：对项目的机制研究提供支持，包括 CRO 沟通、合同撰写、实验进度跟踪、数据整理分析等。

（2）根据项目需求开发相应的生化和细胞测试方法，至少完成 1 个新项目。

（3）生物实验室建设：进一步完善生物实验室硬件；二季度内完成相关的申报工作。

（4）符合 EHS 安全检查要求，无相关违规操作。

（5）培训学习：100％参加公司培训并通过考试。

5.计算化学组

计算化学高级经理：

（1）推测合理的蛋白质—化合物结合模式并完成建立可用的模拟计算方案；支持各个项目的正常运行。

（2）在 7 月底前对项目的 SAR 进行详尽的分析，从计算化学角度，提出有建设性的设计建议。

（3）关注结构生物学与计算化学相关的技术进展，在年底前将新技术引入现行项目运作中。

（4）参与进行多个新靶点调研，至少 1—2 个新靶点（项目）通过立项委员会批准立项。

6.临床前项目管理组

项目管理经理：

（1）部门、项目周报、月报会议 100％按时完成。

（2）作为项目负责人，支持新药 XY02 的 IND 申报，在 6 月底前完成进行 IND 申报。

（3）协助推进新药 XY18 的 IND 申报：降低风险，确保无严重影响时间线的事件发生。

（4）确保所负责的相关项目研究费用预算误差控制在 25％以内。

（5）跟踪最新创新药市场动向，收集跟进专业学术论坛信息，参加学术会议 3—4 次/年。

二、CMC 岗位关键绩效指标

1. 化学分析组

化学分析经理：

（1）所负责实验室零安全事故发生，安全检查单次扣分超过 3 分的不超过 2 次。

（2）研发实验室体系建设，在年底前完成整个体系，可以进行项目研发和稳定性研究。

（3）完成创新药 XY20 项目计划中的化学分析相关工作。

（4）公司内部客户满意度达到 85％以上。

（5）完成分析实验室团队建设及人员梯队建设，人员到岗合格率达到 85％以上。

2. API 合成组

API 合成总监：

（1）API 实验室无重大安全事故发生，所负责的项目执行过程中无合规相关事件发生。

（2）所负责的项目在 CRO/CDMO 生产时无工艺相关的重大安全事故发生。

（3）所负责的项目：①满足预算需求；②按照时间节点完成最终工艺流程的优化；③创新药项目原料药供应按照计划进度完成。

（4）进一步优化所负责的创新药项目的工艺，总收率提高 100％，确保 API 商业化的成本降低 70％以上。

（5）供应商维护：支持 QA 在二季度内完成对供应商的审计并拓展 1—2 个有资质的新供应商。

3.制剂组

制剂高级研究员：

(1)制剂实验室研发负责的项目的生产活动零安全事故发生。

(2)因工艺原因造成的整批 GMP 生产的样品报废不超过 3 批。

(3)确保项目进度：10 月前完成参与的新药项目的 pre-IND。

(4)与内部跨团队紧密合作，内部满意度评分≥85 分。

(5)提高研发水平和 GMP 规范意识的提升，12 月底前建设完成液体制剂技术平台。

4.质量组

质量经理：

(1)配合部门负责人完成新厂 GMP 质量体系文件框架的搭建，至年底完成二版 SMP 的起草工作，完成率 100%。

(2)负责新厂建设所涉及的图纸审核、URS 审核、设备选型等质量保证工作，确保 100%合规。

(3)协助完成 CMC 研发质量体系搭建，确保研发质量体系于 6 月前完成建设并全面运行，8 月和 10 月各完成一次体系运行自检。

(4)负责项目质量文件审批，完成率 100%，以及项目质量结果(偏差、变更、CAPA、放行等)处理及时，执行率 100%＋合规保证 100%。

(5)团队建设：三季度前完成两位质量主管、高级专员的招聘到岗工作。

5.项目管理组

项目管理经理：

(1)在 3 月底前完成 CMC 部门项目管理和外包项目管理的 SOP 制定和发布。

(2)在 6 月底前完成项目管理工具方面的创新应用，更好地协助职能部门管理项目。

(3)部门项目的 IND 申报计划准时完成，临床和毒理部门用样品准时提供。

(4)负责部门项目进度制定并及时更新，标记关键节点，确保项目负责人 3 个工作日内收到项目计划和变更。

（5）年底前完成项目文件收集，组织项目组按时整理并上传文档中心。

三、早期临床和转化医学岗位关键绩效指标

1. 临床药理组

临床药理总监：

（1）6 月前高质量完成支持公司的生物标志物检测的方法学建立验证。

（2）9 月前掌握完成群体 PK/PD 建模与临床试验模拟的方法。

（3）按照项目时间进度高质量完成申报资料中临床药理、临床 PK/PD 内容的撰写。

（4）按照项目时间进度高质量完成支持公司各项目临床方案中临床药理、临床 PK/PD 计算、各项目临床前研究的药效、DMPK、毒理研究等工作。

（5）内部工作满意度评分≥85 分。

2. 转化医学组

转化医学高级经理：

（1）在一季度高质量完成支持生物医学信息调研工作。

（2）确保高质量完成支持所负责项目肿瘤治疗领域的医学和转化医学工作。

（3）按照要求在 6 月底前完成所负责项目竞品信息建库工作。

（4）团队建设：6 月底前招聘到位 2 位合格的转化医学经理/主管。

（5）内部满意度评分≥85 分。

四、临床医学岗位关键绩效指标

1. 医学组

医学写作经理：

(1)年底前按时保质完成医学写作工作：

①创新药项目 XY19 物料平衡方案和 CSR 初稿撰写；

②协助撰写创新药项目 XY20 临床总结资料及其他相关资料。

(2)按时完成模板撰写,保证模板质量：

①方案(肿瘤、非肿瘤)模板写作；

②其他部门(如药物警戒)相关文件模板协助写作。

(3)负责创新药项目 XY21 的医学相关文书写作,保证医学相关文书的科学性和质量。

(4)参加内部专业培训学习,培训参与率达 90% 以上。

2.药物安全组

药物安全总监：

(1)药物临床试验期间安全性数据快速报告交付准时率 > 99%。

(2)质量主要错误(quality critical error)比例 < 5%,无遗漏报告发生。

(3)3 月底前完成药物警戒业务合作方相关业务监管流程 SOP 制定工作。

(4)6 月底前完成临床试验药物警戒业务平台体系建设,9 月底前完成临床试验期间安全性信息受理流程搭建。

(5)药物警戒培训体系的初步完成:药物警戒管理规程,药物警戒操作规程及合作方的相关业务培训规程等在第三季度前完成。

3.临床质量组

临床质量总监：

(1)临床项目质量保证,确保创新药项目 ABCDE 每个项目质量可以通过官方机构检查。

(2)3 月底前建立适用于公司的临床的质量体系(完善 SOP 及内部审计)。

(3)6 月底前完善供应商库,完善供应商的监管。

(4)完善及执行临床质量人员的工作模式:稽查计划→执行→跟踪→CPCA→问题关闭。

（5）SOP的培训和考核,确保每个临床部员工都在合格的情况下进行上岗。

（6）9月底前建立问题分享制度（质量培训）,确保问题不重复发生。

4. 数据组

数据高级经理:

（1）一季度完成数据管理平台建设:数据库构建平台、体系如SOP WI的建立、新内化项目数据库的统一、编程代码库的建立。

（2）二季度内完成探索并建立自有优质的EDC系统平台

（3）团队建设:引进数据管理经理、数据建库经理、数据库设计员等,三季度前建立5—6人的数据团队。

（4）数据管理内部及外部培训计划100%按时完成。

5. 统计组

统计编程高级经理:

（1）3月底前完成统计编程与质量管理SOP撰写并通过公司审批。

（2）按计划完成部门工作计划,包括完成SAS初步安装、SAS 3Q验证,3月底完成平台的初步搭建（setup environment）、平台搭建等。

（3）支持完成创新药XY22项目Ⅱ期的核查验收工作和DDI项目启动等工作。

团队建设:三季度前建立2—3人的统计编程团队。

（4）内部满意度评分≥85分。

五、临床运营岗位关键绩效指标

1. 临床项目经理

（1）负责项目的进度:3月底前完成创新药项目XY17的Ⅱ期10家中心的启动。

（2）5月底完成创新药项目XY17 Ⅱ期150例患者入组且重大方案PD小于3%。

（3）9月前完成创新药项目XY17 Ⅱ期所有中心CM一次,CM报告于两周内完成定稿。

(4)8月底前完成创新药项目 XY16 全部爬坡试验,重大方案 PD 小于 3%。

(5)项目成本控制:确保所负责的项目成本控制,不超过预算的 20%。

(6)内部和外部满意度评分≥85 分。

2.临床 QC 主管

(1)3 月前完成对创新药项目 XY17 入组较快、入组量大的中心的常规现场质控,及时发现问题、把控试验质量;6 月前完成对上述项目所有中心的一次质控。

(2)5 月完成对创新药项目 XY17 的质控计划的制定,并按照计划有序实施。

(3)2 月在 CTMS(临床试验管理系统)中完成所负责创新药项目的配置,并及时统计项目组成员对 CTMS 系统的使用。

(4)每月分批次审核 eTMF(电子试验主文件)系统文件,对创新药项目 CRA 上传的文件按时进行 QC。

(5)协助质量部对临床运营部人员进行 SOP 相关培训,培训完成率达 100%。

六、注册岗位关键绩效指标

注册经理:

(1)组织完成创新药项目 XY19 工作进度

①药学年报,时间节点:2 月质量控制,一次性备案成功。

②突破性治疗申请,时间节点:5 月前完成递交。

③归档资料完整性、合规性审核。

(2)协助注册部门负责人完成创新药项目 XY25 的注册申请相关事宜

pre-IND 申请,时间节点:2 月前;完成沟通:6 月前。

（3）法规平台建设

持续跟踪、更新国内已发布的法规,法规发布后一周内完成更新、汇总和共享。

（4）学习与发展:全年至少完成 4 次部门内部学习分享。

（5）内部和外部满意度评分≥85 分。

七、质量验证岗位关键绩效指标

1. 质量总监（制造）

（1）与研发质量团队一起在 5 月底前完成制造质量体系搭建工作。

（2）组织完成 QC 实验室的设计需求、仪器设备调研采购工作,确保在 11 月底前投入使用。

（3）负责组织按时开展新制造基地各项验证工作。

（4）按照计划进度完成工程设计和工程建设阶段组织、沟通协调、跟踪工作。

（5）内部和外部满意度评分≥85 分。

2. 质量控制经理

（1）6 月底前完成实验室 URS,包含仪器设备与实验室布局。

（2）4 月前完成审核相关 QC 体系文件。

（3）6 月前完成 QC 组织架构的搭建,协同招聘到岗 2—3 名 QC 工程师。

（4）配合新建工厂的建设工作,确保 QC 方面的进度按照计划进行。

（5）内部和外部满意度评分≥85 分。

八、工程设备岗位关键绩效指标

1. 工程总监

（1）制造基地建设项目安全管控:确保损工零事故次数。

（2）制造基地建设项目质量管控:因工艺布局不合理导致的设计或施工的重大返工次数≤1。

（3）制造基地建设项目进度管控

2月底：桩基及基坑围护工程完工；

4月底：地下工程完工且验收；

6月底：主体结构封顶且验收；

2022年7月底：机电安装入场。

（4）制造基地建设项目费用管控

年内已结算之工程施工包实际发生的费用控制在主合同总价的110%以内。

（5）团队搭建：招聘合格工程人员按时到岗率≥85%。

2.设备总监

（1）部门零重大安全事故。

（2）所负责设备选型无重大生产隐患，技术先进，工艺操作流程顺畅，满足生产要求。

（3）2月底前完成无菌制剂设备URS起草审核、设备招标采购，6月底前完成所有生产工艺设备URS起草审核、设备招标采购。

（4）11月底前完成工艺设备验收。

（5）设备采购选型性价比高，采购成本低于预算10%。

（6）按基地建设计划完成阶段岗位的人员招聘和培训（包括设备工程师、计量检定员等）。

（7）内部和外部满意度评分≥85分（满分100分）。

九、生产岗位关键绩效指标

生产主管：

（1）生产车间主要工艺设备关键性评估、设计审核确认、木模测试等工作按计划进行。

3月底前配合工艺设备、质量验证部门完成设备的关键性评估、设计审核确认。

（2）二季度内完成新工厂生产车间所涉及的生产、工艺、设备相关的图纸审核。

(3)根据设备进厂进度计划协调完成各设备的安装、调试、运行,组织人员培训等相关工作。

100％完成组织相关人员向供应商工程师学习设备的操作、维护等内容。

(4)按项目进度及时完成生产和设备相关的文件起草和文件体系搭建工作。

预先起草设备操作类文件、设备验证类文件、辅助记录的工作。

(5)在三季度前完成通过工作相关的各类培训:GMP相关类的培训、设备技术类的培训、制药设备与工艺验证类的培训,培训完成率达100％。

十、采购岗位关键绩效指标

采购经理:

(1)采购计划完成率(采购申请单100％完成)。

(2)采购成本降低目标达成率(重复性采购降本4％－6％)。

(3)采购及时率(98％达到用户的需求)。

(4)采购质量合格率(无采购质量投诉)。

(5)制度体系搭建完成率(预期目标的100％)。

(6)固定资产管理(盘点无重大缺陷)。

十一、EHS岗位关键绩效指标

1. EHS经理

(1)完成实验中心和办公楼预定年度安全目标,损工率≤1.5％。

(2)接待政府和政府指定的第三方机构对公司检查并完成反馈,100％完成问题沟通整改。

(3)按时完成职业卫生验收评价、环保验收评价、年度环境检测、公司实验中心危废合规处置,确保零危废处置合规事故。

(4)和人力资源部一起完成职业卫生健康检查和检测,完成率100％。

（5）按照计划规定完成公司员工职业安全培训和新员工入职安全培训,完成率达 95％以上。

2. 现场安全环境监查员

（1）新建创新药生产基地项目施工期间,损工时事故发生率为零。

（2）安全施工方案审核率 100％。

（3）对承包商安全质量符合度审核,每周一次,出勤率 95％以上。

（4）依据施工进度节点,识别质量把控点,将重大结构性缺陷控制为零。

（5）新制造基地工地疫情防控管理和安保管理达到通过政府相关要求检查。

十二、商务发展岗位关键绩效指标

商务发展高级总监:

（1）负责在年底前完成公司一个进入临床阶段的项目 license-out,签订商务发展正式的协议。

（2）负责在年底前完成公司一个项目的 license-in,签订商务发展正式的协议。

（3）开拓国内外潜在合作客户,将公司的产品管线介绍给这些公司并寻找筛选出潜在的战略合作客户。

（4）团队搭建和建设:在年底前团队搭建 2—3 位商务发展人员,负责搜寻新技术新合作机会。

十三、财务岗位关键绩效指标

财务总监（非 CFO 岗位）:

（1）财务报告准确率和及时性。会计师调整分录不得超过 5 个工作日（不含重分类）,不发生重述报表情况。月报为月度结束的 5 个工作日内,季度和年度为 8 个工作日内。

（2）IPO 工作满意度

IPO 申报过程中不出现财务相关的重大问题。目标值≥85 分。

如有重大问题本项得分为零。

（3）财务预算管理：在3月底前完成财务研发预算体系，包括研发成本管理、预算监控、数据分析等。

（4）财务体系建设与优化

财务制度、财务内控，或管理会计建设或优化改进不少于5项。

（5）部门工作月计划完成率

已如期完成的工作项数/计划工作完成项数达到90%以上。

十四、证券法务岗位关键绩效指标

证券法律事务总监：

（1）IPO工作配合满意度：IPO申报过程中不出现法务税务相关的重大问题，有重大问题本项得分为零。

（2）部门工作（非例行）计划完成率：已如期完成的工作项数/计划工作完成项数不低于90%。

（3）法务相关工作：不产生重大合同纠纷及诉讼，避免出现公司可能的损失。

（4）内控体系建设与优化：法务制度、流程建设或优化不少于3项。

（5）内部和外部满意度评分≥85分。

十五、人力资源岗位关键绩效指标

招聘经理：

（1）按照招聘计划推进完成相应招聘工作。高级经理以上岗位平均80天内到岗，高级经理及以下岗位平均55天内到岗。

（2）按照招聘完成全年招聘指标90%以上，全年完成100人以上的招聘工作量。

（3）控制招聘成本在预算以内，将猎头占比控制在25%以下。

（4）在一季度完成公司招聘SOP的起草完善和颁布工作。

（5）内部和外部满意度评分≥85分。

十六、总裁办岗位关键绩效指标

1. 对外发展总监

(1)确保 IPO 过程中行业相关工作(报告)及时完成。IPO 申报过程中不出现和业务相关的重大问题。

(2)年底前配合完成 IPO 申报。

(3)确保公司官网、公司公众号、对外交流信息工作满意度达到 85 分以上。

(4)良好管理对外投资项目,支持公司战略投资拓展,投资合作项目完成率达 85%以上。

2. IT 经理

(1)6 月份前完成 IT 计算机管理与安全体系建设优化。

(2)桌面系统维护:客户端计算机和应用软件故障、服务器与软件、文件等安全运行和数据备份等方面的正常运行。

(3)确保公司新办公室完成 IT 基础建设,确保 IT 方面的正常办公运行。

(4)业务系统维护和项目工作:研发部门数据库管理、协助完成新生产基地的 IT 基础建设规划、技术方案和设备选型,评估质量达到良好以上。

(5)内部和外部满意度评分≥85 分。

第六章　进度、质量与成本
创新药公司的项目管理

每一家创新药公司都将新药产品的进度、质量(药效)与成本控制视为最重要的任务,而这些都离不开创新药研制的整体项目管理和各阶段的项目管理。项目是指为提供某项独特的任务、产品、服务所做的各种阶段性的努力。创新药从药物发现、临床前研究、临床研究到注册上市、上市后检测,每一阶段及其细分阶段都需要专业、完善的项目管理体系、流程方法和人员。将创新药的各项专业领域技术和项目管理良好理念、硬知识和软技巧很好地结合起来,才能确保创新药产品的快速有效推进。

项目管理的理念、知识和技巧与创新药公司业务全过程的关系可参见图 6-1。

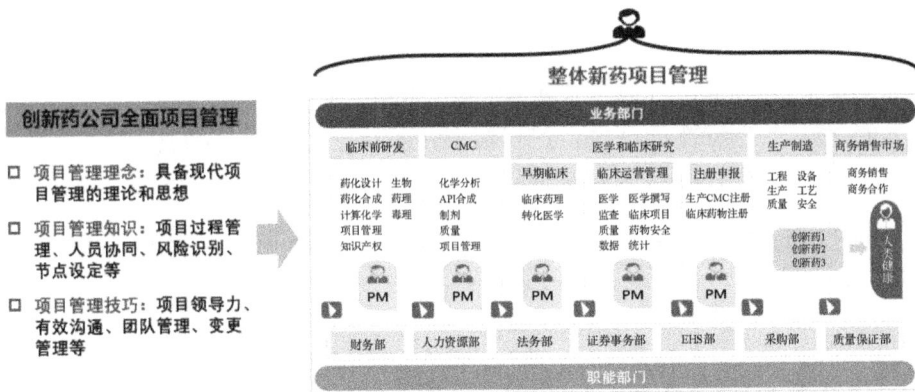

图 6-1　创新药公司项目管理

本章将围绕创新药公司的项目管理的特点、项目管理中运用的一些工具方法以及项目管理中的人力资源管理来进行分析和描述。

第一节　创新药公司项目管理的特点和存在的问题

创新药公司成功的新药项目管理和其他行业一样也需要具备三个要素:按时完成、质量(药效)符合预期、成本控制在范围内。由于新药研发是一个药物科学探索的过程,具有很大的不确定性,因此新药项目管理的重要性就显得尤为突出。

一、项目管理的基本理念

1. 项目管理的内容和过程

创新药项目管理按照当前项目管理理论常见方法,其内容可包括以下九大方面:

(1)项目范围管理(project scope management);

(2)项目时间管理(project time management);

(3)项目成本管理(project cost management);

(4)项目综合管理(project intergration management);

(5)项目质量管理(project quality management);

(6)项目沟通管理(project communication management);

(7)项目风险管理(project risk management);

(8)项目采购管理(project procurement management);

(9)项目人力资源管理(project human resource management)。

项目管理的过程也可以分为启动、计划、执行、控制和收尾五大环节。

2. 项目目标

判断是否达成项目目标(project objective)的标准,主要看以下几点是否能够同时满足:

(1)是否在规定的时间节点内完成(within schedule or timeline)；

(2)是否达到预定的质量要求(meet quality requirement)；

(3)是否在预算范围内(under budget)；

(4)是否符合安全环保要求(safety requirement)。

3.项目经理特质要求

一个好的项目经理除了要具备相关的专业知识外,还应该具有以下几个方面的特质：

(1)非常准确了解项目的管理范围（well understanding project scope of works）；

(2)计划在先（plan first）；

(3)项目团队沟通交流能力（communication）；

(4)良好有序的项目协调能力（coordination ability）；

(5)不怕吃苦（work hard）；

(6)认真（seriously doing on whatever he/she does）；

(7)坚韧不拔（persistent）；

(8)团队合作（co-operative and team work）。

二、创新药公司的项目管理特点和常见问题

1.创新药公司的项目管理

根据创新药的研究推进过程,可以将其大致分为药物发现阶段、临床前研究阶段、临床研究阶段、注册上市阶段和上市后检测阶段。详细阶段主要研究工作和时间周期可参见图6-2。

参照以上创新药的研究推进阶段,一般会在不同的阶段设立各自项目管理的岗位。比如药物发现阶段的项目经理(部分公司会包含图6-2中临床前研究中的毒理、药代动力和药效职能)、临床前研究阶段的项目经理、临床研究试验阶段的项目经理、注册阶段的项目经理。国际化的大医药企业会设立一个新药物产品从药物发现一直到注册上市、长周期的项目管理负责人。

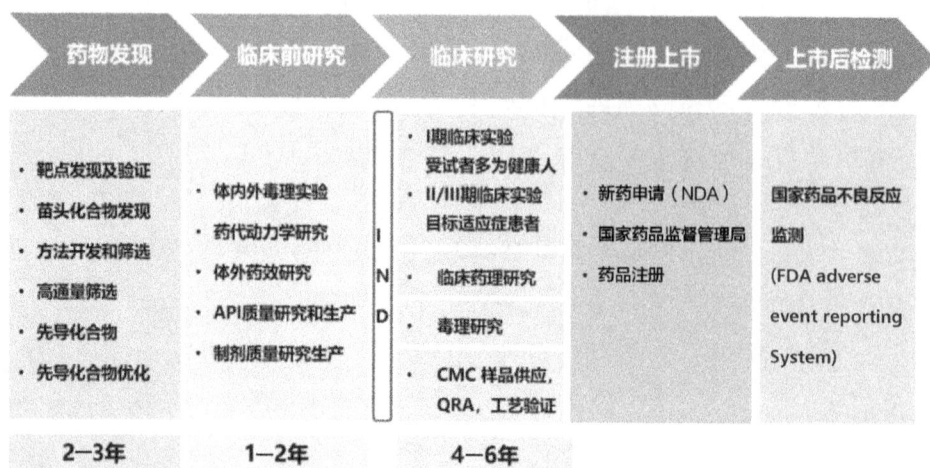

图 6-2 创新药主要研究推进过程和工作时间周期

在国内大部分的创新药公司,由于大多是新成立才几年的公司,其尚未形成系统的项目管理体系,同时也欠缺能全面掌握从药物发现到注册上市整个过程专业知识的通用人才,因此一般不会设立这样的产品全过程项目管理的负责人(项目总监/项目经理)岗位。

2.创新药项目管理的常见问题

创新药公司新药产品的项目管理,可以分为两大部分:外包项目的项目管理和内部项目的项目管理。本章将主要描述创新药公司内部的项目管理。

国内创新药公司由于成立时间相对都较短,对于新药产品的项目管理都处于一个不断摸索、提升完善的过程,在实际运作过程中,一般会遇到以下一些项目管理的相关问题。

(1)项目管理中项目负责人机制有待建立和完善

目前国内创新药公司虽然有项目经理在协调管理项目,但更多的是担当组织协调项目进度、准备更新项目文件资料的角色。在新药项目中担任各专业技术工作的小组成员还是处于技术团队单线汇报的状态,没有像其他比较成熟的行业中的项目管理那样,建立项目成员双重汇报机制。项目负责人也没有对小组成员拥有考核评估权。

（2）早期发现（discovery）阶段的项目成员组成如何确定

在创新药研发早期阶段，由哪些项目成员参与相对比较模糊。大多数的化药公司早期阶段主要只有药化和合成或者加上生物方面的人员参加，DMPK、制剂和 API 合成人员基本没有参与。从 lead（先导化合物）到 PCC（临床前候选化合物）阶段的项目团队，一般由药化或者生物的人担任项目负责人，但是也需要在项目成员中提前加入 DMPK、制剂和 API 合成专业的人，以便于在项目管理的早期阶段提早布局、少走弯路。

（3）项目管理中的预算如何管理和控制

新药研发项目在推进过程中的不确定性因素很多，项目的预算如何制定？如何有效地控制？由谁来制定管理和控制？成本控制的评估衡量依据是什么？这些问题也是大多数创新药公司在产品推进过程中比较含糊不清的。

（4）项目管理中的早期项目立项由哪些人员组成

有些创新药公司没有专门的早期项目立项委员会，有些公司有但也千差万别、各不相同，一般早期项目立项委员会由药化、生物等早期相关的专业领域人员，再加上转化医学、临床医学、CMC、注册和市场等各部门的专家共同组成比较好。

（5）项目管理中的信息安全和保密制度体系如何制定、管理

创新药公司的核心竞争力是新产品，核心技术和知识产权是企业的生命。在项目运行和项目会议中涉及的人员较多，如何很好地做到保密，保密制度如何制定、执行，也是很多创新药公司面临的问题和挑战。

第二节 创新药公司项目管理的立项和项目会议

一、创新药公司新药立项和项目经理

1. 创新药立项管理

一个创新药的立项需要经过公司前期项目组的分析研究，制定项目申请书，经立项委员会研究讨论通过后才能确定立项。在确定立项后，公司各相关技术部门将组建团队加强项目管理，以确保项目顺利实施，同时公司财务部门设立研究开发费用核算账目，实行新药转账管理。

创新药新药立项分析报告一般主要包括以下一些内容和人员信息（以化学药品为例）。

（1）项目基本信息

项目基本信息主要包括：化合物代号［如创新药001（XY001）］、通用名、化学名、化学结构式、分子式、剂型、适应证、规格、用法用量等。

（2）新产品研究背景和研究现状分析

主要内容包括：该产品研究的目的和背景分析，国内外对于该类产品的一些政策指导和导向，该产品的分子结构特性特征，该产品在临床上的运用和未被满足的临床需求，市场情况和竞争对手相关分析，等等。

（3）新产品的开发策略和非临床研究情况

在立项研究报告中需要阐述说明新产品的开发策略，已完成的靶点抑制研究，非临床体内体外药效学、药代动力学研究，筛选阶段的毒理学安全性评价研究以及早期的化学合成工艺 API 研究和制剂研究等的探索和优化。

（4）知识产权分析

包括专利申请号、专利名称、专利状态、公开/授权日期、专利权人

等信息。

（5）项目开发计划

创新药项目临床前研究项目及周期预算表可参见表6-1。

表 6-1　创新药项目临床前研究项目及周期预算表

科目			预算 （RMB）	周期 （月）	CRO 公司 外包考察
CMC	API	晶型研究			
		API 质量研究			
		原料与中间体			
		API 工艺放大、 中试生产与放行			
		API 稳定性研究			
	制剂	制剂开发			
		制剂质量研究			
		制剂工艺优化与中试生产			
		制剂放行与稳定性研究			
药效		体外、体内动物模型			
DMPK		DMPK 研究			
毒理		毒理安全性评价			
IND 注册申报		申报费			
		申报资料准备			
专利		专利申请费			
总　计					

（6）市场及销售前景分析

（7）新药产品 SWOT 分析

内容包括该产品的优势（strength）、劣势（weakness）、市场机会（opportunities）和挑战（threats）。

（8）立项总结汇总

（9）研究参考文献

创新药公司新药研发立项步骤流程如图 6-3 所示。

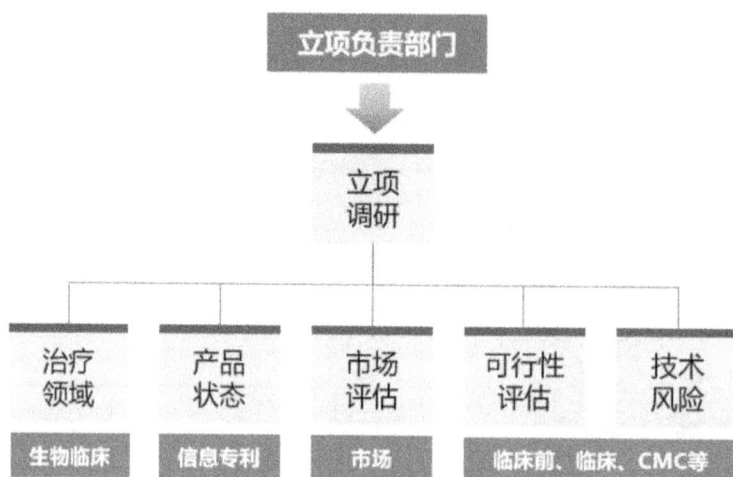

图 6-3　创新药公司新药研发立项流程

2.创新药项目经理

一款创新药经公司立项委员会的研究讨论,确定立项后,会指定一位临床前的项目经理来负责整体的项目管理,制定项目计划,协调管理项目进度。

临床前项目经理的岗位职责和任职要求可以参照以下的说明。

岗位职责

(1)作为项目综合管理者,协助进行项目管理相关工作,并与团队其他各专业成员保持有效的沟通和合作,以保证新药研发项目顺利进行。

(2)负责研发项目时间计划制定与跟踪。

(3)担任项目负责人,负责研发项目整体推进、风险预警与控制。

(4)参与新药临床前记录、数据、报告及文献等相关文件的收集和预审核,负责项目档案建立与完善。

(5)共同开展非临床研究实验方案制定及数据审核,完成研究报告等相关技术文档的编写与修改工作。

(6)临床前合同管理及费用统计,协助进行研发成本分析及控制。

(7)如需要,指导带领项目助理成员开展项目管理工作。

任职要求

(1)重点院校药学、化学、药理学或生物学等相关专业,本科及以上学历。

(2)五年以上工作经验,有一定CRO或CDMO工作管理经验。

(3)具备非临床研究相关经验,最好具有临床前药物研发和药物申报经验。

(4)良好的中英文写作和阅读能力,能够熟练查阅中英文文献资料。

(5)良好的沟通能力、团队协作精神,工作风格严谨、高效。

二、创新药项目会议管理

创新药立项后,为了更好地协调各专业团队的工作,快速推进项目,都会在项目经理的召集下定期举行项目工作会议(一般为月度项目会议),讨论项目推进中出现的问题,及时分享项目信息,解决相关问题并作出项目决策。创新药项目会议根据项目推进的不同阶段一般可以分为临床前项目会议和临床阶段的产品项目会议,同时为了加强产品进入临床阶段的推进速度,还会由首席医学官(CMO)定期召开由临床部门各专业职能人员参加的月度或双周项目会议。

1. 临床前项目会议

从创新药项目立项到获得IND批准期间的项目会议由临床前研发部门主导,由临床前研发部的项目经理负责召集,临床前研发部门的主要部门职责按照药物研发进程包括:立项、PCC、IND、支持临床工作(生物机制研究、毒理等方面)。主要功能板块包括:化学(分析化学、合成化学、药物化学、计算化学),生物(早期生物、生物机制),药理、药代、毒理、知识产权和项目管理等。

创新药的每一个产品的项目会议,大多公司每月举行一次,如果创新药公司有多款产品在推进,则项目会议可以安排在不同的星期每月交替进行,参与项目会议的人员和项目会议主要内容一般如下所示。

(1)参会成员角色

①项目经理/项目负责人;

②临床前研发部门:部门负责人、药化合成负责人、生物负责人、毒理负责人等;

③CMC 部门:部门负责人、分析负责人、分析主管、制剂负责人、制剂主管、API 合成负责人、API 合成主管、CMC 质量负责人、CMC 项目经理等;

④早期临床部门:部门负责人、转化医学负责人、临床药理负责人;

⑤注册部门:部门负责人、注册经理;

⑥临床部门:CMO。

(2)项目会议主要内容

项目会议的主要议题根据项目的不同阶段侧重点会有所不同,但主要包括以下主要议题:

①需跟进的上期会议议题;

②新产品申报计划;

③非临床研究进展情况;

④早期临床与转化医学进展情况;

⑤市场竞品调研情况更新;

⑥专题问题与讨论等。

2.临床阶段的产品项目会议

在创新药产品获得 IND 批准后,产品进入临床试验阶段,项目的负责人一般会转由产品的医学总监来担任,并由医学总监来召集项目会议,相关的项目材料和文件准备由相关产品领域的医学经理来负责支持。项目会议的主要重点将从临床前研究转到临床研究部分,参加项目会议的成员除了保留前述在临床前研究会议中的主要成员外,还需要增加以下几方面的重要成员:

(1)相关领域的医学总监、医学经理;

（2）临床运营负责人、临床运营项目经理；

（3）药物安全警戒负责人/代表；

（4）数据管理/统计负责人/代表；

（5）商务发展负责人；

（6）财务部负责人/代表（主要是项目预算成本方面）；

（7）人力资源部负责人/代表（主要是人员招聘方面）。

在产品进入临床阶段，项目会议的主要议题根据项目的不同阶段（如临床Ⅰ期或Ⅱ期）侧重点也会有所不同，除了前述的主要议题外，还会增加以下的议题：

（1）产品医学部门的进展和内容更新；

（2）产品临床运营，尤其是临床试验入组情况的更新；

（3）药物安全警戒更新；

（4）临床质量管理更新；

（5）数据管理进展更新；

（6）统计编程进展更新（如需要）。

3. 创新药产品项目进度管理

创新药项目管理和项目经理的主要职责之一，就是根据每月的项目会议汇报，及时更新项目总体进度计划，以及相关的成本预算。

第三节 创新药公司研发项目费用、工时和优化管理

创新药公司漫长的新药研发过程中，对于项目预算、工时的管理是一个重点和难点，也是公司财务、人力资源等职能部门需要特别关注和支持协助业务部门的关键领域。国内各创新药公司都在不断摸索建立和完善自己的项目预算、工时和人员管理系统，尤其是对于同时交叉在研多个产品管线的创新药公司。目前有不少创新药公司的项目费用成本主要是靠个人经验和自觉在控制，没有制度和体系作为保障，研发项目的成本控制好坏难以评估。如何做好研发费用预算和核算，如何做

好项目工时管理,有效地管理、分析、总结各项目在各阶段的成本投入,合理分配资金和人力资源,及时地监控、总结项目资金和人员方面的研究开发和临床进展,对于创新药公司的新药产品的成功推进和管理层的准确决策会起到非常重要的作用。

一、创新药项目研发费用管理

1. 创新药项目研发费用的定义

创新药研发项目费用的管理,由公司的人力资源部配合研发部门,确定好公司项目管理组织人员架构及项目工时分配后,由财务部门专人负责管理。管理的目的是规范项目研发费用核算,明确研发费用的归口划分,以准确地核算出公司研发项目的成本支出并进行良好的管控。

创新药的研发工作是指创新药公司及员工具有创造性或突破性地采用新科学技术知识,或者实质性地改进技术、工艺而进行的一系列明确的药品系统性工作。创新药公司的项目研发费用一般会分为研究阶段的费用和开发阶段的费用,其划分的时间节点一般为:产品最后一次获得临床试验批件。也就是说,从产品早期化合物发现、立项到前期临床试验等都视为研究阶段。在产品最后一次获得临床试验批件到生产出新的或具有重大改进的药品的后期临床研究和药品生产申报等阶段都可以视为开发阶段。

2. 项目研发费用的核算

创新药项目研发费用涉及的种类非常广泛,一般情况下主要包括以下费用:人工成本费用、设备检测维护费、材料费、折旧费、能源费、无形资产摊销费、技术服务费、临床试验费、CMC 费用和其他相关的费用。项目研发的费用成本也可以分为直接成本和间接成本,其中直接成本为直接用于项目的各种资源费用投入,包括人员工资福利、人员差旅费、项目相关的耗材和相关采购费用、项目外包服务费用和项目市场活动开支等,这些费用比较容易计入某一个特定的研发项目中。间接成本是指为支持项目运行和服务而开展的各种工作成本投入,包括财务、人力资源、行政 IT 和市场发展人员等职能部门的费用成本分摊,生产制造及资产折旧以及一些企业公共费用和税收等,这些成本费用比较难以计入某个单一的项目研发费用成本中,一般采用统一标准的分摊。

下面对其中几项比较常见和重要的费用作一些展开说明。

(1)人工成本费用

由于创新药公司的员工具有学历高、专业性高和薪酬高的"三高"特点,因此项目研发费用中人工费用成本占据了非常重要的部分。人员人工成本费用指直接从事研发活动人员的工资、奖金、各项津贴、基本养老保险费、基本医疗保险费、工伤保险费、失业生育保险费、住房公积金、补充保险及福利费,以及外聘兼职顾问研发人员的劳务费用。对于人员的招聘、培训等相关费用,有些创新药公司也会计入研发项目人工费用中。

直接从事研发活动的人员包括研究技术人员、研究管理人员和职能支持人员;外聘研发人员是指与签订劳务用工协议/合同和临时聘用的研究人员、技术人员、兼职顾问等。

(2)技术服务费

技术服务费主要是指委托外部 CRO 公司进行的各种临床前的研发项目支出和临床试验项目支出。

(3)临床试验费

临床试验费主要是指产品进入临床试验阶段,直接支付给临床试验机构或受试者的相关费用。

(4)CMC 费用

CMC 是新药研发过程中对于生产工艺、质量控制、稳定性研究、杂质控制和成本控制的关键性部门,也是从研发到生产必不可少的中介环节。CMC 费用是指上述各环节工作所产生的各项研发费用。

(5)其他研发相关费用

项目研发费用涉及的面非常广,除了前面提到的费用外,还包括但不限于以下的一些费用,如市场分析调研费用、专家咨询费、技术图书资料费、资料翻译费、相关研发保险费,研发成果的分析、检索、评议、论证、鉴定、评估、评审、验收费用,知识产权的申请费、代理费、注册费,研发差旅费、会议费等。

3.项目研发费用的归集和管理

创新药项目研发费用的管理,每个公司都有各自的管理方法和体系,相对来说国内一些新成立的创新药公司的研发费用管理制度体系和新药研发一样,都在不断地提升完善之中。一般情况下都会采用以下的一些管理模式和体系方法。

(1)项目研发费用负责人

研发项目负责人为项目费用管理的第一费用控制人,所有列入该项目研发的费用都需要得到项目负责人的审核、授权和批准。

(2)研发项目编号和成本中心

研发项目获得立项批准以后,将按照公司的规则对项目进行编号,项目编号将作为项目研发费用归集的唯一辨别代码。同时根据研发费用管理的要求,设置相关的成本中心和功能阶段,以便于对研发项目费用支出进行更为细致有效的管理。

(3)研发多项目费用分摊

研发项目费用如果和多个项目相关,为了更加准确地统计分析,按照费用的实际发生情况,采取一定的标准进行合理分摊,分摊的标准和方式应获得相关项目负责人的批准确认。

研发项目中的成员,如果在某一阶段同时做了非研发项目的工作,为了确保研发项目费用分摊计算的准确性,需要将实际发生的相关费用按实际工时占比在研发费用和非研发费用间合理分配。

(4)其他项目研发费用管理事项

根据《国家税务局公告2015年第97号》的相关规定,可以对研发费用加计扣除,因此需要结合公司的实际情况,设置相关台账。有地方政府对于研发费用的政策奖励是支持的,创新药公司也需要做好研发费用的准确管理和政策申请工作。

二、创新药的项目研发工时管理

1. 工时管理和工时系统

本节前文提到创新药公司的员工具有学历高、专业性高和薪酬高的"三高"特点，项目研发费用中人工费用成本占据了非常重要的部分。项目研发费用管理中非常关键的一点就是需要管理好工时，将工时按照实际项目工作时间分配到相应的研发项目中，根据工时的分配来分摊相应的薪酬、奖金、社保等直接费用以及其他职能支持部门人员的成本费用等间接费用。为了更加高效准确地管理工时以有效地计算获取监控各研发项目的费用成本，大多数的创新药公司都会使用工时管理系统，这些工时管理系统或者是基于公司的 OA 系统（办公自动化）来设计开发，或者是公司使用的单独的工时管理系统（见表 6-2）。

工时管理系统能够针对创新药公司的特定的部门、团队和员工，提供工时填报的功能。系统可以根据创新药公司的实际组织架构和需求来设定填报的具体要求和规则。一般情况下工时表按照每周填报一次的频率来要求填报。工时系统按照规定，每周固定下发工时填报的周报任务给相应的人员进行工时填报。例如：工时系统每周五下午三点，进行工时填报表的自动触发动作，触发到对应工时填报人员的待办事宜中，并且标红显示，提醒用户进行工时填报工作，具体触发周期和时间可以由后台的工时系统管理员配置。

填报完成后，数据给到直接员工的直线经理进行审核，直线经理针对填报的内容进行审核，可以选择退回工时填报任务或者审核通过填报任务。

项目工时管理系统还可提供用户查询，跟踪员工的工时任务流程，并且可以随时查看已审核通过的工时数据，并可以导出数据进行数据分析。除了员工本人可以查看自己的审核通过的工时数据外，他的直线经理、项目负责人和研发负责人也可以查看下属的审核通过的工时数据。主要的职能管理部门如财务部或人力资源部的特殊岗位也可以设置权限查看所有人的项目工时数据。

表6-2　创新药研发人员月度项目工时管理表

序号	员工	部门	当月总工时	XY01	XY02	XY03	XY04	XY05	XY06	XY07	XY08	XY09	XY10	XY11	XY12	合计
1	员工1	研发-CMC	168	15	20	60	30	5	10	10		18				168
2	员工2	研发-CMC	168	24	24	48	40	8	8	8		8				168
3	员工3	研发-CMC	168	120		24	24									168
4	员工4	研发-CMC	168	10	40	68	20	5	10			15				168
5	员工5	研发-CMC	168	10	40	80	10	4	4	6		14				168
6	员工6	研发-CMC	168	10	40	80	10	4	4	6		14				168
7	员工7	研发-CMC	168		62		10	6	10							88
8	员工8	研发-CMC	168	10	10	120	10	10	5	3						168
9	员工9	研发-CMC	168	15	15	20	15	10	23	10		60				168
10	员工10	研发-CMC	168	10	40	68	20	5	10			15				168
11	员工11	研发-CMC	168		48											48
12	员工12	研发-CMC	168	20	40	30	20	16	20	10		12				168
13	员工13	研发-CMC	168	5	31	13	37	3	6	3		6				104
14	员工14	研发-CMC	168	15	41	17	35	12	20	7		15				162
15	员工15	研发-CMC	168	20	35	75	23	15	10							168
16	员工16	研发-CMC	168	8	50	20	60	5	10	5		10				168

对于创新药公司非常重要、经常使用的工时管理系统,除了有些公司使用单独的工时管理系统外,一般都会放在公司的 OA 系统中。

2.工时数据的统计和分析

建立公司的项目研发工时管理系统后(当产品进展到临床阶段时,也包括项目临床工时管理),可以利用系统生成项目工时的各种管理报表,用于管理项目的成本费用。表 6-2 以 CMC 部门为例,展示创新药公司某月度的人员工时分配汇总表,可以看到该部门员工某阶段在同时推进中的各项目的工时分配投入情况。

工时管理系统的数据除了统计分析各项目成本外,还能够利用之前推进的项目工时数据分析总结经验。为更高效地推进后续的研发项目,分配各专业人力资源提供宝贵的经验依据。比较常见的项目工时统计表可以统计某项目到一定阶段各个部门和专业组在此项目中已投入的工时,如:早期研发部、CMC 部门、临床医学部门、转化医学、注册等。也可以进一步统计分析对比在不同的项目中,各研发的专业组如生物、毒理、药理、分析、制剂、API 合成等在不同项目中所花费的工时和所占的比例,为后续项目的经验总结和优化提供数据方面的决策依据。

根据项目研发工时统计,汇总项目成本费用后,财务部门负责项目预算费用管理的人员,可进行项目预算对比分析,掌握项目实际费用和预算的偏差情况并进行实时监控管理。

举例说明:某创新药项目 XY008,本阶段的实际已发生人工等费用(A)为人民币 450 万元,本阶段的预算(B)为人民币 500 万元。那预算与实际差异(C)为:$C = B - A = 50$ 万元,预算差异偏离度(D)为:$D = C/B * 100 = 10$。如果有许多个项目同步进行,在监控每个项目的预算差异偏离度的同时,财务部门也会关注每个项目的预算差异占比等指标。

三、从项目会议组织和人力资源管理角度优化项目管理

1.对于项目经理和项目会议的职责优化

创新药公司的新药研发推进需要由项目经理来协调各专业团队的

工作,并通过各类项目产品会议来沟通交流讨论。因此项目经理的职务经验以及项目会议的有序高效组织就显得特别重要,目前市场上对于研发项目经理的需求非常大,高质量、有丰富经验的新药研发项目经理非常稀缺。同时,不少创新药公司的项目会议组织的效率不够高效,容易出现会上讨论主题出现偏差、会议决策事项跟进不力、会议讨论文档资料保存归档欠缺、会议参加人员混乱、会议信息保密性不够等问题,这些问题都需要创新药公司在发展过程中不断地改进提升。

以下是针对项目会议和项目经理职责的一些经验总结和改进建议,可以供相关的读者和创新药公司参考借鉴。

(1)研发项目经理(PM)为项目会议的具体主持人(leader),具体会议的组织安排、发起、会议管理、会议纪要和会议决议的跟进落实工作。

(2)项目经理在项目会前需要沟通此次会议各专业模块的展示及讨论内容、收集 PPT,发送会议通知,通知包含会议议题,需要注明每个议题的发言时间,以便于控制会议时间进程,提高会议效率。会后记录会议纪要并负责后续事宜的跟进。

(3)除了良好的专业知识经验外,项目经理需要具有高度的积极性,主动提出项目改进点,观察发现项目出现的问题并协调解决。

(4)项目会议开始阶段,需要先过一下已记录的前次会议行动事项,更新进度,再就各专业模块按照新药研发前后顺序进展进行展示,最后再汇总问题并进行讨论。

(5)项目管理的经验总结、分析/报告等可以放在统一的系统中,以改进提升研发项目效率。

(6)为了高效地举行研发项目月度会议,在项目会议上主要讨论涉及跨部门协调沟通、主要信息的传达,以及主要的项目决策事宜的讨论。具体深入细化的讨论事项,各专业组可考虑专题会进行详细讨论。

(7)在某些项目环节,因内部外部因素的影响,导致项目情况需求发生变化时,应该尽可能早地通知或者在项目会议上有预见性地提醒相关部门。举例说明:CMC 部门发生供药需求计划变化时,应该尽可能早地通知或通过项目经理协调,以便于 CMC 部门供应链的及时准备和妥善安排。同时由于新药临床研究阶段存在很多不确定因素和可变性,会有非常大的难度,因此在正常月度项目会议的基础上,可以由CMC部门的项目经理定期发起产品供药的协调项目工作会议。

至于创新药公司项目管理方面存在的主要问题和主要解决方案,现进行归纳概括总结,参见图6-4。

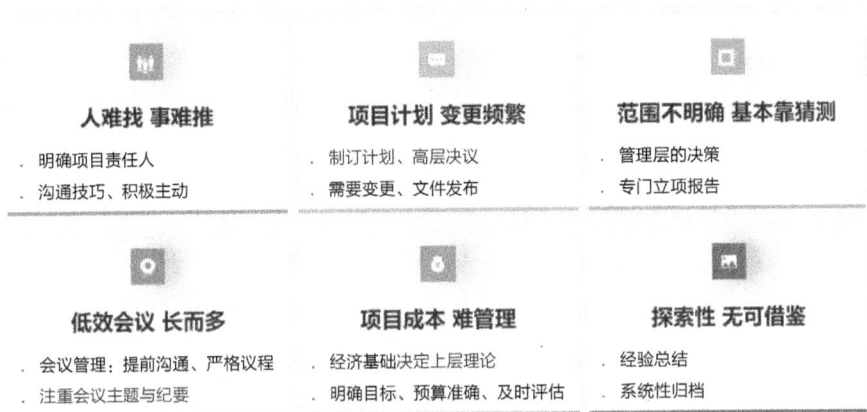

人难找 事难推	项目计划 变更频繁	范围不明确 基本靠猜测
· 明确项目责任人	· 制订计划、高层决议	· 管理层的决策
· 沟通技巧、积极主动	· 需要变更、文件发布	· 专门立项报告
低效会议 长而多	项目成本 难管理	探索性 无可借鉴
· 会议管理:提前沟通、严格议程	· 经济基础决定上层理论	· 经验总结
· 注重会议主题与纪要	· 明确目标、预算准确、及时评估	· 系统性归档

图 6-4 创新药项目管理中存在的主要问题和解决方案

2. 从人力资源管理角度支持研发项目管理的优化提升

创新药公司的项目运行管理工作虽然是由临床前研发、CMC、早期临床和临床医学等主要业务部门负责,但从人力资源管理工作的角度也需要积极地配合支持公司的项目管理提升,其中非常重要的工作就是需要由人力资源部门来牵头规划公司的项目管理培训。通过全面的项目管理培训,提升公司各级专业技术和管理人员的项目管理知识和能力,以更好地推进新药研发项目的管理培训。这些内容将在下一节中来详细介绍。

从人力资源的角度,可以通过以下几个方面的工作来支持帮助创新药公司研发项目管理的优化和提升。

(1)建立全公司层面的项目管理 SOP 体系,使得公司的项目管理更加规范有效。如果需要,也可以在全公司层面 SOP 的基础上,再建立各自部门的 SOP(比如临床运营部或 CMC 部门),同时组织相关人员很好地培训学习。

（2）新员工入职中可以增加项目管理的培训内容，包括项目管理的基本知识和创新药公司项目管理的特点方式，使每一位员工都了解和具备项目管理的知识、意识和基本能力。

（3）创新药公司可以通过征集项目管理方法/建议/措施，群策群力，来不断提升改进公司项目管理的水平，对给出好建议的员工进行必要的奖励。

（4）邀请外部新药研发项目管理专家，在外部专家培训指导下，改进公司的项目管理体系。

（5）对于创新药公司的自建/自做的项目，需要建立特别的 SOP，以培训、指导从一线研究员到经理/总监的项目管理。

（6）对于外包 CRO 的项目，也需要建立项目管理的 SOP，对相关成员进行培训、指导。

关于外包项目的人力资源管理，本书将在下一章详细分析描述。

第四节 创新药项目管理培训与学习

创新药公司的项目管理贯穿于新药研发的全过程，项目管理工作涉及每一个产品线和每一个业务环节，影响到产品的进度、质量、成本、安全稳定性等，项目管理的重要性对于公司来说不言而喻。许多创新药公司对于项目管理的内部外部培训、学习和经验总结也非常重视。项目管理培训是培训计划中非常重要的部分。针对项目管理的专职人员、参与项目的各级专业技术管理人员、其他职能人员和新员工都会组织安排不同层级和侧重点的项目管理培训。各层级人员在项目管理培训学习中，都需要清晰地了解掌握项目管理所涉及的各大方面的最基本的领域和概念。

一、创新药公司项目管理培训的需求和参加人员

1. 创新药公司的项目管理培训需求

对于大部分创新药公司来说,需要努力培养打造一支完整、有战斗力的项目管理团队,提升加强每一位项目成员的项目管理知识经验和水平。创新药公司的人力资源部门可以根据公司的实际情况,在公司管理层的支持以及各业务部门的配合下组织系统学习项目管理的专业知识和理论体系,交流总结融合内部、外部经验。在外部专家老师的带领下,有针对性地学习研讨具有本公司特色的项目管理工作实践、问题和解决方案,其目标是逐步创建适合公司的项目管理体系。

创新药公司的人力资源部负责项目管理系列培训组织、外部培训机构老师的搜寻评估及在外部机构老师的协助下开展内部详细项目管理培训需求收集工作。根据需求分析,创新药公司的各团队专业技术负责人或管理负责人一般会对以下几个领域的内容感兴趣:

(1)创新药项目经理在矩阵组织环境下的自我角色定位(责权利);

(2)创新药的项目立项和需求管理;

(3)创新药的项目预算和控制;

(4)项目进度计划与跟踪;

(5)项目沟通与协作;

(6)项目风险识别与应对。

2. 创新药公司的项目管理培训参加人员

针对不同员工群体,创新药项目管理培训的侧重点自然也会不同,大致可以分为以下四种类型:

(1)新员工项目管理通用培训,培训时间:1—2 小时;

(2)公司高层、业务部门主要负责人、项目管理人员和职能部门相关负责人,培训研讨时间:2—3 天;

(3)专业项目经理、项目负责人,培训研讨时间:2—3 天;

(4)各专业技术团队技术骨干,培训研讨时间:1—2 天。

本节将重点对上述的第(2)项的项目培训研讨内容展开分析说明,

该项目管理培训研讨的成员一般来说主要包括以下岗位人员：

（1）公司高管层，包括各位 O 级别领导：CEO、COO、CTO、CMO、CBO、CFO、CHO 等。

（2）临床前研发部：包括药化、合成、生物、药理、毒理、项目管理、知识产权等负责人。

（3）CMC 部门：包括分析、制剂、API、质量、项目管理等负责人。

（4）早期临床部门：转化医学、临床药理等负责人。

（5）临床医学部门：各医学总监、临床运营总监及其他负责人。

（6）注册部：注册总监。

（7）商务发展部：商务发展总监。

（8）制造工程部：制造、工程及质量验证负责人。

（9）财务部：财务相关负责人。

以上人员合计约 30—40 人，是最合适开展项目管理重点培训研讨的人员群体。来自各职能部门的学员在培训中进行的分组讨论，对于创新药公司的整体项目管理水平的提升也非常有帮助。

二、创新药公司项目管理培训的前期准备和沟通

1. 外部培训机构和培训老师的挑选

目前市场上项目管理培训的公司机构和老师非常多，创新药公司对于外部项目管理培训的机构和老师的选择主要看该培训公司的综合实力、服务、口碑以及非常关键的培训老师的项目管理培训能力，对于医药行业尤其是创新药公司医药研发的业务环节是否有足够的了解和认识。一位优秀的适合创新药公司的项目管理讲师最好应该具备以下的授课特点和能力：

（1）项目管理的课程能够整合国际上先进的项目管理理论、方法、体系，同时结合国内本土项目管理的实际运作情况。

（2）能够根据客户（创新药公司）存在的问题、痛点作为切入点，结合自身深厚的项目管理理论基础知识和实战经验，提供方便使用的流程、工具和方法。

（3）采用场景模拟、案例分析、不同角色扮演和互动游戏等多样化的授课方式。

（4）结合企业实际的场景、案例和痛点，采用行动式学习，做到落地应用。

（5）对于医药行业有足够的了解，尤其对于新药研发的各部门、各岗位的职责任务有完整的概念和认知，在医药行业有一定的工作经验最佳。

对于培训机构和培训老师的选择就如同招聘面试候选人一样，需要至少通过2—3轮的电话面试沟通，第一轮由人力资源部负责，了解培训讲师的整体情况并介绍公司的基本情况和需求，第二轮由新药研发的主要负责人（可以是临床前研究部或 CMC 部门的负责人）和培训讲师交流，了解他对于创新药公司的专业了解程度。之后人力资源部门和研发业务部门共同讨论评估后，根据需要再汇报给 CEO，由 CEO 决定是否需要进一步的交流。

2. 培训保密协议签订

为了达到最佳的培训效果，培训讲师需要在培训前阅读公司的相关文件材料，并访谈公司几位关键且有代表性的参加培训的成员。由于创新药公司的内部文件信息涉及新药研发的知识产权保护和信息安全，因此需要培训公司和培训讲师签订保密协议，以保护自己的合法权益。外部讲师培训保密协议一般主要包括以下几方面的内容。

（1）"保密信息"的定义

可以泛指甲方拥有的一切不为第三方所普遍知悉的信息，这些信息按其性质可以为"机密"或"专有"的信息。这些信息内容包括但不仅仅限于：①商业和/或战略计划；②科研和技术内容；③企业发展、生产、市场营销，产品、货物或服务的销售或分销；④业务和技术诀窍（know-how）及知识产权；⑤企业现有的或潜在的承包商、客户、买主、供应商等情况；⑥一切技术上和非技术上的数据、公式、模型、规划、装置、方法、技艺、诀窍、绘图、设计、步骤、程序、发明、改进、手册或财务数据等。

（2）对于乙方使用相关信息的定义和限制

乙方同意不经甲方同意，乙方保证并促使其代表不直接或间接地泄漏、披露或传授给他人甲方的"保密信息"，或利用甲方所提供的保密信息为其自己或任何其他人创造商业利益，或危害甲方的利益。

（3）甲方对于乙方的特别追加要求

一旦甲方以任何理由提出书面要求，乙方必须毫不迟延地销毁或退还甲方的所有机密文件及乙方及其所属代表机构所做的所有摘要、总结和分析，但乙方可以保留一份培训记录资料以备存档。

（4）对于乙方违约的处罚措施

如乙方违反培训保密协议中任何一项保密或其他义务，除应立即停止违约行为并采取所有合理补救措施外，还应赔偿甲方所有损失，其中甲方的损失将包括但不限于甲方因乙方违约而导致的直接和间接损失，以及甲方因此而支出的合理的律师费用。

3. 培训前期问卷调查、访谈和沟通交流

培训讲师和学员在培训前沟通得越充分，项目管理培训的效果和默契程度就会越好。为了做好培训前的沟通交流，一般培训讲师会采用问卷调研的方式，通过系统全面的问卷调研，以及结合问卷的访谈和沟通交流，来使双方对于项目管理的培训需求、内容有更为充分的把握和了解。为了提高效率，一般培训问卷调研会发给 3—4 位主要部门的相关学员，其中包括临床前研发部（项目经理）、CMC 部门（项目经理）、临床医学部（医学总监或临床运营总监）、注册部（项目经理）等。

以下是项目管理培训前的调查问卷的参考样式。

创新药项目管理培训问卷调研

填写说明：

本问卷用于课前收集公司的典型案例，以方便讲师在授课期间引用分析讲解。请以某个实际的项目为例，填写相关内容。

（一）项目背景与目标

（二）项目最终验收结果物要求（以下为参考举例说明内容）

1.开发出有技术创新点的化合物，并申请专利。

2.完成早期筛选，获得 PCC 化合物。

3.完成新药 IND 阶段研发，获得 IND 新药申请受理通知。

4.完成临床试验，提交 NDA 资料并获批上市。

（三）项目范围（以下为参考举例说明内容）

1.经药化设计合成获得化合物，生物学测试证明其活性并具有优势特性。

2.经过早期生物学评价，筛选出 PCC 化合物。

3.经过进一步试验研究，获得支持 IND 新药申请的数据及资料。

4.经 CDE 批准开展临床试验，获得足够数据，提交 NDA 申请资料。

（四）项目进度要求

（五）项目主要风险（见图 6-5）

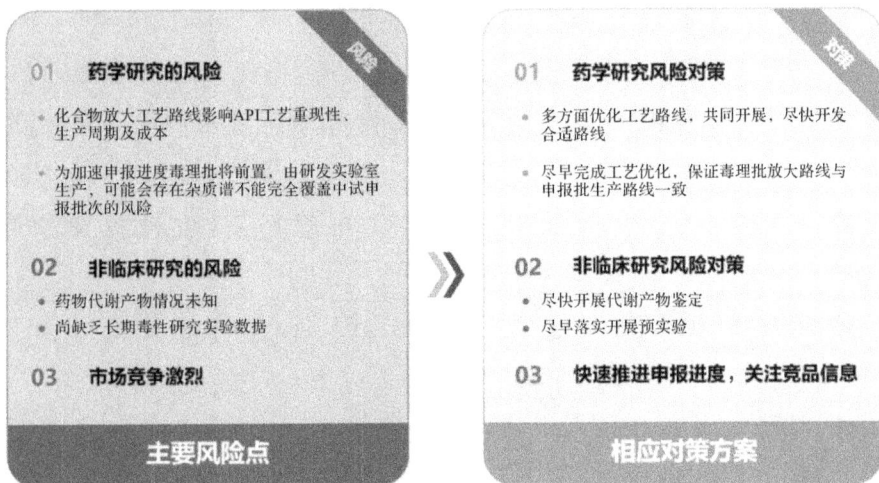

图 6-5 创新药项目管理培训案例：项目风险

（六）项目主要相关人员

可以包括以下各功能板块：项目总负责人、项目管理、药化、合成、专利、药理、药代、毒理、制剂、API、分析、质量、注册、早期临床、临床医学、临床运营等。

（七）项目管理过程中常见问题盘点

下面为问题列举，可结合您的情况，增加或调整。并请在问题后面按重要程度填写分值（1—5分，分数越高代表越重要）

■ 问题1：这个项目对我来讲挑战性很大，某些技术、业务细节我还不是很了解，如何有效做好项目的策划，拟定合理的项目计划？（　分）

■ 问题2：项目风险无法避免，如何识别风险，避免遗漏，风险发生后该如何有效应对？（　分）

■ 问题3：项目涉及部门较多，需要多个部门的配合，项目经理如何主动出击，促进相关部门的配合？（　分）

■ 问题4：人员已经到位，有些人员缺乏必要的经验和技能，项目经理该怎么办？（　分）

■ 问题5：我项目的资源与公司其他项目资源出现了冲突，如：我们在争用某个技术骨干，项目经理该如何处理？（　分）

■ 问题6：项目重要干系人要求明显偏高，按现有的预期时间和资源无法达到项目重要干系人的期望值，如何与项目重要干系人沟通？（　分）

■ 问题7：如何有效及时发现项目中的问题，避免被动知晓？（　分）

■ 问题8：项目进度出现了明显的延期，如何有效亡羊补牢？（　分）

■ 问题9：如何有效拟定项目绩效报告，及时让项目各方保持对项目的了解？（　分）

■ 问题10：如何有效做好项目的总结与复盘？（　分）

三、创新药公司项目管理培训的实施

创新药公司项目管理培训的主要目的是通过培训演练,让学员们理解如何让新药研究的不同专业领域的人做好一件探索性的、复杂的、紧迫的事。相比其他的项目,新药研发项目更加不确定,更加需要多方的协作。在项目管理培训过程中,需要培训老师能够围绕图 6-6 所示的新药项目管理过程来展开分析研讨。

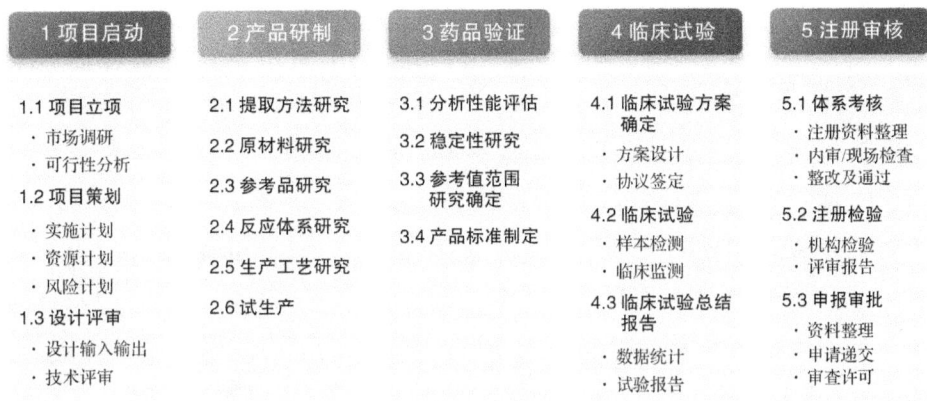

图 6-6　创新药项目管理培训案例分析:新药项目管理过程

项目管理培训的具体内容安排可以由创新药公司和培训老师在项目管理内容的大框架下,根据公司的需求和痛点来商讨确定,其中的重点也将依据讲师前期的访谈调研的结果来调整。以下按照本节前面描述的培训对象——公司高层、业务部门主要负责人以及项目管理人员和职能部门相关负责人以及培训时间周期 2 天来介绍项目管理培训实施的详细科目内容安排。

培训管理培训研讨安排参考实施内容

1. 培训第一天

(1)开场介绍预热:包括授课说明、课程总览、小组分配等,约 0.5

小时。

（2）项目管理基础知识介绍：时间大约 2 小时，其中主要包括：

①项目的基本概念。

②项目管理的九大体系方面：项目整体管理、项目范围管理、项目进度管理、项目成本管理、项目质量管理、项目人力资源管理、项目采购管理、项目风险管理、项目相关方管理等。

③项目管理五大主要过程步骤：项目启动、项目计划、项目执行、项目监控、项目结束。

④项目成功的关键要素分析（可以结合创新药公司自身的实际情况来展开）。

⑤实际演练：项目设定和角色扮演。

（3）项目的良好启动：时间大约 4 小时

①有效分析项目需求，案例分析和演练：如何做好跨部门的合作以确保项目需求。

②有效管理关联方，案例分析和演练：相关关联方的确定和角色扮演。

③有效启动项目，案例分析和演练：如何做好启动项目。

（4）项目的有效计划 1：时间大约 1 小时

2. 培训第二天

（1）项目的有效计划 2：时间大约 2.5 小时

①如何有效分解项目范围。

②如何有效安排进度计划。

③如何有效分配项目工作。

④项目风险的有效识别和预防。

⑤案例分析和演练：新药项目计划的制订。

⑥案例分析和演练：新药研发项目的风险识别与防范（包括临床前研发、CMC、临床）。

⑦案例分析和演练：新药项目团队的有效分工（包括临床前研发、CMC、临床）。

（2）项目的有效交付：时间大约 3 小时

①项目执行与监控。

②有效发现及预警项目问题。

③如何有效管理项目人力资源。

④项目绩效管理与绩效总结。

⑤案例分析和演练：新药研发项目执行中存在的主要问题。

⑥案例分析和演练：新药项目团队成员（含兼职人员）的高效管理。

⑦案例分析和演练：新药研发项目的绩效分析评估。

（3）项目的有效结束交付：时间大约 1 小时

①什么是一个成功的项目交付？

②如何做好项目总结和经验分享。

③案例分析和演练：新药研发各阶段项目的成功交付（包括临床前研发、CMC、临床、注册等）。

（4）项目培训研讨总结：0.5 小时

第五节　创新药公司项目管理案例分析解读

创新药公司的项目管理既具有项目管理的通用特性，又具有新药研发的项目管理特性。因此项目管理的培训学习既需要学习项目管理的一般通用知识，又需要具有针对性地进行新药项目管理的实际操作演练。通过实际的新药项目管理案例，加深对于创新药研发项目管理各环节的理解，不断锻炼、提高大家对于新药研发项目管理的认知和能力水平。

以下为创新药公司的一个实际培训学习案例，供各位参考。希望读者通过本案例的阅读学习，能够加深对创新药公司研发项目管理的了解，在不同的角色和岗位上对新药研发项目管理提供更多更好的支持和帮助(注:以下案例仅供项目管理练习演练,不作为专业的指导性材料)。

创新药研发项目案例

一、项目背景和目标

1.项目背景

在以往传统中,我们采取的抗生素管理和感染防控措施已经无法遏制耐药革兰阴性菌,特别是最需要紧迫解决的排名前三的耐药菌:鲍曼不动杆菌、铜绿假单胞菌、肠杆菌科细菌,目前临床上尚无特别有效、广谱的治疗药物。

创新药 XY001 是一种新型 β-内酰胺酶抑制剂,临床前实验数据显示出对多种细菌有强大的杀伤能力,其抑菌效果优于现有上市或临床阶段的同类产品。

2.项目目标

目标一:XY001 化合物合成路线复杂,原料费用高,收率极低,工艺稳定性差,量产困难,迫切需要降低优化合成工艺,降低原料费用,提供最终收率,降低 API 成本,并实现量产;

目标二:XY001 预计临床上用于普通抗生素耐药情况,因此以注射用为首选剂型。化合物在常见溶剂、水和缓冲液中溶解度很低,进行冻干粉针处方和工艺开发,实现临床样品生产是该项目近期目标。

XY001 在临床上复方制剂处方工艺开发和规模化量产是该项目的中长期目标。

二、项目最终验收结果物要求指标

1.API 成本降低至××元/kg,并实现年产量×吨/年。

2.单方制剂工艺开发,实现临床试验用样品生产,批量:×××

支/批。

3.复方制剂处方工艺开发,并实现年产量:××万支/年。

三、项目范围

1.原料试剂供应商挑选,API工艺优化,工艺验证,API商业化生产产地优选。

2.单方制剂处方开发和临床样品生产。

3.复方制剂处方开发,临床样品生产,工艺验证,供应商优选。

四、项目进度要求

1. API

2022-01—2022-08:API工艺开发,毒理批次和临床批次 API生产。

2023-04—2023-10:API工艺优化,临床用 API 生产。

2024-02—2024-11:API商业化路线准备,临床用 API 生产。

2025-06—2025-12:API工艺验证(注册批次生产)。

2025-12—2026-12:API 12月稳定性考察。

2.制剂

2022-05—2023-02:单方制剂工艺开发,毒理批次和临床批次制剂样品生产。

2023-06—2023-07:单方制剂工艺优化,临床用单方制剂生产。

2023-07—2024-11:复方制剂工艺开发,毒理和临床批次制剂样品生产。

2024-12—2025-10:复方商业化路线准备。

2026-06—2026-12:制剂工艺验证(注册批次生产),稳定性考察。

五、项目主要风险

1.API合成路线复杂,工艺稳定性低,对设备匹配度要求高。

2.制剂产品稳定性差,生产工艺要求高,储存成本高。

3.API和制剂生产和储存中稳定性差,杂质控制难。

4.复方生产要求特殊,可选择的生产商少。

六、项目主要关联方

1.项目总负责:YG001,项目总负责,总监管统筹。

2.制剂:YG002,制剂技术讨论、明确产品技术参数及供应商筛选。

3.API:YG003,API技术讨论、明确产品技术参数及供应商筛选。

4.分析:YG004,API和制剂分析方法开发和验证,稳定性考察。

5.质量:YG005,项目研究方案和报告批准,供应商审计筛选。

6.项目管理:YG006,合同起草,项目计划制订,项目进展跟踪,项目验收。

七、项目组织架构图(见图6-7)

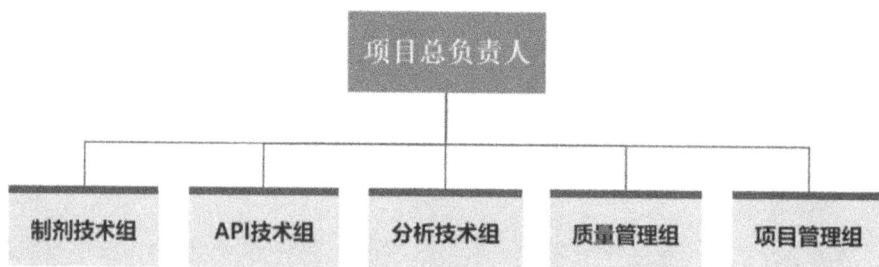

图6-7　创新药项目管理培训案例分析:项目团队架构

八、项目管理过程中常见问题和关注点

■ 问题1:项目计划不确定性高,如何保证各部分信息一致性?

■ 问题2:项目风险无法避免,如何有效识别风险,避免遗漏,风险发生后该如何有效应对?

■ 问题3:如何有效及时发现项目中的问题,避免被动知晓?

■ 问题4:项目涉及CRO较多,项目经理如何主动出击,优化CRO监管?

■ 问题 5：项目重要干系人要求明显偏高，按现有的预期时间和资源无法达到项目重要干系人的期望值，如何与项目重要干系人沟通？

■ 问题 6：如何有效拟定项目绩效报告，及时让项目各方保持对项目的了解？

■ 问题 7：如何有效做好项目的总结与复盘？

■ 问题 8：如何做好项目中项目成员的评估和激励？

第七章 资源与监管
创新药公司外包业务的人力资源管理

创新药从药物发现、临床前研究、临床研究、工艺研发优化、注册到放大生产以及商业化生产,涉及众多专业化技术领域,创新药公司在发展过程中,或者由于专业人才和设备的缺乏,或者基于提高效率进度和质量的考虑,都会将部分专业研究或生产工作委托给外部专业机构CRO或CDMO公司来完成。本章将围绕创新药公司的外包业务,从人力资源的维度来进行介绍、分析和探讨。

第一节 CRO公司和CDMO公司

随着医药领域科学技术的日新月异的发展,以及国家对于医药产品研发、生产、销售的法规不断地严格和规范,仅仅依靠一家企业本身的能力已经越来越难覆盖研发、临床、注册、生产与上市销售全过程的每一环节,而外包形式CRO/CDMO公司的出现使得成熟企业或初创企业能够将一些耗时费力的非核心研究工作委托出去,从外部得到更加专业化的技术服务与支持,使得企业能够利用较小规模的团队更加专注于核心技术的研究开发,极大地增强了企业灵活性和生命力。和CRO与CDMO公司开展广泛的合作,不仅能够大大加快创新药研发的进程,降低创新药在研究开发中可能涉及的风险,同时也更符合国际上医药领域分工的发展大趋势。

一、CRO 公司和 CDMO 公司业务介绍

1. CRO 公司业务介绍

医药合同研究组织(contract research organization,简称 CRO),是指主要为跨国制药公司和各新药初创公司提供药物发现、临床前研究、临床试验等新药研发合同研究服务的组织/公司。双方以签订合同的形式进行合作,合同中明确合作双方的工作责任和权利,在法律和国家有关医药法规的有效保护和约束下进行。

据报道,国际上讲究医药专业分工的 CRO 公司从 20 世纪 80 年代开始逐步流行起来,经过几十年的发展,在医药新药研发领域已经是屡见不鲜,非常成熟了。国内 CRO 公司的发展历史将近 20 年,尤其是近年中国 CRO 行业发展非常迅速,逐步成为世界医药外包的热土,目前中国已经超过印度成为亚洲研发外包的首选地。据有关分析数据显示,未来几年,欧美市场的增长率预期会下降,而亚洲新兴市场的增长率将不断提高,这将给中国带来巨大的发展机遇。成立于 2004 年的泰格医药(股票代码:300347)是国内 CRO 公司中第一家于 2012 年在创业板主板上市的 CRO 公司,2020 年又成功在港股上市,是目前国内在临床研究领域最大的 CRO 公司。

CRO 公司承担的业务领域主要包括研发设计、研发实施、临床医学试验方案设计咨询、临床试验监查和服务、注册服务、数据管理、统计分析和报告撰写等,是一种专业度很高的外包服务。

CRO 就服务的领域范围可主要分为临床前 CRO 和临床 CRO。临床前 CRO 的服务范围主要包括与新药研发有关的化学合成、化合物筛选、工艺和质量标准研究、药理学及毒理学实验等业务内容,需要有高度细分领域的专业人才、核心技术以及高学历专业化人才,技术壁垒也相对较高。临床 CRO 则对学历技术要求不是特别高,更加注重高效、规范和项目执行效率。国内目前规模和知名度较高的临床前 CRO 公司包括药明康德、睿智化学、康龙化成等;临床 CRO 包括泰格医药、博济医药等。

2. CDMO公司业务介绍

医药合同定制研发生产企业(contract development and manufacturing organization,以下简称CDMO),主要指为跨国制药企业和各新药初创公司提供工艺研发及制备、工艺优化、放大生产、注册和验证批生产以及商业化生产等定制研发生产服务的机构。CDMO是在CRO的发展进程下逐步孕育而生的一种新型研发生产外包模式,也是从CMO发展起来的。CDMO核心在于"D",也就是"development",是指提供创新药生产所需要的工艺流程研发及优化、配方开发及试生产服务,并进一步提供定制生产服务。能够帮助更多研发型的企业进行实际的技术转化,缩短产品上市时间,促进商业化,为企业提供创新性的工艺研发及规模化生产服务,以高附加的技术输出代替单纯的制造产能输出。

医药领域不同于其他行业领域,一方面事关每个人的健康和生命安全,另一方面也涉及新药的高度探索性和专业度,因此我们不能单纯地将CDMO视为普通的代加工、贴牌生产,其生产体系需要经过各政府部门严格的审查,生产过程中所需的体系、技术、工艺、设备、环境等因素都具有高门槛和严格的标准。为客户提供定制服务的CDMO公司,其内部的生产、项目管理、流程、安全环保和信息保密安全等方面的能力也需要接受各个委托方客户不断的审计和稽查。

凡是一种新药的诞生都需要经历前期的研发、中期的生产、后期的销售三大环节。而制药企业为了提高效率和降低成本,会在每个环节接受不同的外包服务。

根据现有的市场状况,医药行业的外包服务的产业链如图7-1所示。

新兴的CDMO公司的业务模式可以贯穿上中游产业链,具体可以涵盖早期研发、临床试验用药物生产、原料药生产及工艺开发等方面的服务,横跨新药从研发到成品的不同阶段(见图7-2)。

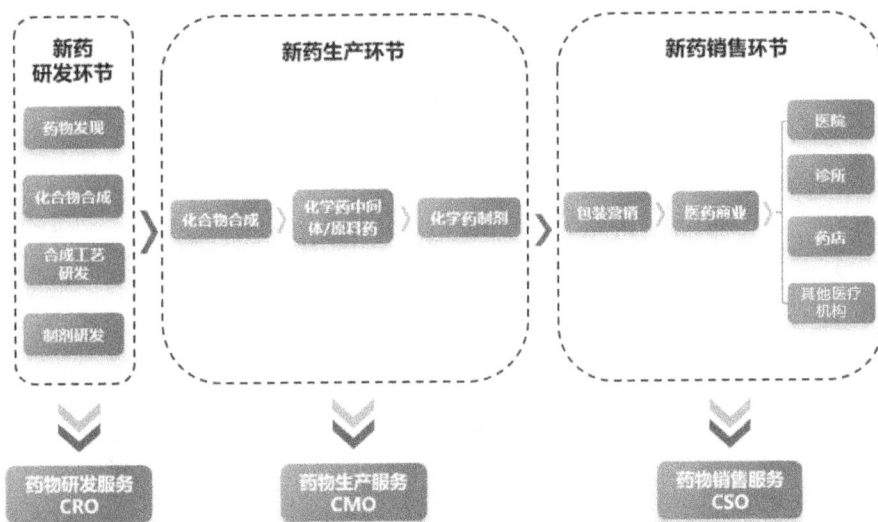

图 7-1 医药行业的外包服务的产业链

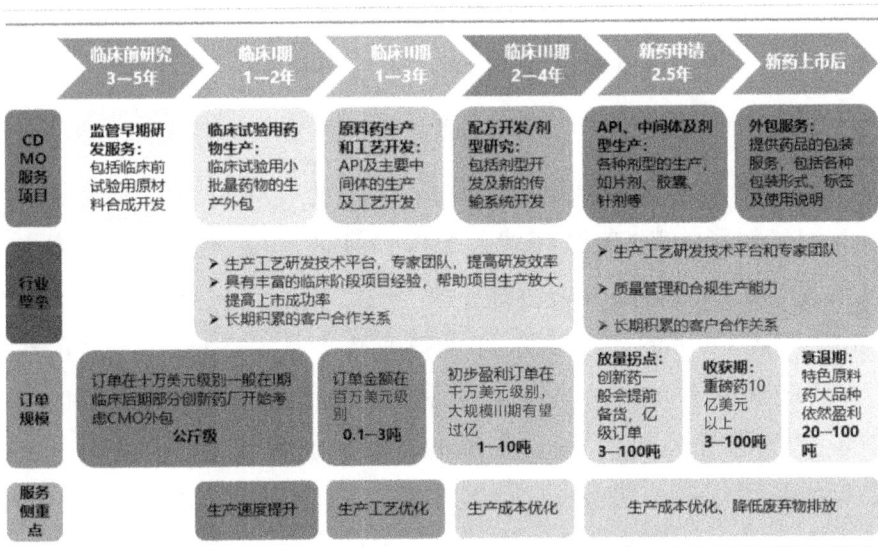

图 7-2 CDMO 公司的服务模式和产业价值链

根据光大证券研究所的数据和预测分析显示,从 2013 年到 2019 年,全球 CDMO 市场规模由 392 亿美元迅速增加到 538 亿美元,并且随着新药不断推出上市以及用药规模的不断增加,其还在持续上升,到 2024 年全球 CDMO 市场规模预计将达到 832 亿美元(见图 7-3)。

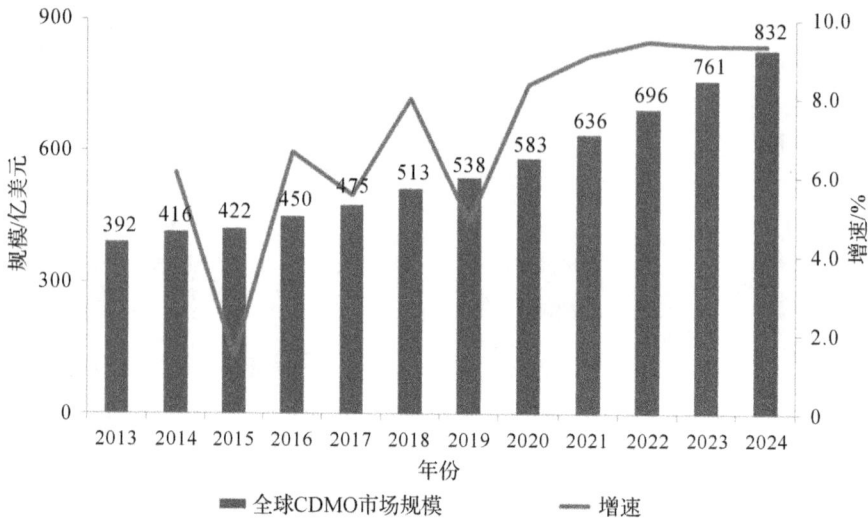

图 7-3　全球 CDMO 市场规模(2013—2024 年)

CDMO 外包模式最早应用于欧美市场,近年来受研发成本压力和环保等因素的影响,欧美医药外包服务产业正在逐步向市场潜力更大的包括我国在内的新兴市场转移。2019 年《中华人民共和国药品管理法》实施,试点 4 年的药品上市许可持有人制度(MAH 制度)正式确立。MAH 制度下,药品的上市许可和生产许可分离,激发了国内中小型创新药公司、研发机构、科研人员的发展和创新活力,为 CDMO 创造了大量的新增订单。在 MAH 制度实施之前,国内的 CDMO 企业的营业收入主要来源于国际市场,MAH 制度实施之后,国内 CDMO 企业国内的业务订单剧增。根据有关数据显示,预计到 2023 年,我国 CDMO 市场会达到 299 亿美元。届时,我国也将发展成为全球重要的 CDMO 市场之一。

在国内 CDMO 领域,目前规模实力领先的公司主要包括药明生物(药明康德子公司)、合全药业、凯莱英等。另外如博腾股份、臻格生物等也是新近涌现出来的 CDMO 领域的后起之秀。

二、CRO 公司和 CDMO 公司组织架构和考核管理

1. CRO 公司的组织架构介绍

创新药公司的各管理技术人员,无论是从与外包项目人员和 CRO 公司的合作角度,还是招聘管理具有 CRO 公司工作经验的员工,都需要对于 CRO 公司的管理组织架构和运营模式有一个全面的了解。这样才能更好地和外包项目中乙方人员保持良好的沟通交流,并确保外包项目的进度、质量和成本。

以下介绍国内外比较成熟的 CRO 公司大致组织管理架构(见图 7-4 至图 7-6),供各位读者了解参考。

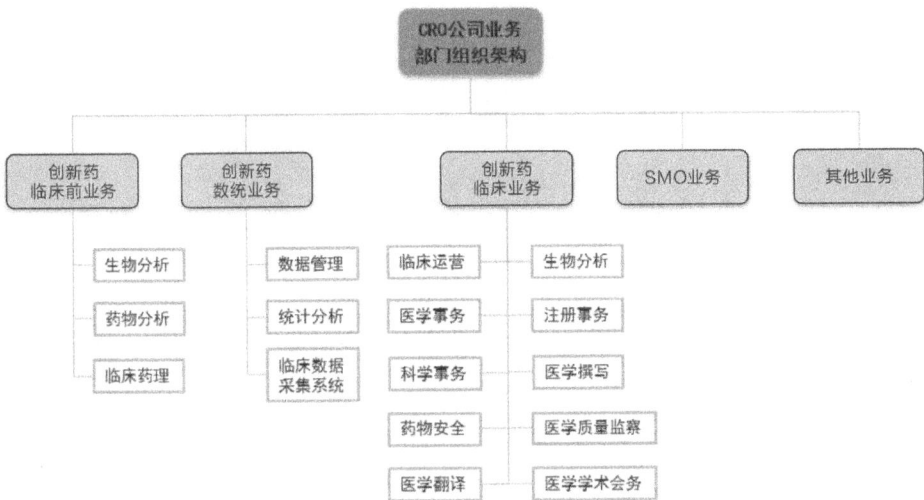

图 7-4 成熟型 CRO 公司整体业务部门组织设置

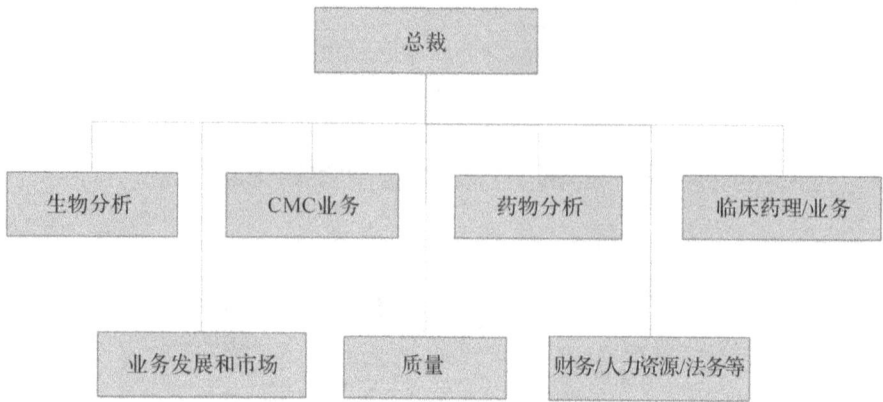

图 7-5　成熟型临床前 CRO 公司组织架构参考

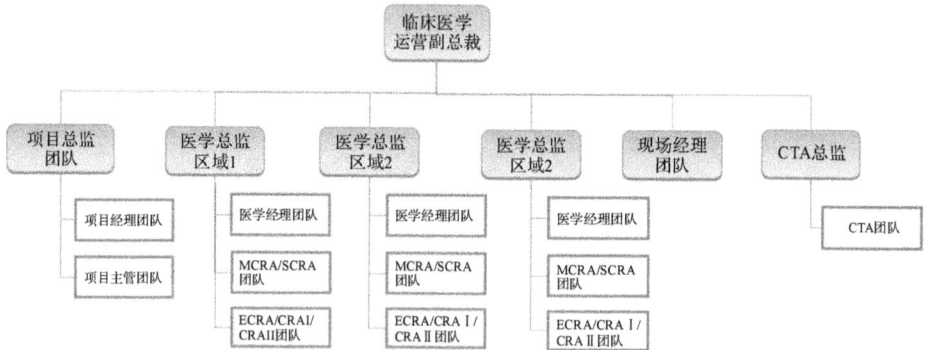

图 7-6　CRO 公司临床医学部门组织架构参考

注：上图中的医学总监/医学经理为 CRO 公司管理区域 CRA 团队的管理岗位，注重于临床运营方向，和创新药公司临床医学部的医学总监、医学经理等岗位的工作性质侧重点不同。

2.CRO 公司的考核体系介绍

CRO 公司作为医药技术服务公司，其业务模式和特点决定了公司除了不断扩大规模、提高同时承接项目的能力，还非常注重各业务部门的毛利、毛利率、人均收入和人均毛利等业务指标。CRO 公司的各管理层、项目负责人、项目成员在符合法规的前提下，将项目效率、工时（FTE）等始终放在非常重要的位置。公司对于各项目、各项目成员的考核也非常严格,因此创新药公司的相关人员在管理外包项目时也需要充分了解 CRO 公司的运营考核模式和 CRO 公司项目人员的工作思维特点,以更好地发现和解决问题,确保外包项目的良好运行。

以下以临床 CRO 公司为例,和广大读者分享介绍一些 CRO 公司对于一些临床部门和项目岗位成员考核要求的指标体系,供大家分析参考。

(1)临床运营负责人(副总裁)

①年营业收入达到 X 亿元,税前利润达到 Y 万元。

②创新药业务国内市场增长率达到 Z%。

③项目及时交付率、关键节点达成合同要求。

④外部客户满意度达到 85 分,包括申办方、机构和医院研究者等。

⑤风险控制,无重大危机事件、质量事件。

⑥其他内部队伍建设等要求。

(2)项目总监(临床运营项目)

①项目进度:所有项目进度达标。

②项目质量:所有项目质量达标率 100%。

③项目成本控制:实际成本和预算成本符合率,实际工时与预算工时的比较。

④客户满意度:满意客户数量得分/被调查客户数量得分达到 85 分。

(3)医学经理(管理临床运营项目和团队)

①项目管理计划、监查计划的及时撰写和定稿。

②各项计划的定稿质量和及时性,周报、月报的质量。

③QA、QC 发现问题后及时协同处理。

④外部客户满意度(由 BD 来反馈创新药申办方的意见)。

⑤内部客户满意度(由 QA、项目经理及其他专业业务团队反馈意见)。

3.CRO 公司和创新药公司人力资源管理模式对比

由于业务发展和运营模式的不同,创新药公司和 CRO 公司在人力资源管理方面也存在不同的侧重点和着眼点。图 7-7 和图 7-8 是笔者根据多年的实际经验总结出的 CRO 公司和创新药公司在人力资源管理领域的不同特点比较以及 CRO 公司和创新药公司对人力资源管理者的不同要求特点,以供大家参考。

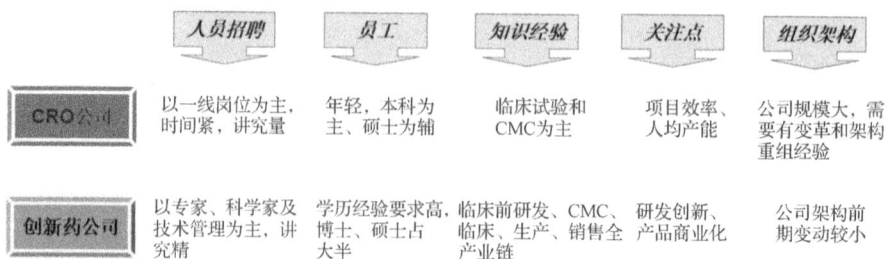

	人员招聘	员工	知识经验	关注点	组织架构
CRO公司	以一线岗位为主,时间紧,讲究量	年轻,本科为主、硕士为辅	临床试验和CMC为主	项目效率、人均产能	公司规模大,需要有变革和架构重组经验
创新药公司	以专家、科学家及技术管理为主,讲究精	学历经验要求高,博士、硕士占大半	临床前研发、CMC、临床、生产、销售全产业链	研发创新、产品商业化	公司架构前期变动较小

图 7-7　CRO 公司和创新药公司在人力资源领域不同特点比较

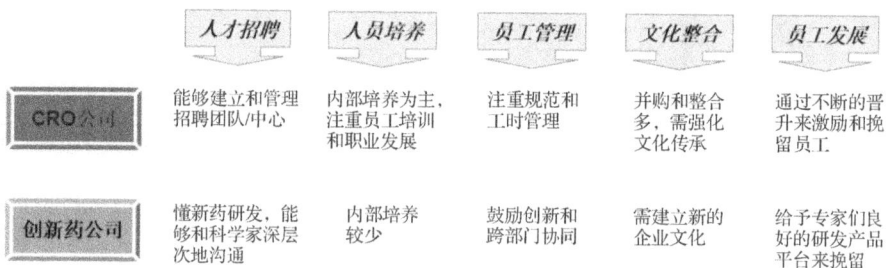

	人才招聘	人员培养	员工管理	文化整合	员工发展
CRO公司	能够建立和管理招聘团队/中心	内部培养为主,注重员工培训和职业发展	注重规范和工时管理	并购和整合多,需强化文化传承	通过不断的晋升来激励和挽留员工
创新药公司	懂新药研发,能够和科学家深层次地沟通	内部培养较少	鼓励创新和跨部门协同	需建立新的企业文化	给予专家们良好的研发产品平台来挽留

图 7-8　CRO 公司和创新药公司对人力资源管理者的不同要求

第二节　创新药公司与 CRO/CDMO 公司外包合作

一、创新药公司和 CRO 公司的不同运营模式和特点

创新药公司的战略目标和运营模式是自主研发出新药并成功上市销售(部分产品也可能会在临床前阶段或临床阶段进行商业化销售或寻求外部合作),CRO 公司的发展目标是通过不断扩大人员规模、提高项目服务能力以承接更多的项目。创新药公司和 CRO 公司作为甲乙双方不同的经营模式也决定了它们之间对于项目和人员的需求定位上

的差异。创新药公司的每一位外包项目管理和参与者都需要清晰地理解这样的差异,并能够在项目管理和对接中很好地意识到对方的思维差异并有效地、有针对性地进行良好管理,确保创新药公司的外包服务项目得到满意的结果。

图 7-9 是笔者根据创新药公司和 CRO 公司的情况总结出的其不同运营特点和关注点对比,供读者参考。

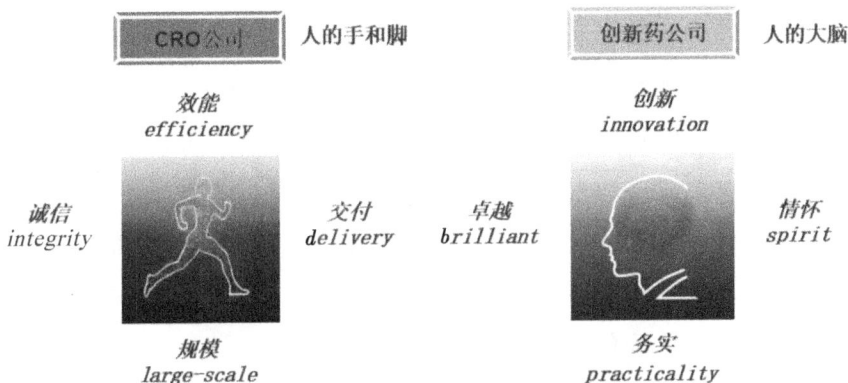

图 7-9　CRO 公司和创新药公司的不同运营特点和关注点

二、创新药公司的外包业务介绍

1. 创新药临床前研究部门的业务外包

创新药公司从创始开始,围绕新药化合物的探索发现和研究,从初始团队的几个人逐步建立团队,发展到数十人、数百人。在早期临床前研究阶段,很多工作需要外包给专业的 CRO 公司,外包的主要原因,一是很多创新药公司在发展过程中缺乏在研发各专业领域的实验室、设备材料和专业人员,或者自身的功能只能满足其中一部分的需要,二是和外部专业公司相比,其自身的工作周期较长,比如自身开展该项工作需要 1.5—2 年的周期,外部专业 CRO 公司可能仅需要 8—10 个月,能够缩短 50%—70% 的时间周期。

临床前研发的外包工作包括化学合成、毒理、药理、生物等各研究领域。对于小分子化药公司来说,由于生物方面的人才比较短缺,生物试验相对其他研究领域需要外包的情况和需求更多。

2. CMC 部门的业务外包

创新药 CMC 部门的业务外包非常广泛,外包工作领域包括分析、API、制剂等。项目外包的公司包括专门从事 CMC 方面服务的 CRO 公司和侧重于生产的 CDMO 公司。由于引入一个合格商业化生产需要大量资金投入,包括认证、工艺变更、验证批次、技术转移和注册变更等,同时相对于临床前研发和临床阶段的外包项目来说,CMC 的外包业务由于涉及后期的生产运营,对于公司产品未来上市推进的影响更加深远。因此 CMC 部门在对生产的外包项目 CMO/CDMO 公司选择的时候就会非常慎重,其外包项目的管理也会更加严格。

相对于临床前研究的外包项目注重于乙方 CRO 公司人员的创造性和发散性思维要求,CMC 部门的项目外包更加看重 CRO/CDMO 公司的技术平台,包括平台的合规性、稳定性、工艺的优化以及生产质量体系的完善合规。近些年国内发展起来了一大批优秀的 CMC 外包服务公司,使得创新药公司在选择合适的外包方时有更大的选择余地,但创新药公司在一些关键领域比如复方制剂等还会考虑国外的一些外包企业。相对来说,国外一些发达国家的体系完善,工艺稳定,质量能够得到保证,但周期较长,价格也较高。另外新冠肺炎疫情的影响也会给项目管理带来困难。

3. 临床部门的业务外包

对于创新药公司来说,产品通过 IND 进入临床试验阶段后就可以说进入了实质性的着陆冲刺阶段,前面提到创新药产品在临床阶段是最能决定新药产品上市周期的阶段,是对创新药公司的项目竞争力和公司价值市值影响最大的环节。相比于临床前和 CMC,临床阶段也是产品上市前投入最多的阶段。考虑到临床试验阶段涉及的国家法规、环节非常复杂,国内临床方面的人才特别稀缺,人员成本很高,各创新药公司较难在短时间内建立一支完整高效的临床团队以满足自身的需要,故普遍采用项目外包给 CRO 公司的模式。

临床外包项目的内容非常广泛,包括:临床试验运营(Ⅰ、Ⅱ、Ⅲ

期），药物安全、数据、统计分析、注册、医学事务撰写翻译等。由于相对于临床前和CMC，临床业务对于投入的人力数量要求更高，而对于医药设备设施和人员学历等方面的要求相对较低一些，因此市场上涌现出来的临床服务的CRO公司特别多，其在项目执行方面的能力和人员的经验水平参差不齐，因此创新药公司也非常需要拥有一支优秀的临床项目外包管理团队，以能够良好地对接沟通、管理，推动外包项目保质保量进行。

三、创新药公司外包业务存在的主要问题和风险

1.及时的沟通交流比较困难

相比于创新药公司的内部项目，外包项目的管理中双方的沟通相对要困难一些。办公区域不同，人员不够熟悉，各自体系、架构和文化的差异，导致很多外包项目在项目沟通这一重要环节会出现问题，影响项目的质量和进度。尤其在新冠肺炎疫情的环境下，面对面的沟通讨论大大减少，使得外包项目的沟通成为一个潜在的制约因素。

2.外包CRO公司和创新药公司的项目目标着眼点不同

如前面介绍的，创新药公司的项目目标是希望依靠乙方外包方良好的设施、体系、团队和丰富的项目经验，高质量地完成项目进度计划。CRO/CDMO公司的目标是在工时的预算范围内尽快完成项目的交付，双方既有共同点也有差异处。当项目中出现特殊问题时，需要创新药公司的项目管理人员很好地协调、管理、调动CRO/CDMO公司项目人员的积极性。同时在项目的推进过程中，有些对于未来产品发展推进有影响的，需要提前布局考虑的问题或信息资料，出于各种因素的考虑，可能CRO/CDMO公司的项目人员不一定都会提及，因此也就需要创新药公司的项目管理者很好地关注。

3.创新药公司的人才队伍可能跟不上外包项目发展的需要

举例说明：某创新药公司的CMC部门的分析、API、制剂三个专业团队都有外包项目在进行中，结果每次项目月度会议及项目总结中都发现，分析和制剂的外包项目质量、进度都进展顺利，而API外包项目

出现的问题比较多,经过进一步分析评估,发现其主要原因是公司 API 原有的团队人员整体较弱,团队建设和人员招聘进度缓慢,需要大力增加有经验的 API 技术管理人员。

4. CRO 公司在项目上投入和配置的人力资源不够

近些年来创新药研发在国家政策、市场资本的支持刺激下激增,CRO 公司的业务量也不断攀升,虽然 CRO 公司也在不断地扩张,但由于 CRO 公司有很多项目在同时进行,在某一个时间段或某一个专业领域,可能存在 CRO 公司投入和配置的人力资源不够,导致外包项目质量或进度受到影响的情况出现。

5. CRO 公司的人员流动率较大导致项目成员频繁变更

相比于创新药公司,CRO 公司的人员尤其是一线的项目人员由于市场需求、个人发展或项目出差较多等原因,流动性比较大,因此导致项目执行过程中人员更换现象较多。有时也会出现新人报到第一天就被安排去医院现场做项目的情况。

6. CRO 公司的项目成员能力参差不齐

CRO 公司由于发展的需要会大量招人,一般较为成熟的 CRO 公司也会有一整套人员培养的体系,但人员的培训需要一个较长的周期。由于成本和候选人意愿的关系,CRO 公司招聘来的人员中有丰富经验的资深人员占比较少,导致一些外包项目中的部分成员经验能力不足。

第三节　创新药公司如何做好外包项目管理

创新药公司做好外包项目的管理工作对于创新药的顺利推进和早日上市的重要性不言而喻,这也和内部的项目管理同等重要。许多创新药公司对于所有或部分领域的外包项目管理缺少经验,不像成熟医药公司那样有完整的体系和管理经验,因此需要全面系统地去改进提升。本节将主要从人力资源的角度去描述和分析创新药公司如何做好外包项目管理。

一、创新药公司的外包业务的招标和合同

创新药公司在选择外包 CRO 公司时,会非常看重 CRO 公司所拥有的整体专业人才队伍以及能够参加项目服务的人员经验能力。高端专业领域的医药人才是 CRO 公司的核心资产,也是高效完成 CRO 外包合同的关键。例如 CRO 公司药明康德在其公司介绍中提到:公司拥有目前全球规模最大,经验最为丰富的小分子化学药研发团队,每天平均进行逾 7000 个化学反应,这就是临床前 CRO 公司的研发实力和优势的一种体现。创新药公司可以通过各 CRO 公司研发或临床人员的数量、管理体系的规范性以及实验数据的可靠性、业内口碑以及对于本项目的经验和重视投入程度等因素大致评估判断其承接项目任务的能力,最终作为招标选择外包合作方的依据。

创新药的外包合同由临床前研发、CMC 和临床运营等业务对接部门主导和外部 CRO/CDMO 公司商谈合同事宜,由于外包合同涉及的专业性非常强,一般公司的财务和采购部门(部分创新药公司可能还没有专门采购部门,会设立 1 个专职或兼职采购岗位)较难介入参与,但公司的法务部门还是需要参与。签订重大合同前的谈判会,请法务人员一起参会,以便能够详细了解合同内容,参加合同的谈判以及最后的审核。

创新药公司外包 CRO 合同签订说明指南

1. 正常情况下,CRO 合同的乙方必须纳入创新药公司采购系统进行预先审核,纳入合格供应商名录。提交合同审核前,甲方相应的部门应当已经掌握乙方的资质、证书、人员、实验室设备等资料,确认乙方具备履行合同的条件。

2. 为了更好地把握项目进度,控制项目节点,外包合同都会设立细分节点,分列价格清单,并设立每个节点的扣钱、违约金等的情况说明。

3. 为了更好地控制项目预算成本,防止出现不必要的追加费用的

纠纷，需要清晰地在合同中说明列举需要追加费用的情况，除此之外一律不能以各种理由要求追加费用，以保护创新药公司的合法权益。

4.关于外包CRO合同按照金额、人员复杂度的分类管理，请参见表7-1，仅供各位读者参考。

表7-1　创新药公司外包CRO合同分类管理

外包合同分类	外包项目付款节点	外包项目验收和付款
金额较小或单一的研发/临床实验	可以按照预付款—实验完成付款—尾款三个节点付款	付款比例可由部门确定，需尽量降低预付款比例
金额较大或者复杂的研发/临床实验	必须按照实验/临床进程计划，设置各付款节点和验收的标准	由项目经理负责验收及付款申请工作
聘请使用CRO公司的员工进行指定研发/临床工作	按雇员数量和雇用的时间付款	项目负责人核查乙方雇员数量与雇用的时间

5.甲方的验收与付款比例，请参见表7-2，仅供参考，所有比例可以根据实际情况调整。

表7-2　创新药公司外包CRO合同验收与付款

合同阶段	CRO公司（乙方）的义务	创新药公司（甲方）验收标准	甲方付款比例
1	提供外包实验的项目计划表	乙方资质审查、乙方实验设施实验项目计划表审查	合同总金额20%—30%
2	完成实验工作50%	实验中期汇报验收确认	合同总金额30%—40%
3	完成实验工作100%	实验完成汇报验收确认	合同总金额25%—35%
4	提供全部纸质和电子版数据、文档、资料	全部纸质和电子数据、文档、资料是否符合有关部门标准	合同总金额5%—15%

6.外包合同的审批流程可参见表 7-3。

表 7-3 创新药公司外包合同审批流程说明

序号	合同审批层级	备注
1	合同申请人	流程开始
2	部门负责人	商业条款定稿
3	财务法务审核	法律及财务条款审核合同反馈流转
4	财务负责人 CFO	签批
5	总经理/CEO	

二、从人力资源管理角度助力做好外包项目管理

1.招聘人员时的考虑重点

在招聘临床前研发和 CMC 部门人员时,可以考虑尽量选择招聘有外包项目管理经验的人员。这类人员可以是在乙方 CRO 公司或者 CDMO 公司工作过的,或者在甲方工作过但是有管理外包项目工作经验的,而不是仅仅只有甲方实验室内工作经验。

2.加强项目管理培训尤其是外包项目管理培训

本书第六章第四节中详细描述介绍了创新药公司的项目管理培训,其中主要介绍了内部项目管理的培训。对于外包项目的管理培训,虽然在项目管理的九大基本方面是一致的,但由于项目的执行主体是外部公司人员,因此项目管理的方式、人员和沟通是不同的。在项目管理培训时,最好是邀请自己有丰富的项目外包管理经验,或者是有乙方高层实际项目经验的人作为讲师,给创新药公司负责外包项目管理的人员讲解培训。

3.创新药外包业务的管理和人才培养

临床前研发部门和 CMC 部门的外包项目管理,一般都会由部门专业的技术管理人员(如 API 或制剂)、部门的专业项目经理以及部门的质量管理人员共同负责管理。技术管理人员负责直接和外包方项目技

术人员讨论技术数据方案,项目经理负责外包项目的前期需求调研收集、分析、预算、进度和综合管理,质量管理人员负责对 CRO/CDMO 公司的审计、对文件合规性的审核,以及对项目的复核验收等,法务人员负责对合同的审核并参与重大合同的谈判。因此公司需要做好对于上述各岗位人员的培养和建设工作。人力资源部配合公司管理层,从人员的角度全面支持外包项目的管理工作。

三、创新药公司的外包业务的保密和知识产权保护

创新药公司在和 CRO 公司或 CDMO 公司进行业务合作时,首先需要确保自身的商业机密、知识产权受到有效的保护,因此在签订合作协议的同时(或之前)需要签订有效的保密协议,并且将保密协议的有关条款事项很好地贯彻落实于外包项目实施的整个过程和每一个成员。

以下是创新药外包项目的保密协议的常用条款样例,供各位读者参考。

1. 保密的定义范围

保密信息指由甲方直接或间接提供的所有信息,包括但不限于任何披露方公司及其母公司、子公司、分公司的信息,及其他与产品、样品、产品计划、价格、工艺、技术、研究、开发、发明、服务、客户、市场、软件、硬件、设计、图纸、工程、构造信息、营销或财务相关的信息,包括口头或书面等方式都具有保密性。

2. 保密

除由甲乙双方书面委派执行本协议目的而必须知悉该等保密信息的人员以外,接收方不得将与披露方相关的或属于披露方所有的保密信息通过任何方式披露给第三方,任何保密信息的公布均须得到披露方的事先书面同意。接收方应采取合理措施对披露方保密信息保密,避免该等保密信息被不当披露或使用,接收方若发现有误用或滥用披露方的保密信息的情形,或存在前述潜在风险时,应在第一时间将该情

形书面通知披露方。

3.保密信息公开

本协议任何一方或其各自代表人员无权擅自将另一方的公司名称、商号、商标及其他名称用作广告宣传或对外公开。未经本协议另一方的事先书面同意,本协议任何一方或其各自的代表人员不得披露本协议及其相关内容。

4.转让权利

本协议系为甲乙双方利益且约束双方,任何一方在未取得对方书面同意的前提下不得转让其在此的权利和义务。

5.关于返还或销毁信息资料

根据披露方的书面要求,接收方应及时销毁或归还甲方提供的所有保密信息。任何形式的保密信息,不论是分析、数据、论文、翻译或其他和/为接收方准备的文件,乙方应按本协议条款要求持有或根据披露方的要求销毁和/或返还该等保密信息,包括但不限于所有保密信息的原件及复印件、使用保密信息产生的书面资料以及电子版资料等并向甲方出具已返还或销毁的书面确认书和销毁或返还已完成的凭证。

6.期限

本协议中甲乙双方的保密义务应自接收方收到保密信息之日起长期持续有效,且不因本协议或者双方其他协议之目的的达成而终止。如全部或部分的秘密消息仍没有依法公开的,接收方应持续对其继续承担保密义务。

7.赔偿和补偿措施

双方承认并同意,未经授权而通过任何方式披露保密信息将会给披露方造成无法补救的损失。由于保密信息的特殊性,除其他可以采取的补救措施之外,披露方有权向具有管辖权的法院寻求禁令保护和其他补偿。无论未违约方采取或要求违约方采取任何行动或补救措施,违约方均应及时、全面地赔偿未违约方及其关联因违约而遭受的任何直接或间接的损失。

8.非弃权

本协议对双方及其继受人/公司均具有约束力且保护其合法权益。

9.适用法律

协议的解释和履行由中国法律保障管辖。本协议产生的一切争议由双方经过友好协商解决。协商不成,应提交甲方所在地仲裁委员会仲裁解决。

四、创新药公司外包业务管理的 SOP 制度建设

为了确保创新药在项目研发的整个阶段都能高效有序地推进,需要制定包括公司外包业务管理在内的研发项目管理规范制度。该制度一般由质量管理部门会同相关的研发业务部门共同制定,使公司研发、临床、生产项目能高质量、高效率地完成,实现时间节点与成本的良好管理和强有力的控制。

为了更好地说明外包项目的管理制度体系建设,以下将主要围绕CMC 的研发及临床试验供药生产项目的外包管理规范来介绍说明。各公司的外包项目管理规范不完全一致,供各位读者参考,目的是确保临床试验用药和新药注册申报的成功。

1.外包项目管理的职责分工

创新药外包项目管理的责任人主要包括:项目总负责人、项目经理和专业模块负责人。

(1)项目负责人

其全面负责项目研发过程的整体运作,与项目经理及专业模块负责人共同完成外包项目的需求计划制定、预算分析、外包供应商的评估和调研考察、风险评估与控制等。负责外包项目的阶段性进展汇总与质量把控,项目进度汇报与总结,相关项目文件及申报资料的审核等。

(2)项目经理

其负责外包项目执行过程中的协调与配合工作,包含但不限于计划制定与进程跟踪,与项目负责人共同把控时间节点,配合项目负责人

统筹外包项目资源与费用预算。负责外包项目的风险预测与控制协调各功能板块，与项目组成员共同推进项目。建立与外包执行方项目成员的定期良好的沟通交流。组织内外部的项目会议，与项目负责人配合完成项目汇报、外包项目费用审核支付、项目总结与外包项目相关收尾验收等工作。

（3）专业模块负责人

其负责各自专业领域具体外包研发项目工作的日常实施与管理，包括但不限于各自领域涉及的外包供应商技术资质考察、合同谈判定价、洽谈签约、进度跟踪与付款流程，外包项目方案设计与优化、物料管理、数据分析与审核、文件起草与修订审核等；配合项目负责人和项目经理共同完成新药申报所需要的外包项目各项工作。

2. 外包项目的需求调研和立项

根据创新药公司在研的产品特点、技术创新点、市场需求容量、国内国外专利情况、竞争对手产品情况、商业机会的分析等情况因素，分析确定项目在 CMC 阶段的成本预算，其中包括细分的 API 起始物料、中间体、API 生产、制剂生产成本、环保情况、其他成本，初步确定未来的定价以及预期盈利情况。

根据上述情况进行外包项目市场供应商的分析调研和必要的实地考察，分析列举对比可委托的 CRO/CDMO 外包公司目前技术能力能否达到产品质量要求、生产能力等。确定外包项目开发的时间周期。制定相关的立项报告，报告的内容也需要涵盖临床前研究、临床医学、注册等各部门的立项情况。在公司确定立项后，根据公司的立项批准报告开展 CMC 部门的项目外包具体工作。

3. 外包项目组成立和项目计划

（1）项目组组建和外包方确定

确定项目组成员以及大致的分工，项目负责人主要负责项目的原料药和制剂，项目组成员负责原料药和制剂的工艺研究、中试研究、质量研究等相关方面的工作。

根据 CMC 项目合同外包服务公司评估筛选的结果及管理流程进

行外包公司筛选,确定委托的 CRO/CDMO 外包合作公司。

(2)项目计划的确定

外包项目的项目经理制定详细的项目实施计划,包括但不限于项目工作目标、项目内容范围、项目起始时间、交付内容、项目费用、本公司和 CRO/CDMO 公司的整个项目负责人和各细分项目负责人以及项目成员等。项目负责人及其项目组成员讨论确认项目计划的可行性,并根据需要调整。

外包项目计划生效后,CMC 部门发起项目计划讨论会议,项目相关的分析、制剂、API、注册、项目管理、质量相关人员和管理层相关负责人参加,传达落实项目计划。

4. 外包项目的实施

(1)项目启动

项目经理负责组织安排项目启动会,公司和委托外包项目相关的分析、制剂、API、注册、项目管理、质量人员和相关管理层参加。会议主要讨论项目计划各项细节,任务和各项交付内容,明确项目时间节点。项目组成员需要熟悉并理解项目的研发背景和研发目的,以达到高效率、高质量、合理控制成本的项目执行目标。会议由项目经理起草会议纪要,项目负责人审阅批准后生效。

(2)项目监督管理

外包项目在项目执行过程中的各种研发方案由公司项目组成员或外包 CRO/CDMO 公司起草,项目负责人审阅,同时质量管理人员还需要对其中涉及临床用样品制备和原料药制备的质量研究和生产方案文件进行相应的审批。

外包项目负责人应全程监管项目的实施过程,定期和内部项目组成员及 CRO/CDMO 公司讨论具体项目细节。项目经理应定期统计和更新项目进度,协调各部门工作安排。

外包项目执行过程中的各种研发报告由公司项目组成员或 CRO/CDMO 公司项目组成员起草,项目负责人负责审阅。同时公司质量管理人员还将对涉及临床用样品制备和原料药制备的质量研究和生产报告文件进行审批。

（3）项目汇报

项目按照计划实施，每月定期召开外包项目会议，每周项目经理进行书面的项目汇报，汇报内容主要包括项目进展、已完成情况、需要内部外部协调的地方、关键节点把控、风险讨论等。

5.外包项目的验收、总结和归档

（1）项目的验收

外包项目根据当时签订的合同和制定的项目计划对项目进行验收。项目负责人协同项目经理、专业模块负责人对项目工作内容进行全面梳理以确认项目工作内容全部良好完成。同时项目负责人协同项目经理、专业模块负责人对项目文件进行验收，保证项目所有原始记录、数据、方案、报告、方法文件、生产批记录、生产总结以及各种相关证明文件齐全齐整。

项目负责人需协同项目经理和质量管理人员对项目的产品交付品进行验收。由 CRO/CDMO 公司相关人员先进行验收并出具相关的检测分析说明报告，公司项目负责人协同项目经理和 QA 对成品检测原始记录和检测报告进行相关的审核，必要时也可以委托第三方专业的机构进行检测验证。

（2）项目的总结

原则上外包项目的项目组成员需要对所有研发细分项目都形成正式报告，出具研发报告或研发小结。由 CRO/CDMO 公司相关项目人员出具项目总结报告，项目负责人进行审阅，并最终进行文件的正式归档，以确保满足后续项目资料审核的要求。外包项目达到原定目标，并且完成所有外包项目工作任务，所有原始记录和资料都归档完毕后，该外包项目组解散。项目成员参与新的项目工作任务。

（3）项目文件归档

创新药的项目推进工作是一个前后紧密联系、相互依存的过程，各研发临床阶段的工作文件都非常重要，需要很好地存档备查。外包项目中由项目经理支持项目负责人对项目文件进行收集，文件包含外包项目合同、外包合作方资质文件、研究方案、原始记录、物料档案、总结分析报告、证明性材料、审计记录与报告以及相关支持性文件等。外包项目的文件最终由工时的质量管理部门来负责进行归档和日常管理。

6. 外包项目的变更、暂停和终止

(1)项目的变更

外包项目如因政府政策或公司决策等特殊原因,需要进行变更,且变更之后会影响项目整体预算和周期的,由项目负责人经过公司专门的管理委员会讨论通过后,对项目计划进行变更,并需要召开项目变更会议。外包项目相关的分析、制剂、API、注册、项目管理、质量人员、相关管理负责人和外包方项目负责人参加,以讨论确定项目变更计划。

(2)项目的暂停

外包项目如因政府政策或公司决策等特殊原因,需要较长时间的(一般为一年以上)暂停,外包项目组需将暂停前所有研究资料和记录归档完毕,和外包委托的 CRO/CDMO 公司结清相关费用,签订项目暂停协议。外包项目组可临时解散,当该外包项目需要重新启动时,可以继续沿用原外包项目组的成员。

(3)项目的终止

外包项目如因政府政策或公司决策等特殊原因,需要终止后续研究,由项目负责人经过公司专门的管理委员会讨论通过后,项目组将所有研究资料和记录归档完毕,外包项目组解散。和外包委托的 CRO/CDMO 公司结清相关费用,签订项目终止协议。保密等事项按照之前和外包公司签订的协议执行。

第八章 探索与情怀
创新药公司需要什么样的员工

第一节 创新药公司的企业与员工特质

一、创新药公司的企业管理特质和目标

创新药公司的企业特质,可以从创新和药这两个方面去理解。公司首先是一个创新型的公司,一切都是从无到有,从小到大,快速成长,快速发展,需要经历从 0 到 1 的发展历程。没有人员可以快速搭建团队,没有体系的需要尽快建立完善的制度体系,没有足够的实验室和厂房的可以外包给 CRO 和 CDMO 公司。其次是医药公司,一切都需要围绕药的科学性、专业性来研发、管理,按照药物和生命的原理去探索、发现。

近几年来创新药公司如雨后春笋般涌现,有的非常成功,有的举步维艰,有的辉煌一时又逐步没落。究其原因,除了产品技术方面和资金支持方面的因素外,管理理念、管理定位方面的原因也很多。对于一个成功并能够持续前进的创新药公司来说,公司的决策管理层需要特别重视公司以下几个方面的问题并相应地建立起良好的企业工作氛围。

1.真正重视人才

创新药的竞争本质是人才竞争,创始团队要真正重视人才,了解行业快速发展下的人才待遇、股权激励等相关情况,关注核心团队组建,关注人力资源工作,定期进行人才盘点。

2.开放进取的管理态度

创新药公司的发展节奏非常快,以月、以周计的不同阶段对于人员的要求也不尽相同,因此各级管理者需要保持开放积极的心态。对外需要开放,根据公司发展的阶段情况,持续引进优秀的人才、项目和管理体系。对内部需要建立进取奋斗的企业文化和精神,鼓励内部良好的竞争,及时激励有突出贡献的员工,很好地挽留住有贡献、有竞争力的优秀人才。需要杜绝妒贤嫉能的不良思想倾向。

3.长远发展的管理策略

创新药公司发展迅速,时刻面临困难挑战和内外部变化,只有那些有长远战略规划,坚持长期目标,不片面追求短期利益目标的公司才能走得更远。比如对于研发产品管线的管理布局,在考虑部分在研产品权益外销的同时,必须坚持自己的主要产品长期发展策略,坚持产品上市生产销售,成为真正成功的医药企业。

4.良好的风险防范管理意识

创新药公司成立时间相对较短,人员规模一般较小,小公司往往存在一些小公司的常见问题和风险,这些问题风险主要表现为:

(1)决策风险控制不够,在快速决策的同时随意性也会比较强。

(2)创业管理团队凝聚力不够,导致在人才、技术和产品项目方面持久力不够。

(3)公司的制度体系建设不够,缺少有效的体系和纪律。

5.在发展过程中避免沾染“大”公司的通病

随着创新药公司的不断发展,人员不断增加,管理层级也增多。不少老人新人都会逐步丢失初创时的传统,出现“大”公司的一些通病,比如出现官僚主义,决策效率低,追求奢华,岗位配置不够紧凑,管理层领导“只动嘴不动手”等,甚至会出现一些内部相互推诿责任,内部矛盾斗争等现象。

6.坚持长期艰苦奋斗的精神

创新药公司长期处于创新创业期,不能"小富即安",丧失奋斗和进取的精神动力。

二、创新药公司需要什么样的员工

创新药公司需要什么样的员工?对于这个问题可能100个创始人或CEO有100个答案,但是这些答案中一定有很多共同点和相似之处。下面就创新药公司需要什么样特质的员工作一些剖析和介绍,以帮助创新药公司各创始人、投资方、管理者和人力资源部更好地去寻找这样的员工、培养出更多具备这些特质的员工来。

1.较强的好奇心和学习能力

之所以把这一条排在第一位是因为创新药公司从事的是新药研发,是一个探索性的工作,一个新事物、新产品的诞生需要很多新思路、新技术、新方法和新实践,尤其是针对人体生命结构的疾病领域,有着无数的未知奥秘。因此每一个新药产品化合物的发现、每一个工艺研究、每一个临床试验、每一次剂量爬坡都可能是全新的,即使你已经拥有很多的既往经验,你还是需要有不断学习的精神,保持好奇心,才能适应创新药公司的需要。

创新药公司经常会遇到这样的情况,他们招聘的研究技术人员往往在某一方面有一定的经验,甚至是博士。比如某创新药公司早期临床部招聘了一位博士开展临床药理工作,其在基因检测方面有良好的经验。但是在试用期工作中,发现该员工在自我学习动力和能力、扩展知识面方面非常欠缺,难以适应部门工作需要和创新药企业工作环境。经过部门主管领导和人力资源部门共同讨论,给他制定了一个定期的自我学习改进计划,促使该员工能够尽快适应创新药公司和部门发展的需要。

2.共进退共存亡的合作精神

每个企业的员工都需要有良好的合作精神,在创新药公司就更加需要有良好的合作精神,可以把它提高到共进退共存亡的高度。因为创新药从早期临床前研究、CMC 工艺开发、医学临床、注册申报一路走来可以说是"路漫漫",充满艰辛。每一个环节都很专业,都不能出一点差错。一个环节掉链子,轻则产品推进受阻,重则导致产品失败,别人的努力付诸东流。因此员工一定要有高度的合作精神,将自己的事情做到极致,将专业的问题交给专业的人员去解决并尊重其他部门人员的工作和决定。那些没有团队精神,只从本人或本部门角度考虑问题或只追求本人、本部门利益的员工是创新药公司坚决不能使用的。

3. 有精神追求和理想情怀

新药的研发是一个投入大、周期长、风险高的工作,充满了艰辛和不确定性。同时新药研发是一个造福于人类健康的崇高光荣的事业。只有那些具备一定理想的员工才能保持长期的工作热情,只有那些有一定情怀的中高技术管理层才能不过于看重短期的眼前利益,也只有一群有着理想追求的人才能汇聚在一起克服困难不断前行。因此创新药公司还是非常看重并需要培养员工做创新药的理想和情怀的。

4. 诚信科学的精神

生命科学领域是极其复杂、具高度挑战的领域,很多疾病的机理还未被攻克。一方面需要努力探索科学,不断积累才能成为某个领域的专家,另一方面也要尊重科学、敬畏生命。并不是所有的疾病都能够通过药物治疗,新药的目标是不断在原有基础上提高治疗的效果、延长生命的周期。所有的员工都需要遵循实事求是的原则。工作中必须科学诚信,不能有任何不真实的、虚假的东西出现。

5. 胸怀宽广

作为创新药公司的员工,尤其是管理者,需要有更加宽广的胸怀,能够引入在某些方面比自己强的优秀人才,这样公司的发展才能大大加快。在创新药公司只有专业化的分工,没有权力的分配和把控。专业化不是自我,是各司其职、相互合作支持。那些过于自我、权力欲过强的人,一定不是创新药公司所需要的员工。

第二节 如何建设创新药公司的企业文化

一、创新药公司企业文化的重要性

创新药公司的创始人在创立公司的时候,一定对企业的使命、愿景和价值观有着一种目标、认知和想法。初创团队对于这些目标和想法一定会有一个基本的共识,围绕这些使命愿景和价值观共同向前。但随着公司不断发展,人员不断增加,其核心企业文化和理念就会被不断地稀释、淡化。甚至来自五湖四海的员工会带来各种不同的、不好的企业文化,影响到原有健康的企业文化。大部分创新药公司对于新入职员工只进行一般的公司制度和基本的技术培训,没有安排进行专门的企业文化方面的培训学习。因此人力资源部作为创新药公司企业文化建设的主导部门,需要及时提炼建立适合本公司特点的企业文化,并在公司管理层的大力支持下,不断地宣传、贯彻和弘扬公司的企业文化,使其成为创新药公司不断前行的精神动力和思想源泉。

近年来国家相关管理机构对于各企业文化的建设也是越来越重视,2010 年制定的《企业内部控制应用指引》第 5 号——企业文化中第一章第二条提到:

企业文化,是指企业在生产经营实践中逐步形成的、为整体团队所认同并遵守的价值观、经营理念和企业精神,以及在此基础上形成的行为规范的总称。

第三条提到良好企业文化缺失可能导致的风险:

加强企业文化建设至少应当关注下列风险:

（一）缺乏积极向上的企业文化，可能导致员工丧失对企业的信心和认同感，企业缺乏凝聚力和竞争力。

（二）缺乏开拓创新、团队协作和风险意识，可能导致企业发展目标难以实现，影响可持续发展。

（三）缺乏诚实守信的经营理念，可能导致舞弊事件的发生，造成企业损失，影响企业信誉。

（四）忽视企业间的文化差异和理念冲突，可能导致并购重组失败。

在内部控制指引中，对于企业文化的建设也提出了明确的要求：

第四条　企业应当采取切实有效的措施，积极培育具有自身特色的企业文化，引导和规范员工行为，打造以主业为核心的企业品牌，形成整体团队的向心力，促进企业长远发展。

第五条　企业应当培育体现企业特色的发展愿景、积极向上的价值观、诚实守信的经营理念、履行社会责任和开拓创新的企业精神，以及团队协作和风险防范意识。

二、创新药公司的企业文化建立和推进

对于一个初创型的创新药公司或者未建立系统企业文化的创新药公司来说，首先需要明确企业的核心文化价值观，包括企业的使命、愿景、价值观等。这些简洁明确的核心内容和企业的产品一样能够成为创新药公司的标志，让每一位员工感到自豪并能够牢记落实到日常的工作行动中去。

1.企业文化的定义

我们先来看看作为创新药企业主要驱动因素的企业使命、愿景和价值观的概念和定义：

（1）企业使命（corporate mission）：企业经营的范围、提供的服务，以及对客户的价值所在。

（2）企业愿景（corporate vision）：企业未来想达到的境界或成为的模样。

（3）企业价值观（corporate values）：企业经营的基本理念。

例如作为创新药公司的重要企业之一，江苏恒瑞医药股份有限公司在国内已经有 8 款新药上市，他们企业的愿景和使命分别为：

（1）愿景：科技为本，为人类创造健康生活；

（2）使命：以做中国人的专利制药企业为使命，为打造中国跨国制药集团而努力。

2.创新药公司企业文化建立的过程和一般步骤

创新药公司企业文化如何塑造，如何传递给员工，这都是人力资源部需要面对的任务和难题。创新药公司人力资源部应着手进行企业文化的建设工作，其工作主要可以分为三个步骤：第一步是确定公司企业文化的内容。第二步是积极宣传、弘扬企业文化核心价值观，让每一位员工都熟知牢记公司的核心文化。第三步是将企业文化落实到员工的年度绩效考核和选拔晋升工作中去。

以下是创新药公司人力资源部建立公司企业文化的常用步骤和方式。

（1）内部培训和介绍

首先给公司的中高层管理人员、技术骨干进行一次关于企业文化的专题培训，介绍企业文化的概念、定义和重要性，并分享一些国内外知名企业的企业文化样例，使大家对于企业文化建设能够初步达成共识。

（2）进行企业文化的内部征集和访谈

对于创新药公司的企业文化最有感知的是公司的创始人、高管团队和老员工。因此人力资源部进行企业文化的征集和访谈的重点是上述群体，通过广泛的征集和访谈交流，收集公司企业文化最为初始的、深深扎根于员工心目中的那种文化基因。

（3）人力资源部归纳整理和汇总

人力资源部将征集和访谈到的信息进行归纳整理，并结合外部最佳实践和自身的经验，形成一个完整的报告方案，交由公司的决策层讨论。

（4）和高层管理者讨论确定

各高层管理者对于企业文化的认知和理解也会有差异，通过讨论、交流和碰撞，达成最终的一致的创新药公司企业文化核心精髓。

（5）企业文化的公布

企业文化是企业最为重要的制度体系，也是和每一位员工日常工作行为息息相关的，一般都会选择一个较为正式的场合向员工公布。可以在公司的周年庆、年会、新药产品重大进程节点等场合推出，以增强员工的自豪感和认可接受度。

（6）企业文化的宣传、贯彻和落实

对于创新药公司的企业文化，尤其是核心价值观，如常见的创新、奋斗、合作等，都希望能贯彻落实到每一位员工日常的工作思维、言行中去。在招聘、培训、公司/部门会议、考核评估与晋升、各项文化活动等方面积极实践企业文化，积极宣传、鼓励、弘扬企业文化核心价值观。具体而言，在公司人力资源部的主导下，可以在招聘广告、渠道过程中传播企业文化，吸引有共同文化理念的优秀人才加入公司。将企业文化纳入新员工培训和公司内部培训学习等培训体系中，使新人能够尽快地理解接纳企业文化。通过各种团队活动加强思想团建，让员工加深对企业文化的了解，和创新药的梦想结合起来，共同发展、共创未来。在企业年会、内部展览活动或其他的晋升表彰活动中树立优秀文化标杆员工，让企业文化得以深化、弘扬。让每一位创新药公司的员工，无论是老员工还是新员工都实现对企业文化从认识到信服再到行动的"三步曲"。

（7）将企业文化纳入员工的绩效考核和选拔晋升

关于将企业文化纳入每一位员工的绩效考核，本书在第五章第一节及第二节中已经详细描述了，在此就不再赘述。

(8)创新药公司对于员工的文化要求

创新药公司对员工的专业度要求高、工作强度高、发展变化节奏快,因此尽管每一个创新药公司的企业文化各不相同,但在企业文化建设和实施过程中,都应该能够体现以下几点:一是公平竞争,创建良好的向上竞争环境,让优秀、有能力的人最大限度地发挥潜能、脱颖而出。二是关心爱护,让员工都能感受到公司以人为本,从而留住员工。三是激励支持,奖励业绩出色的员工,支持员工不断进步。

三、创新药公司企业文化建设案例

某创新药公司自创立以来,经过几年的发展,已经完成 A 轮和 B 轮融资,产品已有两款进入临床阶段,人员发展到近百人。公司新到岗的人力资源总监的重要任务之一就是从无到有、从 0 到 1 建立起公司的企业文化体系。经过和公司管理层的充分沟通讨论,企业文化建设工作正式启动。

1. 制定发布企业文化核心价值观调研问卷

对公司所有的中层管理人员、技术骨干和所有加入公司一年以上的老员工发出企业文化核心价值观调查征询问卷,其问卷调研占全员人数比达到 70% 以上。以下是调研问卷。

企业文化核心价值观调研问卷

尊敬的公司员工:

您好!感谢您在百忙之中参加公司企业文化调研问卷,本次问卷目的在于让大家共同参与公司企业文化的提炼和建立工作,传承、认同、发扬优秀的企业文化核心价值观,为企业文化建设、为相关措施的制定和完善群策群力。完成本问卷大约需要 10—20 分钟。

在收到调研问卷的三周内,公司人力资源部将会同公司管理层一起,根据问卷表反馈的信息情况,结合企业发展情况,归纳整理、总结提炼出公司的企业文化核心价值观并在员工大会上对员工进行宣讲说明。

谢谢您的大力配合支持,祝您身体健康、工作顺利!

姓名:_____   岗位:_____   部门:_____

加入公司时间:_____   填写日期:_____

(一)公司愿景(company vision):企业未来想达到的境界或成为的模样

您觉得我们公司的愿景是什么?

```


```

(二)公司使命(company vision):企业经营的范围、提供的服务,以及对客户的价值所在。

您觉得我们公司的使命是什么?

```


```

(三)公司价值观(values):企业经营的基本理念。

您觉得企业价值观是什么?

```


```

（四）根据您对于公司独特企业文化的理解，请选出你认为最重要的几个选项。（可添加新内容）[多选题]

□ 创新 　　□ 合作 　　□ 热情 　　□ 进取

□ 诚信 　　□ 敬业 　　□ 勤奋 　　□ 开放

□ ＿＿＿＿ 　□ ＿＿＿＿ 　□ ＿＿＿＿ 　□ ＿＿＿＿

□ ＿＿＿＿

□ ＿＿＿＿ 　□ ＿＿＿＿ 　□ ＿＿＿＿ 　□ ＿＿＿＿

□ ＿＿＿＿

（五）您对于公司企业文化建设的建议意见。（如有，可以写在下方）

```




```

2. 企业文化调查问卷收集汇总

这次公司企业文化调研问卷得到了创新药公司员工的大力支持，问卷及时回收率达到了100%。很多员工回顾描述了加入公司的历程和感受，并提出了许多好的意见和建议。

根据人力资源部团队的仔细阅读，精选出愿景、使命和价值观每一项各十条优秀的符合企业特点的建议，具体如下。

（1）关于公司愿景的建议

①成为一家信誉良好并备受尊重的创新型制药公司，满足人们对新药的需求。

②成为在新药领域独树一帜的创新药公司。

③成为综合性制药公司，在数个重点的适应证领域，做到中国最佳、全球前列，为中国和全球提供最好的治疗性药物。

④聚焦重大未满足临床需求，同时具有深度创新力和卓越执行力的新药公司。

⑤专注于研发满足临床急需的包括抗肿瘤的新药研发的领导企业。

⑥成为中国最有影响力的创新型医药企业。

⑦共享创新,共赢未来,成为国内一流、国际领先的医药公司。

⑧成为小分子化药研发、生产、销售的国内顶尖企业。

⑨一家患者信赖和首选使用的生物医药企业。

⑩拥有持续创新能力的药企,在创新药领域不可或缺。

(2)关于公司使命的建议

①探索发现医药创新技术,造福全人类健康。

②做出真正的 first-in-class(原研药) 和 best-in-class(仿制创新药),解决患者未满足的需求。

③将资金、技术和管理完美结合,研发出新型药物。

④创新做研发,用心做好药,解决人类最迫切的医疗需要。

⑤为发展中国的创新药事业做出我们的贡献。

⑥立足于自主创新、自主知识产权,和时间赛跑,造福患者。

⑦研发提供创新药物,让全球受病痛折磨的患者用上好药。

⑧在我们专注的领域研发出高质量的创新药物。

⑨研发出高性价比的药,填补某些领域用药空白,造福于人类。

⑩以高度的社会责任感和专业的技术开发,提供高品质的创新药。

(3)关于公司核心价值观的建议

①创新奋斗、踏实探索、合作共赢。

②崇尚创新、崇尚竞争、注重合作。

③科学精神,尊重每一个生命个体。

④诚信、敬业、团结、共赢。

⑤共赴奋斗历程,共享创新成果。

⑥创新、协作、奋斗进取、包容开放。

⑦创新、高效、诚信、合作。

⑧自主、严谨、高效、协作。

⑨科学、创新、质量、效率。

⑩追求卓越、聚焦创新。

这次针对创新药企业文化核心价值观的调研问卷中,认为重要的价值观排在前五位的分别是创新(61 人次,占 63%)、合作/协作(46 人次,占 47%)、奋斗进取(42 人次,占 43%)、诚信(39 人次,占 40%)、远见(32 人次,占 33%)。

3.企业文化的讨论提炼

经过前期调研问卷收集分析以及内部访谈,人力资源部完成了分析报告方案,通过和公司最高管理层的反复讨论,最终形成了如图 8-1 所示的创新药公司的使命、愿景和价值观,并在员工大会上公布,得到了广大员工积极的响应和支持。

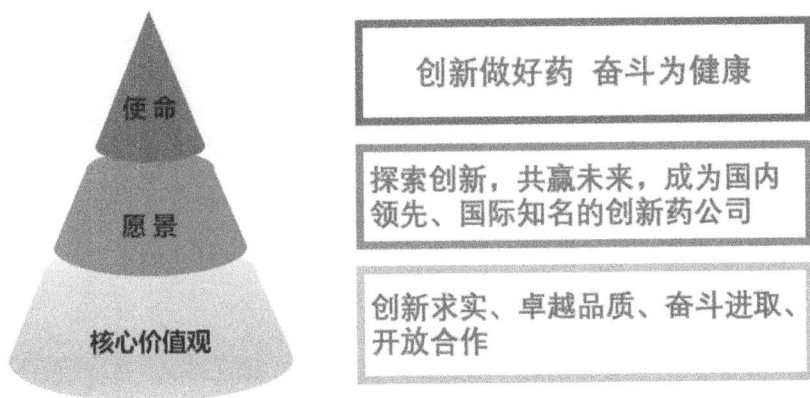

使命　创新做好药　奋斗为健康

愿景　探索创新,共赢未来,成为国内领先、国际知名的创新药公司

核心价值观　创新求实、卓越品质、奋斗进取、开放合作

图 8-1　创新药公司的使命、愿景和价值观样例

4.企业文化的行为细化和评估标准

为了让各级管理层和每一位员工能够更好地理解公司的核心文化价值观,将其贯彻落实到日常的工作行为表现中去,同时也为了在员工绩效考核评估中能够帮助各级管理者很好地进行评估,人力资源部还进一步制定了公司核心价值观行为考核指导表,进一步地深化贯彻落实企业核心价值观,具体内容请见表 8-1。

表 8-1　创新药公司核心价值观行为考核指导表（部分）

评估项目	核心价值观	行为表现细则	权重占比	评分等级标准
通用目标 20%	创新求实	1. 作为创新药公司员工，能够理解新药工作的复杂性并能对面对激烈的行业竞争。 2. 具有科学探索精神，开拓意识和勇于面对工作上的挑战和困难，以创新为公司创造价值。 3. 拥有创新精神，开拓意识和开放的思维。拥抱变化，持续优化工作流程体系。 4. 工作中做到实事求是，真实反映客观情况，冷静公正地判断和处理事务。 5. 尊重知识，尊重专家，不以非专业替专业来思考或做效率的决定。	5%	【1.2 标准】6 分 是该项核心价值观行为的榜样，在该方面有突出的表现。能够起到该行为表率作用，在日常工作中主动引导同事遵守该核心价值观，可受到公司的表彰。
	卓越品质	1. 充分理解公司的使命、愿景和做药的初衷，保持学习能力和不断前行的动力。 2. 永远保持创新药的韧劲和旺盛的生命力。 3. 保持良好出色的思考能力，能够不断总结工作经验，持续改进提升自己的工作。 4. 热爱公司和药品工作，愿意付出额外的努力，具有精益求精的精神。 5. 重视工作质量，进度和成本控制，努力以结果为导向，具有高效执行力。	5%	【1.0 标准】5 分 行为完全符合细则要求，行为表现优。能够在整个工作期间严格遵守该项行为要求，并能够在必要时帮助他人改进该项核心价值观相关行为。
	奋斗进取	1. 拥有创新药公司工作的理想情怀和长期的工作热情。 2. 具有优良的学习精神，能够不断地提升自己的工作能力。 3. 将工作当作一项事业，有责任心，对结果负责，不满足于过去的成绩。 4. 具有自我挑战和突破精神，有抱负，不抱怨，以解决问题为导向。 5. 有良好的风险意识，能够主动防范公司可能面临的风险和损失。	5%	【0.8 标准】4 分 表现合格，能够在整个日常工作期间遵守该项的核心价值观行为要求，表现中规中矩。
	开放合作	1. 能够良好地进行跨部门的合作沟通，充分尊重对方，具有良好的合作精神。 2. 愿意帮助公司共同成长和发展，努力营造良好的工作氛围，尊重上下级和同事。 3. 充分了解自己的发展方向，决不让本岗位影响或者整个工作。 4. 注重团队发展，为公司的发展贡献，培养人才。 5. 积极发表建设性意见，乐于分享知识和经验，主动给同事以必要的帮助和支持。	5%	【0.6 标准】3 分 表现有待改进和提高，在日常工作中能够很好地学习理解该项核心价值观的要求。尚未造成不良影响。 【0 标准】0 分 行为表现不佳，在日常工作中不能遵守公司该方面的要求。有对公司或团队造成不良影响或者损失的行为，需要在这方面定期改善。

第九章 卓越与发展
创新药公司的培训学习和人才发展

创新药公司新药研究开发的过程是一个长期科学探索的过程,需要不断突破、学习、提升。如何在创新药公司的发展过程中逐步建立适合自身特点的培训学习体系和人才培养发展体系,不断为企业的发展和产品的推进从内部提供优秀的团队是创新药公司各管理层和人力资源部门的重要任务之一。本章将围绕创新药公司的培训学习和人才培养发展的内容和特点作深入的分析和说明。

第一节 创新药公司的培训学习体系

创新药公司的企业文化是创新、追求卓越和不断探索学习,因此非常注重员工的培训和自我学习。很多创新药公司的企业文化中都会体现出培训学习方面的指引和追求,以下是某创新药公司在企业文化核心价值观行为要求中提到的关于培训学习方面的六点内容,现摘录收集如下,以此举例说明创新药公司对于培训学习的重视程度:

(1)具有良好的学习精神,能够不断地提高自己的专业化知识和工作能力;

(2)乐于分享知识经验,积极发表建设性意见;

(3)积极参与和全力支持公司的培训学习活动;

（4）尊重知识、尊重专家，乐于听取各方面专家的意见；

（5）时刻保持自己良好的学习能力；

（6）具有科学探索的精神。

一、创新药公司新员工培训

国内大部分创新药公司成立时间较短，大量招聘扩充人员，新员工占比较大。这些新员工来自五湖四海，包括外资医药公司、国内医药公司、国内其他创新药公司、各 CRO/CDMO 公司、相关的各医药研究机构和高校应届毕业生等。他们各自的背景、文化理念和习惯差异很大，其融合是创新药公司各级管理层和人力资源部面临的重大挑战。通过系统、良好的新员工培训和导师带教，可以帮助新员工快速地融入公司，更好地了解公司的历史、文化、业务和制度，树立、传承优良的企业价值观，同时也能够加强各部门新员工之间的交流。

1. 创新药公司新员工培训的特点

创新药公司的新员工培训可以根据公司自身的特点来设计安排培训课程内容和形式。为了更好地体现出创新药公司的业务产品和文化特点，在新员工培训时需要关注并能够体现出以下几个特点。

（1）创新药的专业性课程

每一位创新药公司的员工，即使他们来自各个部门，都需要对创新药的专业性、业务流程和新药是如何做出来的有一个清晰的认识，这样才能在各自的工作中给创新药公司以最大的支持和助力。因此新员工培训中最好包含以下一些专业的课程内容：临床前研究、CMC、临床医学、注册、新药工程和生产、新药市场和销售（视产品推进情况）。这些新员工培训课程的主要内容提纲将在本节后面给大家介绍。

（2）对于项目管理知识的普及和重视

每一位创新药公司的员工，包括各职能部门的员工，都需要对创新药的项目管理有良好的概念和理解，在工作中能够积极地配合支持创新药项目的推进。作为项目管理的首轮初级普及培训，在新员工培训中应首先开展。

（3）培养宣导创新药公司文化核心价值观

每一位创新药公司的员工都需要尽快地了解、融合到公司的新文化、核心价值观中，使得创新药公司的核心理念和文化得到良好的传承。

（4）建立质量规范意识

国家法规对于新药的研发、临床和生产制造各阶段环节有严格的质量规范要求，每一位创新药公司的员工都必须从加入公司那一刻起就保持良好的质量规范意识。

（5）EHS 安全第一

创新药公司的研发和生产涉及很多化学、生物样品，其使用、保管需要严格按照相关的规定，以确保工作场所、周边环境和员工的健康和安全。每一位创新药公司的员工按照规定都必须要在入职时参加、接受专业的 EHS 培训和相关的考试，通过后才能上岗工作。

（6）培训的实用性

新员工来自各个部门，培训内容即使是专业培训，也应该以介绍普及和实用性为主。目的是让大家了解各部门的主要架构、人员团队、业务体系、基本专业知识以及需要配合的领域，最终是为了增强各位新员工对公司的了解和提高工作效率。

2. 创新药公司新员工培训的主要内容介绍

新员工培训的内容涉及面很广，从专业知识到公司各职能部门的制度流程体系，从文化交流到实际操作考试、户外团队拓展建设等，创新药新员工培训的时间一般从 2—3 天到 1—2 周都有。这里对几门主要的具有创新药公司新员工培训特点的课程纲要作一些说明和介绍，供大家参考。

（1）临床前研究基础培训纲要

①临床前的功能板块和团队介绍，包括化学（药物化学、合成化学、分析化学、计算化学）、生物（早期生物、生物标志物、结构生物等）、药理

药代、毒理、项目管理、知识产权保护等

②临床前实验室介绍,包括药化、分析合成、生物、分析等实验室。

③新药临床前研发,主要过程包括:立项、先导化合物发现、PCC、IND、支持临床阶段的毒理研究、生物学机制研究以及早期转化医学研究等。

(2)CMC 基础培训纲要

①CMC 的概念介绍:包括化学工艺、设计、生产制造、EHS、质量标准、稳定性、杂质研究等。

②CMC 的功能作用:API、制剂、分析、满足毒理研究和临床研究需要、不断研究积累完善生产工艺流程、不断降低新药工艺制造成本。

③CMC 的关注重点:药物属性的稳定性、生物利用率、药物分子标准、预期销售价格、型剂外形、临床需求、成本控制和稳定的供应链等。

④CMC 的团队人员介绍。

⑤CMC 的仪器设备和项目介绍。

(3)临床医学基础培训纲要

①临床研究概述和基本知识。

②临床医学组织架构和分工职责。

③创新药公司自身进入临床阶段的产品介绍。

(4)注册基础培训纲要

①国家药品注册和药监体系介绍。

②注册 IND 申报和 NDA 申报业务流程说明。

③注册部岗位分工职责和主要内部协作点。

(5)新药工程和生产基础培训纲要

①创新药工厂建设工程介绍。

②原料药与制剂生产制造的概念、方法和工艺流程。

③创新药生产制造的监管、稳定性和人员管理。

（6）质量基础培训纲要

①新药质量管理体系介绍。

②国家新法规对于研发质量和生产质量的要求。

③质量保证、质量控制和质量验证的角色和职责。

（7）EHS基础培训及考试

①国家职业健康和安全、环境保护法律法规介绍。

②安全意识和风险控制。

③员工职业健康和环境保护。

④创新药实验室事故案例分析。

⑤EHS员工学习知识考试。

（8）项目管理基础培训纲要

①项目管理的概述和应用。

②新药项目管理的特点。

③创新药项目经理/项目成员的技能要求。

（9）人力资源及企业文化培训纲要

①创新药公司的人力资源政策体系和发展规划。

②公司人才引进和内部推荐。

③新药研发型企业的员工绩效目标管理考核。

④创新药公司的企业文化和精神。

⑤员工分组讨论和与管理层交流。

二、创新药公司的培训学习体系

除了新员工培训外，创新药公司作为注重技术创新、产品创新和思想创新的企业，在日常的工作中需要不断地学习外部的新知识，包括跨部门跨学科的知识。人力资源部需要和公司管理层一起，共同制定建立适合创新药行业特点和自身公司、产品和人员特点的培训体系并确保良好地运行。

1. 创新药公司员工培训的主要特点和目标

根据大部分创新药公司成立时间较短、人员增加较快、专业化程度高、跨部门跨专业领域协作要求高等特点,其培训的需求和计划安排一般有以下一些主要特点。

(1)以技术专业培训为主要重点,紧密围绕公司当前的产品和业务需要。

(2)以内部培训为主,适当结合重点的外部培训。

(3)注重产品项目推进中出现的跨学科专业的培训学习需求。

(4)关注行业政策法规的动态和变化,及时进行培训学习、分享探讨。

(5)加强新药项目管理的培训和学习。

作为创新药公司的人力资源管理者,应该会同公司的各级管理者,逐步建立并达成以下的培训学习主要任务和目标:

(1)建立适合创新药公司自身特点和现状的年度培训计划体系。

(2)完善培训管理 SOP 文件制度体系。

(3)将培训和岗位管理、员工发展、绩效管理和公司发展战略紧密地结合起来。

(4)专业化的管理培训,组建专业的培训队伍(内部讲师)。

(5)完成公司的岗位培训手册,包括培训栏目(catalogue)、培训大纲(outline)和培训岗位科目矩阵表(matrix)等。

(6)建立创新药公司培训学习的良好氛围(如建立培训学习日、培训学习展示研讨会等)。

2. 创新药公司员工培训的主要内容介绍

(1)创新药公司的员工培训内容分类

为了更好地管理创新药公司的培训,收集分析培训需求,通常情况下可以把创新药公司的培训分为五个大类。这五个大类分别是:新员工培训(orientation)、创新药专业技术培训(technical)、管理类培训(management)、资格证书类培训(certification)和通用类培训(general)。

①新员工培训(orientation,已经在本节前面详细描述介绍)

②创新药专业技术培训(technical)

这部分培训内容是创新药公司的主要和重点培训领域,据不完全统计,其培训占总培训的比例达到70%—80%。其培训的领域涵盖了创新药的临床前研究、CMC开发、早期临床和临床研究、注册、质量生产制造、市场销售等和创新药新老技术领域相关的技术类培训,尤其是一些非常专业而且实用的培训科目内容,例如:临床前研发DMPK设计、新药安全评价、新药药学变更技术指导、原料药的工艺研究开发、CMC技术平台和化学工艺、临床药理、临床试验稽查和质量体系、临床方案医学监察审核等。

在创新药技术培训中,跨专业的培训会非常常见和重要,也就是组织安排本技术部门的专家给创新药研究开发的上下游部门进行专业技术的培训学习和科普。这样非常有利于提高相关对象的知识技术能力和跨部门合作工作效率。例如:由注册部主讲的给临床前研究部门安排的:非临床注册资料需求和准备;由临床医学部主讲的给临床前研究部门安排的:临床研究对非临床数据要求;由质量部门主讲的给CMC及其他相关部门安排的:药品质量体系和MAH相关法规等。

③管理类培训(management)

在创新药公司发展达到一定的规模之前,管理类培训所占的比重会减少,但有几方面的管理类培训在创新药公司的发展过程中被证明是非常重要和有用的。一是项目管理培训,这一点在本书的第六章中已经详细介绍描述了,在此就不再赘述。二是人员招聘和面试技巧,招聘和吸引人才对创新药公司来说非常关键,但很多部门面试官尤其是一些中层技术人员并没有很好的面试经验。候选人常常因为面试中的感觉体验不好,甚至因为面试官的某一句话而最终没有选择加入这家创新药公司。根据笔者的了解和经验,因为面试官的各方面问题而放弃offer的候选人在创新药公司发生的比例还是比较高的。三是员工绩效管理和考核培训,绩效管理涉及每一个管理者,研发和临床岗位的绩效评估和管理相较于其他公司的岗位要更加困难一些。关于绩效管理方面的内容在本书第五章中已经详细介绍描述了,在此也不再赘述。

④资格证书类培训(certification)

创新药公司和其他专业公司一样有一些岗位需要具备国家和行业相关的资格证书,因此需要参加外部的一些专业资格证书的培训。例如:对于生产制造负责人岗位的安全资格证培训,对于临床质量稽查岗位的临床试验稽查员培训以及对于 QC 微生物岗位的压力容器操作资格培训等。

⑤通用类培训(general)

通用类培训主要包括 EHS、计算机信息系统、外语等。创新药公司由于涉及实验室化学品,因此 EHS 方面的通用类培训占比非常高,政府相关部门对此也有严格的规定和要求。相关的培训课程包括安全预防机制、危险化学生物废弃物管理、职业健康和卫生知识等。

(2)创新药公司的员工培训方式分类

为了更好地管理和安排创新药公司的培训体系,可以把创新药公司的培训按照方式分为三大类:外部培训、内部培训和内部分享。

①外部培训

即员工去外部参加专业的培训,或者聘请外部的专家讲师来公司给员工进行专业的专场培训。如果是员工去外部参加专业的培训,需要支付培训费用的,达到一定的金额以上的,按照公司的相关规定需要签订员工培训服务协议。

②内部培训

这里的内部培训是指培训时间在半天或以上的,由人力资源部负责计划、组织安排的,纳入公司整体的培训需求分析管理、课时统计、内部讲师管理和培训预算费用管理的内部培训。如本节前面提到的,创新药公司通常都是以内部培训为主。对于内部培训,人力资源部需要和相关的部门密切合作,共同确保内部培训顺利推进。通常情况下各部门会专门指定一位兼职的培训协调员,专门负责和人力资源部对接本部门相关的内外部培训事宜。

③内部分享

创新药公司是注重科学探索的学习型组织,鼓励各部门和团队内部有组织、定期地分享学习。由于这样的内部分享学习在各部门会经常出现,并且常常会和内部业务、项目会议同步进行,形式、时间也比较自由,当然也是因为创新药公司人力资源部负责培训的人员编制都比较紧(很多创新药公司人力资源部并没有专职的负责培训的人员编制)。可以将不涉及跨部门的部门内部培训交流分享,并且单科目时间不到半天的培训,定义为内部分享,交由各部门自行组织安排,不计入公司的培训需求分析、课时时间统计和预算费用管理。只需要季度或年度发给人力资源部备案存档。这样的安排能够兼顾创新药公司培训体系的规范有序和高效、灵活性,也能够很好地调动各部门和团队培训学习的积极性,培养良好的培训学习氛围,使得很多专业领域的员工有总结分享的机会和发挥施展的舞台。

3.创新药公司的员工培训年度计划

创新药公司的人力资源部通过培训需求调研分析和收集,培训需求沟通讨论会以及结合公司的战略发展和产品发展规划,经过和各级管理层的讨论,结合公司的培训预算,最后确定公司的年度培训计划,该计划将具体指导创新药公司的培训实施和管理,并每季度或半年度会根据具体变化情况进行必要的修订更新,人力资源部也将根据此计划来推进本节前述的培训栏目(catalogue)、培训大纲(outline)和培训岗位科目矩阵表(matrix)等各项工作。

表 9-1 是常用的创新药公司培训年度计划表,供各位读者参考使用。

表 9-1　创新药公司年度培训需求计划表

培训类别	培训类型	培训方式	课程名称	培训提供者	培训编码	参训对象	参训人数	培训地点	学时	讲师费	差旅费	总培训费	1月	2月	3月	4月	5月	6月	7月	8月	9月	10月	11月	12月	备注
新员工入职培训																									
专业技术培训																									
管理类培训																									
证书类培训																									
通用类培训																									
合计																									

三、创新药公司的培训学习案例介绍

随着产品推进到临床阶段,尤其是当越来越多的产品管线进入临床阶段,创新药公司的临床医学团队人员不断扩展。在本书第二章第三节中曾提到,临床阶段的资金投入大,对时间周期和进度影响大,是产品市场竞争力的关键环节,也是人才竞争非常激烈的领域。为了更好地把握、管理产品在临床阶段的进度、质量和成本,目前越来越多的创新药公司建立扩展自身的临床团队。临床团队快速扩展,人员来自五湖四海,各自的背景、环境、工作流程体系和文化理念都不同,因此需要建立良好的针对临床团队的培训计划和 SOP 体系。本书在此从临床各职能中选取人员数量多、涉及面广、影响力大的临床运营部门的培训计划方案来和大家分享介绍。

1.培训适用对象

包括创新药公司临床运营部门的各岗位,包括临床运营各级项目经理(PM)、各级临床监查员(CRA)、各级临床质量控制(QC)和临床文档管理员(CTA)等。

2.培训目的

通过培训计划方案的有效实施,建立起良好的培训和学习平台体系,形成积极的学习交流氛围,提高临床运营的专业知识水平和执行能力,充分了解内部产品和外部法规政策,更快更好地推进新药的临床试验工作。

3.培训主要内容领域

培训课程内容将结合公司的产品管线,围绕新药临床试验来制定,主要包括以下一些领域,同时会根据实际情况来增加新的内容:

(1)从医学角度了解、学习公司产品的特性;

(2)临床运营部门以及相关部门的工作 SOP;

(3)结合临床试验的项目管理概念、领域、方法和工具;

(4)如何做好项目管理中的进度、质量和成本控制;

（5）如何做好与临床运营项目管理中相关各方的高效沟通；

（6）如何理解临床试验的设计理念并有效地实施推进；

（7）如何更好地推进临床试验入组；

（8）撰写各种监查报告中的注意事项；

（9）在临床试验中各主要环节如药品管理、血样管理、知情同意等环节中的注意事项；

（10）对于药物安全，合并用药、不良和严重不良事件的记录和监查过程中的注意事项。

4. 培训的计划和安排

（1）外部专家提供的培训

计划每1—2个月安排一次，每次半天到一天，形式可采用线上或线下面对面培训交流的方式。外部培训老师由临床医学部的首席医学官、临床运营部总监和人力资源部共同确定。培训主体内容由首席医学官、临床运营部总监和相关的医学总监讨论确定。比如邀请外部专家的相关培训可以包括但不限于以下一些方面的内容：新药临床试验方案设计和解析、全球国际多中心临床试验发展趋势、药物警戒和安全管理规范、临床稽查管理规范等。

（2）提供给临床运营项目经理的培训

计划每个月安排一次，每次半天到一天，形式可采用现场面对面培训交流的方式。培训内容由临床运营部总监和相关的临床医学部各功能模块总监讨论确定。培训讲师由临床医学部各功能模块总监和各临床运营项目经理轮流担任，以充分提高大家的积极性。培训的课程内容可以涉及临床运营项目经理工作的每一个相关领域，例如：如何良好快速地启动中心、临床试验中的药物和生物样本管理、如何把控项目的重要节点、临床研究的特点等。

（3）提供给CRA的培训

创新药公司CRA的团队一般根据产品管线和适应证来建立，数量从数人到数十人不等。分布区域也比较广，一般会涵盖数个到十几个主要中心城市。他们是创新药公司临床试验最一线员工,他们的工作直接影响到创新药临床试验的进度、质量和成本,因此 CRA 团队的培训学习是非常重要的。

面向 CRA 团队的培训一般可以每 1—2 周进行一次,每次 1—2 小时,采用线上和线下并举的方式,培训内容由临床运营部总监会同各临床运营经理及高级 CRA 共同讨论确定,培训老师可以由各临床运营项目经理和高级 CRA 轮流担任。培训课程内容可以涵盖 CRA 工作的各个职责和内外部交流领域,例如:如何成为一名优秀的 CRA、如何规范使用 SOP 相关表格、临床试验质控标准操作流程、临床研究中心稽查等。

5.临床运营部门培训安排案例

为了让各位读者更好地了解临床运营部门的培训活动计划安排,以下举例介绍某创新药公司临床运营部门的年中培训活动安排,如表 9-2 所示。

表 9-2　创新药公司临床运营部门的培训活动内容介绍

日期	时间安排	培训内容	培训师
第一天	9:00—9:45	临床医学职责架构和发展战略	首席医学官
	9:45—10:45	公司新产品管线临床研发计划和进展	医学总监
	11:00—12:00	临床运营团队建设和发展	临床运营总监
	13:30—14:30	临床部质量体系架构和问题管理	临床质量总监
	14:30—15:30	创新药临床试验项目总结	临床项目经理
	16:00—16:45	如何有效进行项目风险管理控制	临床项目经理
	16:45—18:00	项目管理计划和撰写	临床项目经理

续表

日期	时间安排	培训内容	培训师
第二天	9：00—10：00	CTMS 和 eTMF 系统介绍	临床 QC 经理
	10：00—10：45	研究者文档监查经验分享	高级临床监查员
	11：00—12：00	CRA 的职业发展通道和交流讨论	临床管理经理
	13：30—14：30	从医院机构看临床研究和临床研究者	外部培训老师
	14：30—15：30	临床试验中的文档管理	外部培训老师
	16：00—17：00	临床监查法规技巧和案例分析	外部培训老师
	17：00—18：00	培训考试和总结	全体学员

6. 创新药公司的医学团队内部培训分享案例

创新药公司产品推进和管理的核心部门医学部,其职责和临床运营部门有着非常密切的联系,包括临床研究执行过程中各种医学事务的处理(如入组审核、EDC 数据的个案审核和医学监查等),目的是在保证临床研究质量的同时全力促进临床研究的进度。同时很多创新药公司的医学团队也涵盖临床医学部门的医学文书撰写的职能。医学团队的培训和内部分享也是创新药公司培训学习的重要组成部分。

某创新药公司的医学团队非常注重内部学习和分享,每周五下午会固定抽出 1—2 小时进行内部培训学习和分享,分享的主题会结合公司产品、项目和相关疾病领域的需要,由医学总监和首席医学官讨论确定。内部讲师主要由医学总监、各医学经理和医学撰写经理轮流担任,也包括相关业务部门的专业负责人如注册部、药物安全部负责人等。以下为医学团队内部培训分享的部分主题内容,供广大读者参考:

(1)新药研发中的医学准备、管理和监查;

(2)新药临床试验全过程;

（3）新药注册流程和管理办法；

（4）研究药物不良反应事件分析判断；

（5）创新药002肿瘤适应证分析及进展；

（6）创新药003的市场竞品调查分析；

（7）医学撰写中的疗效评价标准和缩略语；

（8）前列腺肿瘤的诊疗和疗效评价体系。

四、创新药公司培训挑战和培训信息管理系统

1. 创新药公司培训学习面临的困难和挑战

在本节前文中提到，创新药公司的培训学习非常关键和重要，培训学习不但是提高员工工作能力、促进新药产品推进的重要途径，同时培训及相关的培训记录文档也是相关政策法规和外部审计稽查所要求提供的。大部分创新药公司成立时间较短，大部分人力资源管理者对于新药研发的培训学习处于摸索学习阶段，因此创新药公司的培训学习体系都处于逐步建立和完善过程中，主要会存在以下几方面的问题和挑战。

（1）大多数创新药公司人力资源部负责培训的人员非常少，部分公司没有负责培训的专职人员，导致人力资源部在培训学习管理方面能投入的工时非常少，较难适应创新药公司各部门对于培训学习方面的需求。

（2）培训管理安排和实施、培训统计和评估困难，需要耗费大量的人力。

（3）在缺乏有效培训系统的情况下，培训记录的收集会出现不完整的现象，培训相关文档的保存和调取也非常困难。

（4）政府法规对于创新药公司和新药产品要求非常严格，包括培训方面涉及的规范要求高。

（5）创新药公司尤其是临床团队人员流动较大，尤其是现场工作的岗位流动中会出现培训安排困难、不及时的现象。

（6）培训学习管理如何做到与人力资源岗位管理紧密结合，通过岗

位特性来安排相关的课程培训学习。

（7）培训学习和文件保存如何与公司的文档管理系统有机结合，协调一致。

（8）培训学习和记录保存如何与公司包括临床质量管理体系在内的各质量管理规范要求体系很好地协调起来。

综合上述创新药公司在培训学习方面面临的困难和挑战，除了需要不断提升人力资源部培训管理人员的专业能力和效率外，使用有针对性的医药行业培训管理信息系统也将是一个非常有效的解决方案。

2.创新药公司培训学习管理信息系统

为了组建系统化的培训学习体系，形成更加系统化、电子化、智能化的培训学习共享平台，越来越多的创新药公司开始评估、引进适合自身特点的培训学习管理信息系统（E-learning 系统）。通过使用 E-learning 系统，可以在以下几个主要方面很好地助力创新药公司的培训学习工作。

（1）能够和公司的岗位体系有效地结合，根据岗位推送培训学习课程，系统化地帮助建立公司的培训栏目（catalogue）、培训大纲（outline）和培训岗位科目矩阵表（matrix）等。

（2）能够有效地跟踪培训进度、分析量化培训效果。

（3）能够更好地满足培训记录存档要求，形成可追溯的电子化培训档案，适应各项合规性稽查审计的要求。

（4）可以不断地积累、更新、优化培训课程，形成良好的培训学习课程资源库。

（5）能够提高培训的效率，节省部分人力，有效利用碎片化的时间。

（6）外部 E-learning 系统，尤其是针对医药行业的培训系统，自带了很多培训学习的最佳实践和解决方案，创新药公司可以借鉴使用。

3.适合创新药公司的外部培训学习管理系统简介

随着近些年国内创新药、CRO 公司不断涌现，涉及培训学习管理系统的市场需求也持续增长,越来越多的企业开发、设计优化出很多适合创新药、CRO 等医药行业公司的 E-learning 系统。他们中有国际化著名的 IT 信息系统公司,有国内在临床试验信息系统开发方面知名的企业,也有新兴的专门为创新药公司定制服务的培训信息技术服务公司。以下选取其中的两家来作一些简单的介绍和说明,以让读者对创新药的培训学习管理系统有一个初步的了解。

(1) Veeva

Veeva 成立于 2007 年,是总部位于美国旧金山的国际化软件供应商,业务范围涵盖全球 100 多个国家和地区。Veeva 专注服务于生命科学行业,其解决方案覆盖了医药研发全生命周期,为生命科学构建基于云的创新解决方案。

很多创新药公司在需要培训学习管理信息系统的同时,对于临床质量和文档管理系统的需求也是同样迫切。良好的质量文档管理系统对于推进临床项目、质量管理和满足合规性稽查审计的要求也是非常重要,甚至必不可少的。创新药公司在选择培训学习管理信息的同时,也会考察选择合适的质量文档管理系统。换句话说,在评估选择质量文档管理系统的同时,也一并考察选择培训学习管理系统。两个系统使用同一个供应商将大大提高使用的效率。Veeva 能够提供无缝链接的质量管理系统平台,将质量管理系统(QMS)、质量文档管理系统(quality docs)和培训学习管理系统(training)有效紧密地联系起来。

(2) 太美医疗科技(Taimei)

太美医疗科技股份有限公司 2013 年创立于浙江嘉兴,是国内在生命科学领域领先的数字化运营平台提供商。根据其官网介绍,目前已经与超过 900 家国内外医药企业,超过 400 家 CRO 和第三方服务商开展业务合作。太美医疗科技自主研发完整的专业软件产品线,包括 eCollect(EDC)、eArchive(eTMF)、eCollege 培训管理系统、CRM 客户关系、eCooperate(CTMS)管理系统在内的众多医药行业信息管理系统,已拥有 1000 多人的专业医药行业和互联网行业跨界专业人才以及

600 多人的产品和研发团队。

太美医疗科技公司的培训管理系统 eCollege 是为医药行业专门打造的注重合规性的培训管理体系。除了满足培训学习管理系统的通用功能外,太美医疗凭借其在医药申办方、CRO 公司和各医院研究机构的广泛客户服务领域和资源,打造出了太美医疗线上课程的优势。根据其发布的产品介绍,eCollege 培训学习管理系统已覆盖十几个不同医药细分领域,拥有 500 多个由知名课题专家编写和审核的课程。

对于建立自身临床研究团队的创新药公司来说,使用的培训学习管理系统中带有系统的 CRA(也包括 PM 等其他岗位)培训学习课程将非常有助于快速提升自身新建团队的工作能力水平。当然考虑到使用线上培训学习课程的费用等方面的问题,可以将本节前述的内部培训学习分享和外部系统线上培训课程有机地结合起来使用。

第二节　创新药公司的人员发展和晋升激励

创新药公司是不断突破和时间赛跑的快速成长型企业,其快速的发展不但体现在产品的不断研究发现、不断往前推进,也体现在人员的不断外部招聘获取和内部成长迭代。创新药公司可以说是在不断地推动员工向前发展,从知识结构到经验能力,从突破创新的思维到快速响应的行动。相较于传统型的企业,创新公司会给员工提供更多更快的发展和晋升的机会。

一、创新药公司的人员岗位职业发展阶梯

创新药公司的人员职业发展阶梯相较于大部分的传统企业,除了几个重要的 O,包括 CEO 首席执行官、COO 首席运营官、CTO 首席技术官、CSO 首席科学家、CMO 首席医学官、CFO 首席财务官、CBO 首席业务发展官外,其他岗位的设置比较灵活。为了能够吸引更多的人

才加入公司,一般创新药公司设置的岗位名称(title)会比传统的国内医药公司或外资医药公司要稍高一些,当然也可以视为提前布局,为未来公司人员规模的快速扩张做准备。

以下就创新药公司的岗位发展阶梯,从管理通道和技术通道两个方面来介绍描述。

1.创新药公司管理岗位设置和发展阶梯

生物制药行业的创新药公司,科学性非常强,发展也非常迅速,相比于传统的企业,其岗位设置层级一般会划分得比较细一些,这样可以给公司的未来发展留有足够的余地,同时也能够给表现优异的员工更多发展晋升的机会。不少创新药公司会有一年两次的员工晋升发展的机会,也能够及时给予优秀员工鼓励表彰和调薪的机会,努力挽留优秀关键员工,减少人员流失。

创新药公司的常见管理岗位设置如下。

(1)各首席"O级"岗位

包括 CEO 首席执行官、COO 首席运营官(有些创新药公司没有设置这个岗位)、CTO 首席技术官、CSO 首席科学家(有些创新药公司没有设置这个岗位)、CMO 首席医学官、CFO 首席财务官、CBO 首席业务发展官、CPO 首席人才官等。

(2)各副总裁级岗位

包括高级副总裁(SVP,英文 senior vice president 的缩写)和副总裁(VP,英文 vice president 的缩写)。有些创新药公司会同时使用(1)、(2)中的岗位名称,例如:CSO 首席科学家/SVP 高级副总裁。创新药公司的副总裁的岗位名称使用一般也会分为两种情况,一是公司的高层管理决策成员,比如:市场销售 VP、人力资源 VP 等。另一种是不参加公司高层管理会议,但在某一个重要的技术领域非常资深的技术管理团队领导者,一般行业经验 20 年以上,例如:生物 VP、制剂 VP、全球临床运营 VP 等。

（3）各总监级岗位

前面提到创新药公司的岗位设置层级比较多,在总监层级岗位中,不少公司从高到低会设立执行总监(ED,英文 executive director 的缩写)、高级总监(SD,英文 senior director 的缩写)、总监(director)和副总监(AD,英文 assistant director 的缩写)。大多数创新药公司会把各总监级岗位加上上述的不参加公司高层管理会议的 VP 定义为中层管理者,也是公司骨干管理人员,作为重点培养考察对象,也享受相应的中层管理人员的福利待遇。

执行总监在很多其他公司一般使用较少,在创新药公司中一般用于那些有 15—20 年创新药相关专业领域经验,在原公司已经是总监级别,但尚未达到 VP 层级的人员。或者在公司暂时不希望设置太多的VP 岗位的情况下使用,例如:药物化学执行总监、统计分析执行总监等。执行总监是从总监层级到 VP 层级的过渡岗位。副总监作为总监层级岗位的起步岗位,一般要求在创新药的某个专业领域有 10 年以上的相关经验,同时也需要具备良好的团队管理能力。

（4）各经理级岗位

依据相关经验和资深程度,经理级岗位一般分为经理和高级经理。创新药公司的经理岗位一般要求 5 年以上的相关经验。

（5）各主管级/专员岗位

自上而下一般包括主管、高级专员、专员和助理层级。创新药公司的主管一般要求 3 年以上的相关工作经验。

2.创新药公司技术岗位设置和发展阶梯

相对于管理岗位序列,目前创新药公司的技术岗位序列不太成熟,不像国内外比较大型的医药企业,尤其是拥有自己独立成规模的研究开发中心的公司那样有较为完善的技术发展层级。很多创新药公司还没有设立成体系的技术发展通道,普遍存在管理序列和技术序列混在一起,甚至用管理序列替代技术序列的现象。出现这样的情况主要是由于以下这些原因:

（1）创新药公司处于快速发展过程中，刚开始人员较少，很多非核心的研究开发工作处于外包运行模式和阶段，自身的研究技术人员相对较少。

（2）大部分员工，尤其是国内的员工，受到传统习惯因素的影响，一般都喜欢得到管理岗位的名称头衔。在创新药公司的招聘过程中经常会遇到这样的情况。

（3）创新药公司的人力资源部管理者和一些公司管理层，对于如何设置技术序列的岗位，如何将技术序列岗位和管理序列岗位层级对应缺乏相关的经验。

（4）在跨公司业务合作交流中，很多外部公司对于技术岗位层级也缺乏了解。

将创新研发技术作为最核心竞争力的创新药公司，需要鼓励更多的员工走技术发展通道，需要给予技术人才和管理人员同样的岗位层级以及在公司相应的地位待遇和荣誉。因此，创新药公司的人力资源管理者需要和公司管理层一起讨论制定公司的技术岗位发展阶梯，公布给广大员工并积极鼓励员工走技术发展的道路，使得优秀的技术人才将他们的技术和才华在技术领域得到更好的施展和发挥，同时为创新药公司积极地培养带教技术人才。

与管理序列岗位相似，创新药公司的技术序列岗位一般也会设置较多的层级，比如有些创新药公司会将研究员（scientist）分为研究员Ⅰ、研究员Ⅱ、研究员Ⅲ三个层级，这样能够给技术通道的员工多一些的晋升机会，员工能够有更多的被认可的感觉。

创新药公司的技术岗位设置各不相同，一般可以参照跨国医药企业研发部门的技术岗位设置，表9-3是笔者根据国际化医药公司的技术岗位层级体系并结合国内创新药公司的实际情况，总结设立的创新药公司岗位管理序列和技术序列的对照表，供广大读者参考。

表 9-3　创新药公司岗位管理序列和技术序列的对照

	创新药公司管理序列		创新药公司技术序列	
	职位层级	job level	职位层级	job level
十二	高级副总裁	senior vice president	首席科学家	senior fellow
十一	副总裁	vice president		
十	执行总监	excutive director	科学家	fellow
九	高级总监	senior director		
八	总监	director	高级专家	senior principal scientist
七	副总监	assistant director	专家 Ⅱ	principal scientist Ⅱ
六	高级经理	senior manager	专家 Ⅰ	principal scientist Ⅰ
五	经理	manager	高级研究员	senior scientist
四	主管	supervisor	研究员 Ⅲ	scientist Ⅲ
三	高级专员	senior specialist	研究员 Ⅱ	scientist Ⅱ
二	专员	specialist	研究员 Ⅰ	scientist Ⅰ
一	助理	assistant	助理研究员	assistant scientist

二、创新药公司的人员晋升和发展

上文提到创新药公司虽然规模并不大,但岗位层级设置一般会比较多,划分得会比较细一些,这样可给表现优异的员工更多发展晋升的机会。不少创新药公司会给予一年两次(一般年初一次,年中一次)的员工晋升发展的机会,给予优秀员工更多鼓励、表彰和调薪,这也和创新药公司快速成长和发展的文化相一致。

由人力资源部负责,结合创新药公司的发展特点和企业文化,需要制定良好的员工职业晋升管理制度,以下为某创新药公司的员工职业晋升管理制度的主要内容,供各位读者阅读参考。

1. 目的

注重公司内部人才培养和发展,鼓励员工与公司共同快速成长。通过公平、公正、公开的内部选拔评审机制选拔出适合公司发展需要和胜任岗位的优秀人才,以确保公司新药产品的顺利推进,实现公司的战略发展目标和愿景,给予员工更多在企业内部职业发展的机会。

2.原则

(1)注重绩效表现:员工晋升将以员工的工作成果、绩效表现为主要依据。参照过往的绩效评估等级情况。

(2)公正、公平、客观:员工的晋升提名、评审答辩以及评审结果都需要按照客观、实事求是的原则。

(3)符合公司岗位要求:员工晋升需要重点考虑员工是否达到新晋岗位的岗位能力要求。

(4)符合公司阶段发展需要:除了根据员工的能力业绩和背景资历外,也需要结合考虑公司现阶段发展的需要。

(5)有升有降:公司将给予业绩优异、能力不断提升的员工以内部晋升的通道和机会。对于工作表现不佳,在给予帮助后仍不能胜任现有岗位的人员,公司也将作适当的调整,降低相应的岗位职务和待遇。

3.员工发展通道和岗位晋升序列

可参见新药公司管理岗位序列和技术序列的对照表。职业发展晋升分为管理序列晋升和专业序列晋升。公司的发展需要优秀管理岗位的同时,也需要更多优秀的各类技术专家人才。员工的职业发展既可以往管理职能方向发展也可以往专业技术方向规划。公司在扩大规模、增加管理岗位的同时,也将鼓励员工不断提升专业技能,向专业技术通道发展。

人力资源部将结合各部门发展的实际情况和特性,和各部门一起制定更为详细的岗位任职资格体系和晋升要求细则,其中包括临床前研发、早期临床和临床、制造工程运营、注册、销售市场以及各职能部门等。

4.各角色职责

(1)人力资源部:制定公司人员晋升管理制度、流程,初步审批每年人员晋升提名,组织安排人员晋升答辩,负责组织人员晋升审核和晋升通告。

（2）业务部门负责人：负责在公司的人员晋升管理体系下，审核提交部门内优秀的可以获得晋升提名的人员名单。

（3）员工的直接主管经理：负责员工日常绩效管理和评估，并在晋升提名时给出必要的意见。

（4）总经理/CEO：审批确定员工晋升，签发人员晋升通告。

5.相关流程说明

（1）晋升周期

员工晋升时间周期原则上与员工年度考核周期相匹配。正常的年度的晋升提名及初步评审安排在每年的1月份，晋升答辩和最后的晋升委员会评审安排在每年的1月底前完成。

对于有突出业绩表现和贡献的，经过公司人力资源部确认，公司总经理/CEO审批批准后，可以在年中7月份给予晋升。录用函/合同中有特殊约定或其他特殊情况的，经过公司管理层审批后也可以在其他时间段给予特殊晋升。

（2）员工晋升提名条件

①员工获提名必须有良好的工作业绩表现，在过去2年的业绩评估表现都至少达标（C）或以上等级。

②员工任职经验能力要求符合拟晋升岗位要求，且具有良好的发展潜力。

③员工行为表现符合创新药公司的核心企业文化。

（3）晋升答辩

为了使得员工晋升工作更加客观、公正、全面，原则上对于晋升到经理、技术专家或者经理及技术专家以上岗位的人员，都需要安排晋升答辩，通过晋升答辩以后才能获得晋升资格。

公司将由人力资源部牵头安排晋升答辩，参加答辩者由人力资源部、公司高层管理者，相应的直线领导及其他相关人员组成，一般为5—8人。参加答辩的评审团队将根据递交的员工晋升材料评审、现场答辩提问、答辩后内部讨论情况，决定是否批准通过员工本次晋升。

6.员工晋升与薪酬福利

员工自获得晋升之日起,将获得公司的薪酬调整机会。具体调薪的比例,将根据获得晋升后担任的新职位、公司运营状况、市场薪酬状况和晋升人现有薪酬状况等因素综合评估后,由公司确定并由人力资源部正式通知晋升人。

员工获得晋升以后,其对应的福利待遇,也将根据公司的相关政策进行调整。

7.员工职业发展和内部调动

员工需要不断地积累各方面的工作经验、经历,不断地获取各方面综合的知识。公司在不断发展过程中,在条件具备的情况下鼓励员工在公司内部进行必要的调动和轮岗。除了工作业绩、工作能力等因素外,在人员晋升发展方面,公司也会优先考虑那些接受公司工作需要而安排的内部调动的人员。

8.相关的附件表格

包括《人员晋升提名表》《人员晋升答辩报告》《人员晋升审核表》等。

第三节　创新药公司的校园招聘和校企合作

创新药公司在创立的初始阶段,由于公司快速发展,需要各专业领域非常有经验的人员快速推进产品项目,同时他们往往也没有足够的时间来带教没有工作经验的年轻毕业生。但随着公司的发展,人员规模不断扩大,各部门和团队需要更多的补充人员来从事大量基础性的技术研究工作,人才团队结构需要合理的高中低布局。同时考虑到市场有经验人员招聘的难度、成本、文化风格等因素,校园新人的招聘和培养成为创新药公司人才的重要来源。

一、创新药公司的新人校园招聘

创新药公司对于校园招聘岗位的需求在不同的发展阶段是不同的,一般来说在早期阶段,也就是产品管线在早期研发还没有进入 IND 阶段时,由于研究工作性质和运营体系规模的原因,很少进行校园招聘。在发展中期阶段,也就是有产品进入临床阶段,但还没 NDA 申报上市,由于相应的工作量大大增加,研发部门有很多基础的技术研究工作需要较多的应届博士硕士毕业生去完成。尤其是临床医学部门自己建立团队完成临床试验工作任务的,对于校园新人的招聘的需求就会大大增加。创新药公司在产品上市以后,随着公司规模的不断增加,对于优秀应届毕业生的需求就会全方位体现,各个业务和职能部门基本上都会有对于应届毕业新人的需求。还有不少产品上市的创新药公司,其用人策略是以校园招聘为主,大量招聘与研发、临床和生产质量相关专业的毕业生,非常注重新人的培养,将有经验的专业人员招聘作为一种必要的补充。

1. 校园招聘的优点

相对于社会招聘,创新药公司校园招聘具有以下几个方面的优点。

(1)能够很好地挑选高素质高潜力的优秀年轻人

校园招聘虽然不能说一定是百里挑一,也至少是十里挑一,创新药公司可以在合适的院校和专业背景下通过各种面试挑选满意的优秀毕业生,相比于社会招聘的面和挑选余地更大。

(2)能够更好地培养毕业生优秀的企业文化和精神

创新药公司在校园招聘时通过传播企业文化,吸引有梦想、能坚持的应届生加入新药研发公司,同时通过将企业文化纳入培训学习体系和思想团建,加深新人对企业文化的了解,让员工与公司的新药梦想结合起来,共同发展、共襄其盛。

(3)学习能力和可塑性强

应届毕业生刚从学校毕业,是学习能力最强的时候,如果有良好的带教和培养,他们成长的速度将是非常快的。

（4）可以根据公司的需要安排相应的工作

创新药公司的研发、临床和生产制造质量需要一线的技术人员，应届毕业生较能够根据公司的需要接受相应的工作安排和调动。

（5）应届毕业生的人工成本较低

应届毕业生一般能够从相对较低的工资开始干起，并随着经验、能力的积累逐步增加工资，企业人力成本的压力相对较小。

2.校园招聘的缺点和挑战

创新药公司在招聘应届毕业生的时候也需要关注以下几个方面的问题。

（1）应届毕业生需要良好的带教和培养

应届毕业生对于创新药的相关工作缺乏经验和了解，需要公司给予良好的培养带教，这将是一个系统化持续的工作。创新药公司应该建立一个良好的毕业生培养机制，由人力资源部和用人部门共同负责，并制定专门的人作为带教辅导人（mentor）。

（2）应届毕业生的保留和稳定性

由于创新药和相关专业人才市场非常热门抢手，因此当应届毕业生在公司具备一定的工作能力以后，可能会被其他的公司挖走。公司辛苦培养的人员流失将是非常大的损失。根据相关统计数据和经验，应届毕业生最不稳定的时期是加入公司的第二到第三年，满三年以后由于已经很好地融入公司的文化并在公司得到较好的发展，稳定性相对会较高。公司人力资源部需要会同各用人部门，对于加入公司第二、第三年的应届毕业生以更多的关注、关怀和挽留。

3.校园招聘的主要岗位

各创新药公司对于校园招聘的策略相差较大，在创新药发展的不同阶段，其对于应届毕业生的需求也是各不相同，因此本书就创新药公司发展的中期阶段也就是有产品管线进入 IND 临床阶段后，对于应届毕业生产生需求的部门岗位作一个大致的分析介绍。

（1）临床前研发部

临床前研发部门对于应届毕业生的需求主要以博士为主，部分一流院校的优秀硕士毕业生也会考虑。需求的岗位方向主要集中在化学方向，其他的方向如生物、药理、药代、毒理使用很少。工作一般都是安排在自身的药化合成实验室中，包括合成化学研究员、药物化学研究员等。招聘的专业主要集中在合成化学、药物化学、分析化学和计算化学等相关的专业。

（2）CMC部

CMC部门对于应届毕业生的需求主要以硕士为主，也包括部分的博士和本科。需求的岗位主要集中在API合成和制剂两个专业职能方向。岗位包括API合成研究员、制剂研究员等，招聘的专业主要集中在药物化学、有机合成、有机化学、药物制剂等相关的专业。

（3）临床医学部

临床医学部门对于应届毕业生的需求主要集中在医学撰写、药物安全、数据管理、统计和CRA这几个岗位领域，主要以硕士研究生和本科为主。临床医学对于应届毕业生要求医学相关专业，包括临床医学、预防医学等。但由于医学类专业招聘难度相对较大，因此各药学类专业也是临床医学部门青睐的专业对象。其中CRA岗位对于应届毕业生的专业要求可以宽泛一些，因为需要经常在医院等医疗机构现场工作，除了药学相关专业外，公共卫生、护理等专业也是非常对口的专业。

（4）生产制造和质量部

创新药公司在产品进入临床Ⅱ阶段以后，会考虑同步启动创新药厂房建设和生产制造等各项工作。国家对于新药生产的要求非常严格，需要配置足够的专业质量管理和质量控制方面的人员，因此创新药公司在启动生产制造时会招聘部分应届毕业生放在生产工艺、质量管理控制和生产一线等岗位上。相关的专业包括药学、药物制剂学、制药工程、药物分析、有机化学等。对于生产一线的岗位相应地会招聘一些大专或中专相关专业的应届毕业生以实习、培养、录用。

4.校园招聘的学校区域选择

创新药公司对于人员的探索性、创新性等各方面的要求普遍很高，因此招聘的应届毕业生普遍要求是重点院校毕业生。创新药公司所招聘的专业主要集中在药学和化学相关领域，因此一般会优先考虑在这两个专业领域排名靠前的大学。根据相关的数据信息显示，国内近些年在这两个专业领域比较优秀的大学例如：

(1)药学专业方面如北京大学、中国药科大学、复旦大学、浙江大学、上海交通大学、四川大学、华中科技大学、中南大学和第三军医大学等。

(2)化学专业方面如北京大学、清华大学、中国科学技术大学、南开大学、吉林大学、复旦大学、厦门大学、上海交通大学、南京大学和浙江大学等。

当然考虑到优秀大学毕业生的招聘竞争非常激烈，很多创新药公司的产品还没有上市，外部知名度相对还不大，吸引名校的优秀毕业生还有一定的困难。同时受制于自身人力资源和部门招聘团队人力的限制，可以考虑一些上述专业领域也比较优秀的其他大学。同时创新药公司也可以结合自身所在地区的特点，优先选择一些本地或本省或邻近省份的大学，作为重点招聘和校企合作的对象。

二、创新药公司的校企合作策略

近些年来，随着国内医药行业的持续火热和越来越多的创新药、医疗器械、CRO、CDMO 公司的不断涌现，各公司对于包括校园招聘在内的专业人才争夺越来越激烈。多年以前公司到校园做校园宣讲时场场爆满、人们争相投递简历的场景越来越少见了。无论是使用线上还是线下的校园招聘方式，无论是参加相关政府部门或园区组织的校招活动，还是借助外部人才服务机构的帮助，校园招聘的竞争和难度都在不断提高。为了提高新人招聘的效率，保证稳定的优秀毕业生来源，越来越多的创新药公司选择采用校企合作的策略，和一些经过挑选的学院建立战略合作关系，共同培养未来的专业人才。

如前所述,创新药公司一般会根据自身的人才、专业和地域特点,选择一些院校作为重点的校企合作方,进行深入的战略合作。创新药公司校企合作的三部曲如下。

1. 实习招生

通过和相关院校的深入战略合作,可以借助学校的渠道和力量,更好地宣传创新药公司的业务、产品和文化,吸引更多的优秀毕业生到企业参观、实习,通过实习加深双方的相互了解并最终加入公司工作。这样长期合作,不断循环,能够大大地提高招聘应届生的效率。

2. 联合教学培养

创新药公司,除了希望能够对于特定专业群体的大学生进行宣传外,还希望能够对毕业生提前进行必要的培养,让他们在毕业时就具备工作所需的专业知识并对行业和业务流程规范有相应的了解,能够一毕业加入公司就上岗进入角色。而对于许多学校院系来说,也希望能够进行教学改革创新,变革原有的教学课程和培养模式,使得教学能够跟上社会需求的变化,使得学生能够提前掌握一些工作中所需要的实践知识并提高工作、职业素养。在这个前提下,出现了不少创新药公司(也包括一些 CRO 公司、CDMO 公司)和院校的联合教学培养项目计划。

联合教学培养一般由创新药公司和学校或相关院系签订合作协议,采取内部宣传、自愿报名、酌情选拔的原则。从院系相关专业的大学三年级或者研究生二年级的学生中,选出一个班的学生成立校企合作联合培养班。班级人数可以从二三十到五六十不等,在这些学生保持参加原有的课程学习的基础上,在固定时间(可以是每周一次半天或者每两周一次一天),由创新药公司选派相关的专家到学校进行上课辅导,布置相应的作业,并在学期末进行相应的考试,通过考试后由学校和公司共同给予学生相关的证书。学校也可以考虑根据情况更新相关的教学计划。

通过联合教学培养,可以达到各方三赢或者四赢的效果。对于创新药公司来说,这样可以提前介入校园招聘、宣传和有针对性的新人培养计划。在学生完成联合教学培养班的课程后，可以进入公司实习和工作(当然并不是强迫规定每一位联合培养班的学员都必须要去创新药公司实习和工作)，使得对口专业的应届毕业生有经过专门培训的稳定的来源。对于学校来说，可以进行教学改革创新，为学生创造更好的就业机会，同时通过校企合作，也能够获得部门、企业提供的教学赞助和奖学金。对于学生来说，他们能够学习掌握多一门实用知识技术，扩宽自己的就业渠道。而最后对于社会各行业来说，能够为紧缺的专业领域培养输送更多的专业人才。比如过去十年临床人才一直非常紧缺，通过一些校企合作项目为临床行业输送了不少人才。目前创新药行业的生物、制剂等专业领域也是人才非常紧缺，希望能够涌现出更多的校企合作项目，为生物、制剂等专业领域输送培养更多的优秀毕业生。

3. 业务项目合作

通过校企战略合作，可以进一步借助企业和学校各自的优势，开展新药研发的业务项目合作，以达到双方共赢的目的。这方面因不是本书的主题，在此就不再累述了。

三、校企合作联合培养教学课程案例

为了更好地介绍说明校企合作联合教学培养项目，本书选取一个联合教学培养的项目(以下简称为创新班)作为案例供各位读者了解参考。

1. 创新班项目合作目的

(1)更好地顺应创新药市场行业发展对于临床研究专业人才的需求。

(2)发挥学校和企业各自的特点和优势，实现合作互补共赢。

(3)为大学生提供良好的职业发展平台和机遇。

2.创新班项目生源和上课方式

在学校和公司的大力支持下,由学校的药学院和公司人力资源部共同负责,采用积极宣传、自愿报名的原则,从药学院大学三年级下学期的各相关专业的在校学生中,通过报名,根据相关成绩审核,初步面试等方式,择优选取 40—50 名优秀学生,成立联合培养药学临床试验创新班。

创新班按照学校的相关规章制度进行管理,安排选取班主任、班长和各级班干部。除了需要完成原专业课程外,每周固定选择周三下午作为创新班上课辅导时间,安排三节课程。具体课程由合作公司围绕药物临床试验质量管理规范(简称 GCP,英文 good clinical practice 的缩写)的相关内容来安排,并选派专家来学校上课辅导。上完课程后布置相应的作业,由班长负责按时将学生的作业发送给相关课程老师批阅。学生作业的完成情况将和期末安排的考试一起作为学生该科目的最终成绩的评判依据。

3.创新班学生的激励

学校和公司将为创新班的学员设立专门奖学金,分为一等、二等、三等三个级别,共 20 名,奖学金由公司赞助提供。

4.创新班的辅导、考察、实习和录用

创新班的课程学习时间为一个学期(具体学习课程参见本节后面介绍),在学期中公司会安排组织学员到公司以及临床试验项目现场进行参观学习。同时在学期结束后也会根据公司的需求以及学员的实际情况,安排后续的实习工作。对于实习合格的学员,公司将优先予以录用。

5.创新班的具体课程介绍

临床试验创新班的学习课程主要包括两大方面的内容:行业、企业历史文化和职业素养。

除了介绍临床试验行业情况和企业文化外,主要是帮助创新班学员养成良好的职业素养。良好的职业素养包括良好的职业道德、职业技能、职业意识、职业态度和职业行为,而优秀的职业素养一般需要具备以下十个要素；敬业、责任、合规、品格、勤奋、执行、合作、积极、智慧、形象。

优秀毕业生进入职场以后,培养良好的职业素养是职业生涯顺利发展的有效保障。

6.药物临床研究课程

药物临床研究相关的专业课程是创新班学习的主要专业课程。由于专业领域不同,一般公司都会选派数名专家讲师去学校完成课程讲解辅导。课程的设置和安排参考如下。

(1)GCP 的发展历史和原则 1 课时(每课时 45 分钟,以下同)

(2)新药研发上市流程 2 课时

(3)临床试验监查要求和临床监查员(CRA)职责 2 课时

(4)临床试验的知情同意 1 课时

(5)申办方和 CRO 的职责 2 课时

(6)研究者的职责 2 课时

(7)伦理委员会的职责 2 课时

(8)临床试验医学方案设计 2 课时

(9)临床试验操作流程 2 课时

(10)临床试验质量保证和质量控制 2 课时

(11)临床试验药物安全 2 课时

(12)临床试验医学撰写 2 课时

(13)临床试验数据管理 2 课时

(14)临床试验生物统计 2 课时

(15)临床协调员(英文简称 CRC)的职责 2 课时

(16)药物注册和申报 2 课时

(17)课程考试 2 课时

以上课程合计 32 个课时,加上前面企业文化、职业素养、辅导实习等内容,创新班合计共约为 42 课时,正好可以安排在一个学期中教学完成。

第四节　政府对于创新药公司的人才鼓励政策

一、全国各地出台相关人才政策

当前,全国各地都在开展人才争夺战,产业发展的格局正在从"人随产业走"转变为"产业随人走",人才密度与产业密度的关联度越来越高,人才链决定着产业链的结构与层次。生物医药产业中创新药的开发对人才的要求最高,需要各环节顶尖优秀人才的汇聚与协同分工才能突破性地推动形成创新药成果。为了集聚人才,各地政府出台大大小小人才政策,从人才认定标准,到覆盖全领域的人才新政,到生物医药产业扶持政策的人才支持,再到生物医药产业专项人才与紧缺急人才政策。整体而言,出台的人才支持政策的颗粒度更加细化,生物医药产业属性更加鲜明。创新药活力指数排名前列的城市,上海、苏州、北京、南京、杭州、广州、深圳、成都、武汉等城市,无一例外,均出台了各有特色的人才政策。

1. 各城市出台高层次人才认定标准与覆盖全领域的人才政策

为更好地集聚人才和企业发展,吸引优秀人才就业创业,建立符合区域经济社会发展要求的人才评价体系,各城市纷纷出台"高层次人才认定标准"。根据知识、能力、业绩及贡献,分为国家级领军人才、省级领军人才、市级领军人才、区级领军人才、行业中坚人才及行业基础人才等类别,由人才工作领导小组办公室负责人才分类认定工作的统筹协调工作。根据人才申报条件,由对应的教育、科技、工信等部门完成审核认定工作。人才政策方面,较好的政策全领域、全渠道、全方位覆盖,目的就是让政策有实效。

2. 各地生物医药产业扶持政策强化人才支持

在各地工信、科技、发展改革、卫生健康、中医药管理、药监、政府(办公厅)等单独或联合发文的生物医药产业扶持政策中,人才支持最具影响力和受关注,其主要涵盖创新创业、人才奖励资助、人才培育培养、就业创业、住房保障、子女教育、配偶安置、医疗保障等人才政策。如杭州探索具有"杭州特色"的生物医药人才认定标准,绘制生物医药人才地图,强化精准引才。用好"杭商学堂"平台,设立生物医药产业专题班次。广州着力构建"战略人才引领、高端人才支撑、技术人才做实"的生物医药梯队人才体系,大力支持重大科技创新平台人才制度创新,鼓励引进培养高层次人才,在杰出人才、优秀人才、精英人才遴选名额上给予重点倾斜,最高上浮 50%。

3. 生物医药产业专项人才政策成为趋势

随着产业链人才分类分级管理的深入完善,基于生物医药产业链的发展特征,产业专项人才以及紧缺型人才目录逐步成为重点生物医药城市提升产业人才链价值的重要抓手。如北京制定出台《北京市医药健康领域引进急需紧缺人才的若干政策措施》,聚焦创新、临床、产业、环境、储备等 5 个方面 11 类紧缺人才,围绕临床研究、制剂、AI 医疗、细胞与基因治疗等关键技术人才短缺,加强重点引进,补齐人才短板。并且首次实施对创新品种落地产业化、企业上市(IPO)、纳税与投资等企业贡献给予人才奖励,引导和激励企业加大在京创新和投入。

二、苏州生物医药产业园和人才吸引服务政策项目

苏州生物医药产业园(BioBAY)位于风景优美、规划齐整的苏州工业园区,地理位置优越。其前身苏州生物纳米园 2006 年开始动工,2007 年 6 月正式开园启用。2012 年,BioBAY 成为国家级的科技企业孵化器,2017 年,"苏州生物纳米园"更名为"苏州生物医药产业园"。

苏州生物医药产业园已集聚了 500 多家高科技研发企业,形成了生物医药、医疗器械、生物技术等产业集群,并成为近 15000 名高层次研发人才集聚、交流和合作的创新社区,在生物医药方面已经成为国内

最具创新活力的小分子药物开发集聚地,拥有国内完善的生物医药产业链,高端创新制剂产业基地,生物技术与服务外包和特色生物医药产业集群。

苏州生物医药产业园作为国内近年来发展最为迅速的生物医药产业园,他们打出的口号是创新回家(Innovation comes home),构筑你的梦想(Bulid your dream at BioBAY)。他们提出的愿景和使命分别是:

(1)愿景:生物医药和医疗技术的创新乐土——世界一流科学家和创业者的创新家园(To be the center of medical and life science innovation and the harbor for world-class scientists and innovators)。

(2)使命:打造一支具备责任感、进取心和专业能力的管理团队,为创新企业提供全方位的专业服务,推动产业发展(We aim to bulid a dedicated,enterprising and professional team to serve comprehensively for startups and push the industry forward)。

围绕愿景和使命,BioBAY建立打造了国内最一流的产业园区环境和服务平台,其服务领域包括各项产业促进、各项医药行业投资基金合作引入、上市支持、商业合作发展、入驻服务、园区生活配套和各项人才服务等。在可以预计的将来,苏州生物医药产业园将成为中国创新药发展的重要产业基地,并培养出一大批的优秀人才。

截至2021年7月,在苏州生物医药产业园的创新药研发企业就有201家之多,其中有60家企业已经获得283张新药临床批件。同样,截至2021年7月,该园内已经有百济神州等5家企业在美国纳斯达克上市,信达生物等11家企业在港股上市,博瑞生物等3家在科创板上市,另有20多家拟上市公司。

苏州当地政府对于高端和急需人才颁布了各项人才引进和吸引奖励政策。这里还是以苏州生物医药产业园为例,以下是其2021年公布的部分人才政策项目的介绍和说明,针对高中低各级人才的不同情况选取引用部分来介绍说明。

1.适用对象

(1)顶尖人才:诺贝尔奖获得者、国家最高科学技术奖获得者、中国科学院院士、中国工程院院士、发达国家权威学术机构会员(或称"院士")等顶尖人才(团队)。

(2)领军人才:园区自主申报入选国家级重大人才引进(或培育)工程、省"创新创业人才引进计划"、苏州市"姑苏人才计划"的各级领军人才(团队),以及入选园区"金鸡湖人才计划"的人才。

(3)高层次人才:硕士和博士研究生人才,以及外籍 A 类高端人才。

(4)紧缺人才:园区自主申报入选的姑苏重点产业紧缺人才,园区各业务部门按市场标准认定的紧缺人才和高技能人才。

2.创业扶持

根据项目所处不同发展阶段,分别给予"创业启动资金""产业化成长奖励""研发经费补助""知识产权奖励""科技金融引导"等政策支持,最高给予 5000 万元补贴资助,顶尖人才上不封顶。

3.人才住房

住房补贴:对生物医药等重点新兴产业新引进的国家级领军人才,参照享受最高 200 万元购房补贴。购房补贴原则上分三年兑现。

人才组屋:符合条件的重点科技领军人才和重大招商项目引进人才,优先提供定向定价方式销售的人才组屋。

人才优购房:园区范围内新取得预(销)售许可的商品住房,按有关政策优先销售给园区就业、创业,连续缴纳社保或个税 12 个月及以上,个人及家庭(含未成年子女)在本市无自有住房,本科及以上人才,或园区人才办认定的其他高层次人才。

优租房:生物医药等重点新兴产业人才,优先安排优租房,并全区域常年开放虚拟优租房补贴申请通道。

住房公积金贷款优惠:对在园区工作且缴存住房公积金的顶尖人才、领军人才、高层次人才和姑苏重点产业紧缺人才,可享受住房公积金贷款优惠。

4.人才补贴

高端和急需人才奖励:顶尖人才、领军人才、外国高端人才和其他对园区产业发展或前沿科技领域做出突出贡献的高端人才,以及园区新兴产业领域新引进的紧缺急需人才,年薪高于 40 万元的,可申请按个人薪酬的 5%—20%给予每年最高不超过 40 万元的奖励;有特殊贡献的,最高可给予每年 100 万元奖励。

薪酬补贴:对具有硕士及以上学位或正高级职称的人才,可给予每年 3 万—5 万元(含税)的薪酬补贴,累计补贴不超过 3 年。重点支持生物医药、医疗卫生等领域新引进的人才和硕士以上优秀应届毕业生。

博士后补贴:在站博士后人才,可分期给予每人 12 万元的生活补贴。对博士后科研工作项目,给予设立项目企业每年 5 万元运行经费补贴。

5.企业引才

(1)奖学金:设置奖学金,奖励符合园区主导产业和新兴产业发展需求的优秀全日制在校生,激励和吸引更多优秀毕业生到园区创业就业。鼓励园区生物医药等重点新兴产业企业设立企业冠名奖学金。

(2)实习补贴:聘用国内外知名高校学生实习,本科生每人每月 800 元,研究生每人每月 1000 元;聘用国内"双一流"高校、世界前 100 名高校学生实习,最高可按每人每月 2000 元申请实习补贴。

(3)猎头补贴:企业通过猎头招聘年收入在 30 万元以上的高层次人才和紧缺人才可申请招聘补贴,单个职位补贴比例最高可至猎头服务费用的 50%、15 万元/职位,每个企业每年最高补贴 100 万元。

(4)柔性引才补贴:鼓励柔性引进海内外人才,可按用人单位实际支付计税工薪的 25%—60%给予用人单位引才补贴,单个项目(人才)最高补贴 100 万元。

(5)金鸡湖伙伴计划补贴:鼓励各类人力资源服务机构、海外人才机构等为园区引荐高端人才。引荐人才成功入选国家和省市区各类领军人才的,视情况给予最高 100 万元奖励。对协助园区开展各类智力合作与交流活动的,视情况给予补贴。

（6）人力资源服务机构引进:鼓励引进国内外一流人力资源服务的区域总部机构,给予最高 500 万元落户奖励。鼓励人力资源服务机构向园区人力资源服务产业园集聚,根据机构业务发展和综合贡献,给予最高每年 350 万元的奖励和 1000 平方米的租金补贴。

6.人才培训和培养

培训机构引进:鼓励外商独资设立经营性职业技能培训机构,支持企业和社会力量举办符合产业发展导向的职业培训机构,在取得办学许可证后可给予每家不超过 20 万元补贴。

7.外国人才引进

涉及的政策包括:高端外国人才 5 年工作许可、放宽专业外国人才引进条件、鼓励外国人才创新创业、信用管理制度、永久居留受理窗口等。

8.人才服务

涉及的政策包括子女入学政策、社保医保优惠、医疗保健政策、人才引进落户、营造学术氛围等,在此就不再一一详细描述了。

苏州生物医药产业园在人才服务方面也给创新药企业和员工提供了国内同行中一流的服务,其中的服务项目包括:

（1）中高级人才招聘猎头补贴;

（2）各类人才资助计划申报和组织;

（3）专业技术与商业管理培训;

（4）国内外大学招聘会;

（5）高校学生实习基地;

（6）生物医药实训基地;

（7）网络招聘平台;

（8）生物纳米科普研究基地。

其中的中高级人才招聘猎头补贴政策对于需要在短期内引进紧缺人才,较大量借助猎头招聘人才的创新药公司来说是个福音。该政策对于园区内的创新药公司使用猎头招聘人才,只要符合以下几个条件,就可以申请补贴返回猎头费用的50%。这就大大节省了猎头费用,帮助创新药公司更快更好地招聘引进人才:

(1)招聘的人才学历为硕士研究生或以上;

(2)招聘的人才是从苏州市/苏州工业园区以外进入苏州市/苏州工业园区的;

(3)招聘的人才已经入职并且在苏州缴纳社保或者缴纳个人所得税的。

读者如果需要了解更多更新的信息,可以参见苏州工业园区的企业服务平台网站。

三、创新药公司如何申请人才政策补贴

创新药公司作为医药行业中的明星,受到了国家和地方各级政府的大力支持,各项奖励政策层出不穷,各种规定要求和时间期限也是让人有点眼花缭乱,难以全面了解掌握。为了更好地借助国家和地方政府的相关人才政策并为创新药公司的发展助力,在安排开展政策申请时需要关注以下几方面。

1.安排专人负责

创新药公司的公司层面的优惠政策项目一般都是由公司的总经办或商务发展部负责,最早对接政府的都是公司总经办或商务发展部的人员。而和人相关的人才奖励政策,由于人力资源部管理掌握公司的人员招聘、日常管理和人才发展信息,因此需要明确安排人力资源部的相关人员来对接人才政策项目。具体的工作包括对外对接各级政府管理部门的人才政策项目管理者,对内收集分析员工信息并进行必要的沟通宣传工作,负责组织协调项目申报工作。

对于一些规模较大、涉及面广的创新药公司,会考虑设立专门的负责政府项目申报的岗位,统一负责协调包括人才奖励项目在内的所有政府项目的申报跟进工作。

2.建立全面的人才政策信息

相关的人才政策有来自国家的、省级的、市级的、园区级的、自贸区级的,对接的管理部门有管委会、科技局、人力资源保障局等。各项目的政策内容也经常变化,因此创新药公司需要建立全面的人才政策信息,及时了解政策动向。

3.提前准备项目申报

很多人才申报项目,尤其是涉及海外人才或和新药项目相关的人才申报,政府一般都要求有众多的材料要求、格式证明文件和严格的审核步骤流程。很多人才项目申报要求提供专业的技术方案和说明,需要人力资源部会同有关技术部门的人员一起来讨论推进,因此会耗费较多的人力物力来申报准备。目前大多数人才项目申报采用网上递交材料的方式,有严格的时间限制,为了更好地申报,避免遗漏或错过截止时间,需要留出足够的时间有计划地提前准备项目申报。

4.充分利用人才政策,助力招聘吸引和挽留

各级政府的人才奖励政策种类繁多,也在不断地调整优化,对于大多数员工来说很难作全面的了解。常常会碰到有些人才的账户上收到一笔人才奖励金,而员工本人或公司的相关部门还不清楚这笔钱的具体名称、来源。招聘人员在招聘面试或发放 offer 时需要能够向候选人清楚地介绍可能享受的人才政策待遇,企业需要充分抓住政策优势吸引优秀人才。

5.注意信息安全和保密

各政府部门为了确保人才奖励政策被良好使用,一般都会要求企业和相关个人提供极为详尽的信息、说明和证明材料。而企业的一些员工尤其是一些高层技术管理人员的信息和产品项目的信息都是公司的机密,需要在人才项目申报和公司信息保密安全之间做到最佳的平衡。人力资源部在递交项目申报材料之前需要交由公司相关管理层进行必要的审核。

图 9-1 为浙江省引才申报政策说明图,供各位读者了解参考。

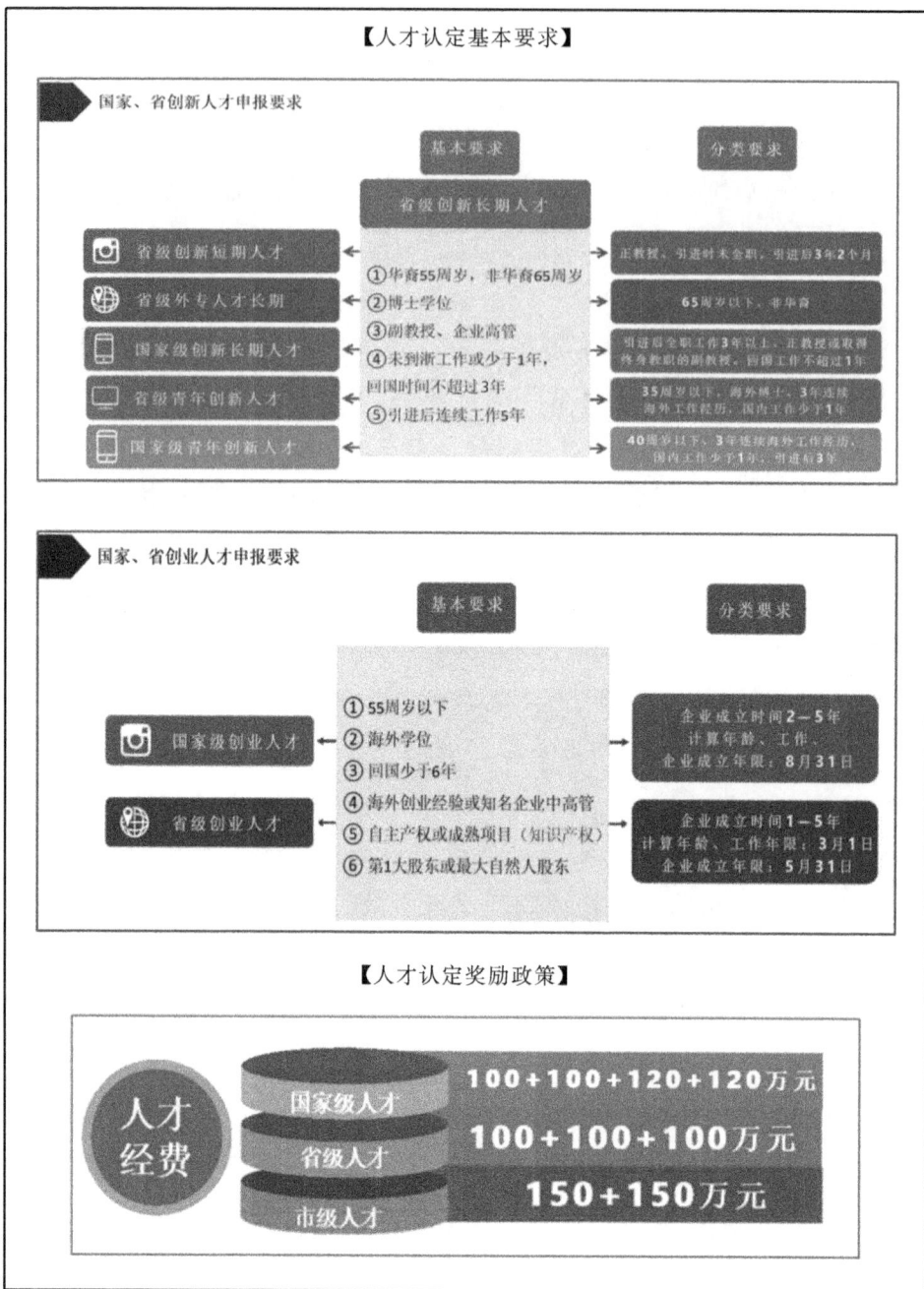

【人才认定基本要求】

国家、省创新人才申报要求

基本要求　　　　　　　　　　分类要求

省级创新长期人才

省级创新短期人才　←　①华裔55周岁，非华裔65周岁　→　正教授，引进时未金聘，引进后3年2个月

省级外专人才长期　←　②博士学位　→　65周岁以下，非华裔

国家级创新长期人才　←　③副教授、企业高管　→　引进后全职工作3年以上，正教授或获得终身教职的副教授，回国工作不超过1年

省级青年创新人才　←　④未到浙工作或少于1年，回国时间不超过3年　→　35周岁以下，海外博士，3年连续海外工作经历，国内工作少于1年

国家级青年创新人才　←　⑤引进后连续工作5年　→　40周岁以下，3年连续海外工作经历，国内工作少于1年，引进后3年

国家、省创业人才申报要求

基本要求　　　　　　　　　　分类要求

国家级创业人才　←　①55周岁以下　→　企业成立时间2~5年　计算年龄、工作，企业成立年限：8月31日

省级创业人才　←　②海外学位　③回国少于6年　④海外创业经验或知名企业中高管　⑤自主产权或成熟项目（知识产权）　⑥第1大股东或最大自然人股东　→　企业成立时间1~5年　计算年龄、工作年限：3月1日　企业成立年限：5月31日

【人才认定奖励政策】

人才经费

国家级人才　100+100+120+120万元

省级人才　100+100+100万元

市级人才　150+150万元

图 9-1　　浙江省人才吸引计划申报情况说明

第十章　助推与腾飞
创新药公司 IPO 申报中的人力资源管理

　　创新药公司的快速发展得到了投资资本方的大力支持,公司的发展目标是新药产品商业化上市和公司在资本市场上市。这两大上市目标是投资者、创始团队、管理团队和每一位创新药公司员工梦寐以求的,也是创新药公司持续发展走向成功的重要里程碑。各创新药公司八仙过海、各显神通,纷纷在美国纳斯达克,国内港交所、科创板、新三板等上市或启动 IPO 上市申请。据统计,2020 年有 27 家生物医药类(包含 CRO 服务)公司成功登陆科创板,数量比 2019 年增加了 50%。2020 年 1 月上市的苏州泽璟生物制药则成为首个以第五套上市标准申报成功的科创板企业。近几年来各地的创新药公司在各地方政府政策的大力支持下,纷纷加快了上市申请的进程。

　　创新药公司的上市需满足各处上市的相关条件并要通过严格的上市评估审计。除了对创新药产品相关要求外,对于创新药公司的管理体系也有严格的规定和要求。本章将主要围绕创新药公司上市申请相关的内部管理尤其是人力资源管理方面来进行介绍和说明。

第一节　创新药公司 IPO 申报与企业内控管理

一、对于拟上市公司内部控制管理的要求

财政部、证监会、审计署、银监会、保监会 2010 年发布财会〔2010〕11 号文件《关于印发企业内部控制配套指引的通知》,财政部会同证监会、审计署、银监会、保监会制定了《企业内部控制应用指引第 1 号——组织架构》等 18 项应用指引、《企业内部控制评价指引》和《企业内部控制审计指引》(以下简称企业内部控制配套指引),要求执行企业内部控制配套指引的上市公司和非上市大中型企业,应当对内部控制的有效性进行自我评价,披露年度自我评价报告。同时应当聘请会计师事务所对财务报告内部控制的有效性进行审计并出具审计报告。

根据财政部和证监会等部门颁布的《企业内部控制应用指引》,其列举的内控领域共涉及 18 项,具体请参见图 10-1。

01 组织架构	10 研究与开发
02 发展战略	11 工程项目
03 人力资源	12 担保业务
04 社会责任	13 业务外包
05 企业文化	14 财务报告
06 资金活动	15 全面预算
07 采购业务	16 合同管理
08 资产管理	17 内部信息传递
09 销售业务	18 信息系统

图 10-1　财政部等颁布的《企业内部控制应用指引》列举的内控领域

　　上述 18 项中和人力资源管理有密切关系的有：第 3 项人力资源以及第 4 项社会责任和第 5 项企业文化。

　　以科创板为例，科创板对于上市"内控"也有相应的条款要求，《科创板首次公开发行股票注册管理办法》第十一条中提到：

　　发行人会计基础工作规范，财务报表的编制和披露符合企业会计准则和相关信息披露规则的规定，在所有重大方面公允地反映了发行人的财务状况、经营成果和现金流量，并由注册会计师出具标准无保留意见的审计报告。发行人内部控制制度健全且被有效执行，能够合理保证公司运行效率、合法合规和财务报告的可靠性，并由注册会计师出具无保留结论的内部控制鉴证报告。

　　科创板所在的上交所，其审核对标公司的主要关注领域为以下九个方面，参见图 10-2。

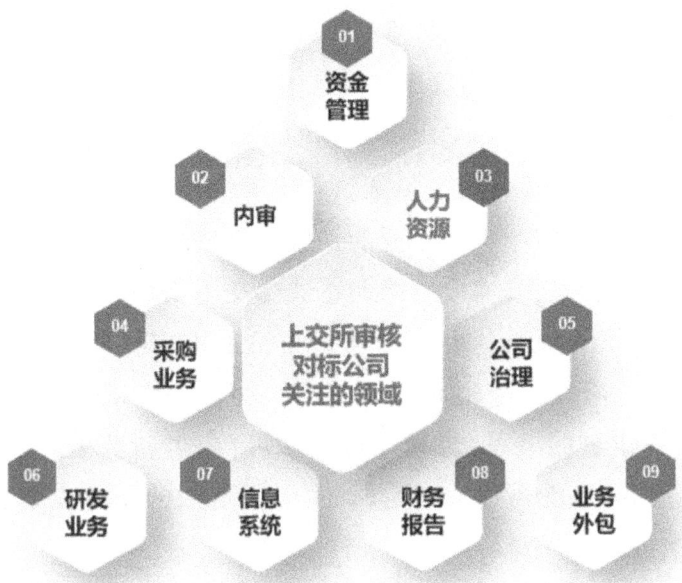

图 10-2　上交所审核对标公司主要关注领域

在上述九个关注的领域中,对于公司治理方面,根据《上海证券交易所科创板上市公司自律监管规则适用指引第 1 号——规范运作》《上海证券交易所科创板股票上市规则》,需要制定如图 10-3 所示的规则、制度。

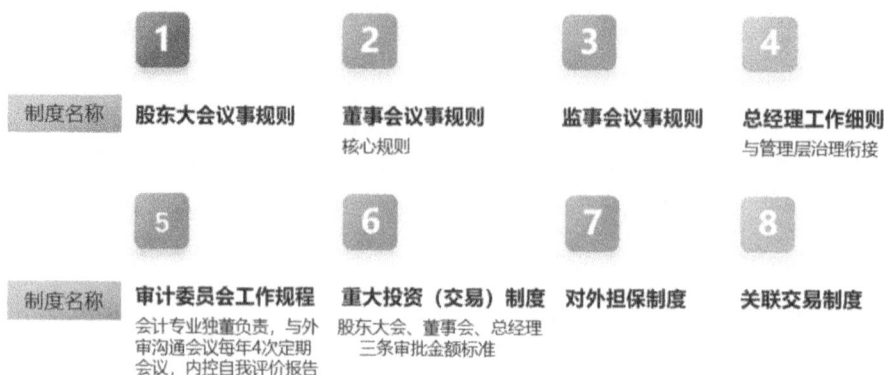

| 制度名称 | **1** 股东大会议事规则 | **2** 董事会议事规则 核心规则 | **3** 监事会议事规则 | **4** 总经理工作细则 与管理层治理衔接 |

| 制度名称 | **5** 审计委员会工作规程 会计专业独董负责,与外审沟通会议每年4次定期会议,内控自我评价报告 | **6** 重大投资(交易)制度 股东大会、董事会、总经理三条审批金额标准 | **7** 对外担保制度 | **8** 关联交易制度 |

图 10-3　科创板申报要求公司治理制度规则

二、创新药公司的上市申报准备

1. 上市团队搭建和体系准备

创新药公司上市,无论是科创板、港股还是美股,对于企业正式申请上市之前的准备工作都提出了明确的要求。企业首先需要聘请并且组成一个上市合作团队,其中包括获得保荐资格的券商机构、具备证券业务资格的会计师事务所和专业的律师。在完成相关详细的审计和尽职调查,意见反馈,整改辅导后才能正式递交上市申请。

对此拟上市的创新药公司需建立自己的上市核心工作团队,主要包括财务团队、证券事务团队和法律事务团队。在准备上市的前期阶段,考虑到工作量的关系,借助外部律师顾问,创新药公司的证券事务和法律事务团队职能可以合二为一,由一位资深的专业人员兼顾,并随着工作的推进增加人员。

对于上市申请的外部中介机构,主要包括外部券商、外部审计公司和外部律师事务所,由创新药公司根据各自的不同情况,选择富有经验的中介机构来合作推进上市。

图 10-4 是创新药公司对于上市 IPO 工作需要准备的相关内部人员、外部机构和工作体系制度的相关示意说明,供各位读者参考。

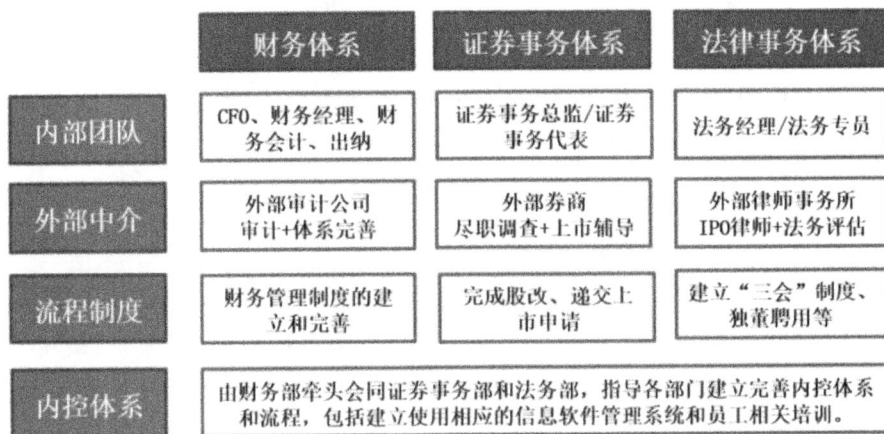

财务体系	证券事务体系	法律事务体系
内部团队 CFO、财务经理、财务会计、出纳	证券事务总监/证券事务代表	法务经理/法务专员
外部中介 外部审计公司 审计+体系完善	外部券商 尽职调查+上市辅导	外部律师事务所 IPO律师+法务评估
流程制度 财务管理制度的建立和完善	完成股改、递交上市申请	建立"三会"制度、独董聘用等
内控体系 由财务部牵头会同证券事务部和法务部,指导各部门建立完善内控体系和流程,包括建立使用相应的信息软件管理系统和员工相关培训。		

图 10-4　创新药公司上市准备人员机构体系

2.创新药公司的信息管理系统建设

在内部管理信息系统的使用方面,由于很多创新药公司从初创到开始 IPO 申报,人员规模从十几人发展到数百人,内部管理体系在逐步完善过程中。受制于内部人力、工时和公司发展阶段,一般都不会直接采用全面的 ERP 信息系统,而是采用 OA 办公管理系统,再加上单独的财务管理信息系统和其他如质量和文件管理系统的模式。创新药公司首次采用 OA 系统一般会包括财务管理、人力资源管理、行政管理、采购管理、合同管理、研发工时管理等主要的功能模块。采用良好的 OA 管理信息系统,可以借助系统加强创新药公司的内控管理,其对于帮助企业对接外部审计、券商,申报上市具有以下几方面的益处。

(1)能够忠实地记录流程运行的轨迹,确保内部管理和外部审核的可追溯性。

(2)可承接制度中的授权审批规定,规避相关的风险。

(3)通过 OA 流程设计,规范和优化业务运行流程,防止人员凌驾于制度之上。

（4）可形成各种业务报表，包括对研发成本费用和项目进度的分析。

（5）规范业务的标准，提高办公的效率和记录办公绩效。

3. 创新药公司 IPO 需关注的事项

创新药公司由于其行业特点和相关的政策特性，在 IPO 上市申请过程中，公司的上市工作核心团队、公司高管层以及各核心技术岗位需要重点注意以下几方面的事项。

（1）公司董监高、核心研发技术人员

关联关系：包括对外的持股情况、在外的任职兼职情况等。

职务发明：在本创新药公司申请的专利的技术来源等。

（2）研发费用使用情况核查

主要包括研发费用是否有专门的管理体系和制度，研发费用使用的合理性，研发人员的工时是否及时准确地填报等。

（3）供应商和外包方的情况核查

包括各合格供应商的管理体系流程和清单，外包 CRO、CDMO 的重大合同管理，重大工程采购项目招标管理，以及外部重大依赖的风险防范和控制（单家比例不超过 25％）。

（4）保密制度和意识

在上市申报过程中，相关人员不得对外披露非公开信息。也需要避免在未获得公司管理层批准授权的情况下接受采访或访谈。

（5）内控制度

主要包括 OA 流程的建立（前面已经描述）、预算管理制度、资金管理制度、项目立项管理制度等各项内控制度。

三、上市申报内部控制人力资源管理要求

本章前面提到，财政部和证监会等部门颁布的《企业内部控制应用指引》中和人力资源管理有密切关系的有第 3 项人力资源以及第 4 项社会责任和第 5 项企业文化。下面分别摘取介绍一下该应用指引中和创新药公司密切相关的主要内容，供大家参考了解。

1.人力资源

从针对上市企业或拟上市企业的《企业内部控制应用指引第 3 号——人力资源》中摘取涉及创新药公司人力资源管理领域的内容如下。

第一章 总则

第二条 本指引所称人力资源,是指企业组织生产经营活动而录(任)用的各种人员,包括董事、监事、高级管理人员和全体员工。

第三条 企业人力资源管理至少应当关注下列风险:

(一)人力资源缺乏或过剩、结构不合理、开发机制不健全,可能导致企业发展战略难以实现。

(二)人力资源激励约束制度不合理、关键岗位人员管理不完善,可能导致人才流失、经营效率低下或关键技术、商业秘密和国家机密泄露。

(三)人力资源退出机制不当,可能导致法律诉讼或企业声誉受损。

第二章 人力资源的引进与开发

第六条 企业应当根据人力资源能力框架要求,明确各岗位的职责权限、任职条件和工作要求,遵循德才兼备、以德为先和公开、公平、公正的原则,通过公开招聘、竞争上岗等多种方式选聘优秀人才,重点关注选聘对象的价值取向和责任意识。

第七条 企业对于在产品技术、市场、管理等方面掌握或涉及关键技术、知识产权、商业秘密或国家机密的工作岗位,应当与该岗位员工签订有关岗位保密协议,明确保密义务。

第八条 企业应当建立选聘人员试用期和岗前培训制度,对试用人员进行严格考察,促进选聘员工全面了解岗位职责,掌握岗位基本技能,适应工作要求。试用期满考核合格后,方可正式上岗;试用期满考核不合格者,应当及时解除劳动关系。

第九条 企业应当重视人力资源开发工作,建立员工培训长效机制,营造尊重知识、尊重人才和关心员工职业发展的文化氛围,加强后备人才队伍建设,促进全体员工的知识、技能持续更新,不断提升员工的服务效能。

第三章　人力资源的使用与退出

第十条　企业应当建立和完善人力资源的激励约束机制,设置科学的业绩考核指标体系,对各级管理人员和全体员工进行严格考核与评价,以此作为确定员工薪酬、职级调整和解除劳动合同等的重要依据,确保员工队伍处于持续优化状态。

第十一条　企业应当制定与业绩考核挂钩的薪酬制度,切实做到薪酬安排与员工贡献相协调,体现效率优先,兼顾公平。

第十三条　企业应当按照有关法律法规规定,结合企业实际,建立健全员工退出(辞职、解除劳动合同、退休等)机制,明确退出的 条件和程序,确保员工退出机制得到有效实施。

企业应当与退出员工依法约定保守关键技术、商业秘密、国家机密和竞业限制的期限,确保知识产权、商业秘密和国家机密的安全。

企业关键岗位人员离职前,应当根据有关法律法规的规定进行工作交接或离任审计。

2.社会责任

从针对上市企业或拟上市企业的《企业内部控制应用指引第 4 号——社会责任》中摘取涉及创新药公司人力资源管理领域的内容如下。

第一章　总则

第三条　企业至少应当关注在履行社会责任方面的下列风险:

(四)促进就业和员工权益保护不够,可能导致员工积极性受挫,影响企业发展和社会稳定。

第四条　企业应当重视履行社会责任,切实做到经济效益与社会效益、短期利益与长远利益、自身发展与社会发展相互协调,实现企业与员工、企业与社会、企业与环境的健康和谐发展。

第二章　安全生产

第七条　企业应当贯彻预防为主的原则,采用多种形式增强员工安全意识,重视岗位培训,对于特殊岗位实行资格认证制度。

第五章 促进就业与员工权益保护

第十六条 企业应当依法保护员工的合法权益,贯彻人力资源政策,保护员工依法享有劳动权利和履行劳动义务,保持工作岗位相对稳定,积极促进充分就业,切实履行社会责任。

企业应当避免在正常经营情况下批量辞退员工,增加社会负担。

第十七条 企业应当与员工签订并履行劳动合同,遵循按劳分配、同工同酬的原则,建立科学的员工薪酬制度和激励机制,不得克扣或无故拖欠员工薪酬。

企业应当建立高级管理人员与员工薪酬的正常增长机制,切实保持合理水平,维护社会公平。

第十八条 企业应当及时办理员工社会保险,足额缴纳社会保险费,保障员工依法享受社会保险待遇。

企业应当按照有关规定做好健康管理工作,预防、控制和消除职业危害;按期对员工进行非职业性健康监护,对从事有职业危害作业的员工进行职业性健康监护。

企业应当遵守法定的劳动时间和休息休假制度,确保员工的休息休假权利。

第十九条 企业应当加强职工代表大会和工会组织建设,维护员工合法权益,积极开展员工职业教育培训,创造平等发展机会。

企业应当尊重员工人格,维护员工尊严,杜绝性别、民族、宗教、年龄等各种歧视,保障员工身心健康。

第二十条 企业应当按照产学研用相结合的社会需求,积极创建实习基地,大力支持社会有关方面培养、锻炼社会需要的应用型人才。

3.企业文化

从针对上市企业或拟上市企业的《企业内部控制应用指引第 5 号——企业文化》中摘取涉及创新药公司人力资源管理领域的内容如下。

第一章   总   则

第二条   本指引所称企业文化,是指企业在生产经营实践中逐步形成的、为整体团队所认同并遵守的价值观、经营理念和企业精神,以及在此基础上形成的行为规范的总称。

第三条   加强企业文化建设至少应当关注下列风险:

(一)缺乏积极向上的企业文化,可能导致员工丧失对企业的信心和认同感,企业缺乏凝聚力和竞争力。

(二)缺乏开拓创新、团队协作和风险意识,可能导致企业发展目标难以实现,影响可持续发展。

(三)缺乏诚实守信的经营理念,可能导致舞弊事件的发生,造成企业损失,影响企业信誉。

(四)忽视企业间的文化差异和理念冲突,可能导致并购重组失败。

第二章   企业文化的建设

第四条   企业应当采取切实有效的措施,积极培育具有自身特色的企业文化,引导和规范员工行为,打造以主业为核心的企业品牌,形成整体团队的向心力,促进企业长远发展。

第五条   企业应当培育体现企业特色的发展愿景、积极向上的价值观、诚实守信的经营理念、履行社会责任和开拓创新的企业精神,以及团队协作和风险防范意识。

企业应当重视并购重组后的企业文化建设,平等对待被并购方的员工,促进并购双方的文化融合。

第六条   企业应当根据发展战略和实际情况,总结优良传统,挖掘文化底蕴,提炼核心价值,确定文化建设的目标和内容,形成企业 文化规范,使其构成员工行为守则的重要组成部分。

第七条   董事、监事、经理和其他高级管理人员应当在企业文化建设中发挥主导和垂范作用,以自身的优秀品格和脚踏实地的工作作风,带动影响整个团队,共同营造积极向上的企业文化环境。

企业应当促进文化建设在内部各层级的有效沟通,加强企业文化的宣传贯彻,确保全体员工共同遵守。

第八条　企业文化建设应当融入生产经营全过程,切实做到文化建设与发展战略的有机结合,增强员工的责任感和使命感,规范员工行为方式,使员工自身价值在企业发展中得到充分体现。

企业应当加强对员工的文化教育和熏陶,全面提升员工的文化修养和内在素质。

第三章　企业文化的评估

第九条　企业应当建立企业文化评估制度,明确评估的内容、程序和方法,落实评估责任制,避免企业文化建设流于形式。

第二节　创新药公司 IPO 申报审计

创新药公司在上市申请准备中,需要接受外部专业审计公司的审计评估。经过访谈调研分析,给出审计意见,并在审计公司的协助下进行改进,根据改进的情况最后出具正式的审计报告。审计公司的报告将和券商以及律师事务所的报告一起作为证交所上市评估审批的重要依据之一。

审计公司审计评估访谈涉及面非常广,包括公司内部治理管理的各个方面,以下按照公司的职能部门来分类介绍,重点介绍涉及人力资源管理方面的问题。

一、公司人力资源管理方面的问题和内容

1.公司的核心价值观、道德规范

(1)行为守则、伦理道德行为标准和其他商业惯例。

(2)对违反员工手册的不当行为(包括腐败、贿赂、挪用公司资金及舞弊行为)的识别、举报机制、调查及处理流程。

(3)对于违反其他法律法规的辨别、防止、举报程序和相关的培训。

(4)公司保密和知识产权保护政策。

(5)管理层任命及薪酬确定的体系规范。

2.公司的组织架构

(1)公司组织架构、各部门业务单元的职责说明。

(2)各岗位成员的岗位职责和知识与经验要求。

(3)运营汇报路线(包括集团公司/控股股东,高级管理层和运营管理层之间、集团公司与分子公司之间)。

(4)组织结构调整变化的政策与机制。

3.公司管理风格和经营理念

(1)高层管理层和关键岗位人员的任命及离职评估程序。

(2)管理层的绩效考核和激励计划。

(3)对于关键岗位队伍稳定的措施,对于关键岗位人员(如:研发、临床、内部审计等岗位)的流动情况是否制定相关预防或监控政策,是否存在流动过于频繁、关键人员突然离职等情况。

4.职责权限

重要职能部门的授权制度和职责分配是否明确清晰。

5.人力资源管理规范

(1)新签订的或修订的劳动合同。

(2)员工各项社会保险和住房公积金的缴纳情况。

(3)员工适用的股权激励计划。

(4)员工行为规范、员工调查问卷机制等有关政策及实施情况。

(5)人力资源政策体系手册。

(6)员工的保密责任和保密协议。

(7)员工任职资格、技术等级认证、资质记录和审查。

6.公司人力资源业务层面的问题和内容

(1)人力资源整体政策和流程(SOP)。

(2)招聘政策与流程(包括入离职流程)。

(3)员工工资的计算、发放和记录保存。

(4)员工奖金制度的确定和审批。

(5)员工的保密责任和保密协议(包括针对商业秘密以及研发人员的保密责任)的管控。

（6）养老金计划、就业保障计划政策和款项缴纳。

（7）公司住房、医疗和其他福利津贴的确定和审批。

（8）员工持股计划的管理。

（9）外籍员工的工作许可证。

（10）员工培训、学习和发展制度。

（11）员工绩效考核、反馈和绩效提升帮助制度。

（12）员工档案信息的保存维护和更新。

二、公司其他管理职能方面的问题和内容

1. 公司最高管理者/总裁办/总经办

公司设定的目标，包括：

（1）经营业务宗旨、目标、计划等；

（2）财务报告数据目标；

（3）经营目标与实际经营业绩［包括关键业绩指标（KPI）］的对比分析与评估；

（4）组织内部上下游（管理层与员工）之间的沟通机制体系；

（5）监控和识别须予公布的交易和关联交易。

2. 新药研发部

创新药公司申报上市过程中，外部审计部门对于新药研发部门的内控审计是非常重视的，尤其是对于那些产品在研发过程中没有正式上市的新药公司来说，其审计关注的方面包括：

（1）新药研发项目立项，可行性研究分析和研发计划的准备与监督进行。

（2）对包括国家食品和药物管理局及涉及国外医药管理机构相关规则和法规的遵守情况。

（3）新药研究项目的规划、设计识别、评估与预算管理。

（4）与外部专业人士进行研究合作的过程（包括关键意见领袖 KOL、主要研究者 PI 等）。

（5）第三方临床试验中心、CRO、CDMO 及其他研发相关第三方的

选择与管理,外包给第三方(包括但不限于 CRO、CMC、CDMO 等)的过程管理和验收。

(6)新药研发费用的分类、确认、归集和入账管理。

(7)新药研发项目的跟踪(包括药品不良反应监控)与研发费用定期分析。

(8)新药研发项目数据管理。

(9)对新药研发项目的保密控制。

(10)研究与开发合同管理。

(11)技术引进和转让管理。

(12)技术学术报告发表的内部管控。

3.临床研究部

(1)临床项目管理—流程管理和批准(包括项目立项、进度跟进、监控和变更管理)。

(2)对于合同研究组织 CRO 的选择、合作和监察管理。

(3)临床试验中心的选择、委任和管理。

(4)收集和保护临床受试者的个人数据。

(5)对于临床试验阶段的监测。

(6)确保临床数据的完整性和监控数据收集程序的政策和程序。

(7)确定临床受试者的特征、人数和招募流程的程序。

(8)遵守临床试验监管机构的相关规则和规定。

4.生产和质量 EHS 部

(1)药物生产计划和管理。

(2)药物生产成本管理和控制。

(3)质量管理及原材料验收、质量检测。

(4)药物成品质量检测。

(5)生产安全(包括实验室消防管理)、环保(包括实验室废物处理、污染物排放)及健康管理。

5.证券事务部

涉及董事会及下属委员会的机构职责的完整性,主要包括:

(1)董事长的职责权限及董事长的审批/授权的各项事宜。

(2)董事会成员的独立性、技能及经验、专业资格以及董事会的职责和角色定位。

(3)各委员会的构成、独立性、角色、职权范围、章程和成员的经验等。

也涉及各种对外投资合作风险评估、项目评审和管理,对外部机构的沟通,信息披露制度及对监管机构的需求反馈等等,包括但不限于:

(1)在公开宣布之前对内幕信息、敏感信息和机密信息的处理和监控。

(2)应对来自监管机构的查问。

(3)年报/中期报告的发布和业绩公布。

6.法务部

涉及法律法规和监管合规,主要包括但不限于:

(1)创新药公司业务相关的证照的持有、管理以及业务合规经营的监督和流程。

(2)对已发生的或潜在的诉讼、争端或违规事项的监控措施(主要关注知识产权相关的)。

(3)对监管机构的整改建议及行政处罚的跟进机制和跟进情况。

(4)外部专业法律顾问(主要指熟悉创新药行业、专业外包业务合同等)。

7.财务及审计部

(1)创新药公司产品研发成本、费用管理。

(2)财务政策和流程(包括固定资产采购、折旧、处置、转移、维护、盘点、计价、减值评估、安全维护、主数据、在建工程等),也包括技术转让管理,管理知识产权的政策与流程,专利及知识产权管理包括知识产权申请方案的确定与提交、申请进度和结果的跟进与监督、知识产权实物与台账管理、续期、定期维护与更新机制等)。

（3）财务投资管理、现金管理、银行账户管理、费用报销管理等。

（4）财务税务管理、财产保险管理等。

（5）财务风险评估及管理，主要包括但不限于：

①风险管理职责、风险识别、评估、检测、预防和管理的流程及汇报机制；

②防范控制舞弊、商业腐败、欺诈、违规行为的制度以及识别、预防、处理和报告流程；

③反洗钱制度；

④持续监督风险和经营环境；

⑤采取措施以应对在风险评估过程中识别的财务报告风险。

内部审计和调查职能，主要包括但不限于：

①内部审计部门的职能、职责与权限；

②与外部审计师的协调，外部审计师出具的管理建议书。

8. 其他部门

审计内控涉及的其他部门如采购部、IT信息部、行政部等，在此就不再赘述。

第三节　创新药公司上市人力资源审计案例

国内的一家创新药公司经过多年的发展，在外部资本、内部科学家和管理者及广大员工的共同努力下，已经有数个产品管线进入临床Ⅰ期、Ⅱ期和Ⅲ期；涵盖肿瘤免疫治疗、创新性细胞治疗等多个治疗领域，并与多家国际化公司开展产品开发合作。为了加快发展步伐，公司管理层决定未来一年内在科创板上市，并已启动IPO上市工作，聘请某国际著名的会计师事务所来进行审计，以帮助公司完善内部管控体系。由于公司历史原因，公司人力资源部的发展起步较晚，过去三年员工人数每年都以翻倍的速度在增长，很多人力资源的管理体系正在不断地完善中。本节对该公司人力资源方面的审计情况做一个介绍，以帮助广大的读者阅读、参考、了解。

一、人力资源访谈和审计资料清单

外部知名审计公司的审计团队入驻创新药公司后,根据审计流程计划,安排访谈了公司的高层管理层和各主要部门的负责人,其中也包括公司人力资源部门的负责人,了解公司人力资源方面的现状。访谈主要集中在劳动合同签订、社保公积金缴纳等用工规范,薪酬计算发放审批等流程规范,员工保密协议和竞业协议签订等风险防范,公司部门职责、岗位说明书、培训记录等人力资源相关文件的保存等方面。为了更好地配合外部审计公司开展工作,创新药公司的人力资源负责人不但需要对于人力资源管理的各个方面有良好的理论和专业知识,也最好对审计、咨询行业有一定的经验或者了解。

审计公司在进行访谈的同时,也要求公司准备提供此次关于内控建设审计的第一轮抽样所需的样本资料。根据审计的要求,资料均需提供已发生实际业务的样本,而不是空白的表格。如果相关资料涉及审核审批控制,则资料提供时还需要提供相应的审批签字的记录文件(或邮件)。审计公司经过对第一轮收到的资料进行审阅、评估测试后,还会进行相应调整,提出第二轮补充收集资料。

以下为审计公司提出要求提供的资料中涉及人力资源管理方面相关的资料清单:

(1)公司的组织架构图、组织架构变更制度和组织架构变更书面决议

(2)公司的部门职责说明、岗位职责说明书(抽取部分岗位)

(3)公司的员工花名册

(4)公司的员工手册

(5)公司的利益冲突相关制度,举报制度

(6)公司的薪酬管理流程(包括薪酬确定、计算、复核、审批、发放等)

(7)员工保密协议、竞业协议

(8)当年员工培训清单和培训签到记录(包括合规制度相关培训)

（9）管理层/员工激励奖励计划（包括股权激励）

（10）人力资源管理制度 SOP（包括招聘流程、薪酬发放、绩效考核、人员晋升、员工培训等）

（11）当年新员工清单和报到流程

（12）当年离职员工清单和离职手续清单

（13）知识产权管理制度

（14）员工在职创造发明管理制度

二、人力资源相关审计反馈意见

经过一个多月对该公司内控流程的审计，审计公司提出了审计意见反馈，其中针对创新药公司人力资源方面的意见主要包括以下几点。

1. 问题一：组织架构调整流程不规范

（1）问题描述：由于公司发展迅速，公司的组织架构变动频繁，变动没有书面的决议或通知，仅仅由人力资源部按照新的变动在 OA 中修改汇报关系。

（2）潜在风险：由于组织架构变动的随意性大，不够规范，导致相关的部门和人员不能及时了解变化，导致工作和业务受到一定的影响。

（3）风险等级：中级。

（4）参考建议：建议规范组织架构变更流程和审批权限，及时发布组织架构变动公告。

2. 问题二：未完善建立有效的员工行为准则

（1）问题描述：公司已经颁布员工手册并让每一位员工签署，但还没有相应地建立员工行为规范准则（code of conduct），包括员工行为规范、反腐预防和识别、信息安全、采购准则和对外交往行为等。其中对外交往行为包括与政府部门，与政府官员的交往、与医疗机构人士的交往、与供应商外包方的交往、与新闻媒体及司法人员的联系等。

（2）潜在风险：缺乏全面规范的道德行为准则，难以对员工日常行为规范形成有效的指导，容易引起潜在的员工合规风险。

（3）风险等级：中级。

（4）参考建议：完善并尽快发布《员工行为准则》，要求每一位员工签署，并对全体员工进行相应的培训指导。

3.问题三：部分员工工资发放职责有待完善

（1）问题描述：公司成立了海外子公司，由海外公司总经理负责海外公司人员的招聘、考核、考勤和工资发放。

（2）潜在风险：薪酬计算管理和发放属于人力资源部门职责，目前虽然由财务部负责海外公司日常对账审核，但各部门职责不清晰可能导致公司运行不够合规的潜在风险。

（3）风险等级：中高级。

（4）参考建议：在海外公司在当地委托或招聘专人负责薪酬管理，或者由总部人力资源部门指定专人负责海外公司人员的薪酬管理工作。

4.问题四：当年离职人员较多，未针对核心技术和管理人员建立良好的离职评估体系

（1）问题描述：公司已经完善离职交接流程，但尚未制定针对关键岗位员工，例如核心技术研发人员、核心高级项目管理人员的离职分析评估政策。

（2）潜在风险：未制定核心研发人员和核心项目管理人员离职评估政策，存在公司研发技术成果泄露的风险，也会影响对今后其他核心人员离职风险的控制和防范。

（3）风险等级：中高级。

（4）参考建议：制定针对关键岗位，包括核心研发技术人员、核心高级项目管理人员的离职评估政策，与公司的最关键技术岗位人员签订竞业限制协议。

三、对于审计反馈意见的改进解决方案

对于审计公司内控审计中出具的审计反馈，该创新药公司非常重视，经过人力资源部内部讨论，公司上市工作小组以及公司管理层会议的反复讨论，最后确定如下的改进方案。

1. 问题一:组织架构调整流程不规范

制定了公司组织架构调整管理流程,由人力资源部负责起草公司组织架构调整公告,经公司 CEO 签字后颁布,并于生效日在公司的 OA 系统中相应地调整。

2. 问题二:未完善建立有效的员工行为准则

由人力资源部负责牵头,财务部、法务部、采购部、IT 信息部配合,起草制定公司员工行为准则,包含员工行为规范、反腐预防和识别、信息安全、采购准则和对外交往行为等内容。每块内容单独一册,合成整体的《员工行为准则》,发放给所有在职员工和新员工,并让他们签署,签署页由公司人力资源部保存。公司将在新员工培训和其他场合下加强宣传指导。

3. 问题三:部分员工工资发放职责有待完善

由总部人力资源部借助中介机构负责海外子公司员工的薪酬发放和社保缴纳等事宜。在海外子公司扩展到一定规模后,招聘当地专职人力资源部员工负责包括薪酬发放在内的当地人力资源相关事宜。

4. 问题四:当年离职人员较多,未针对核心技术人员和管理人员建立良好的离职评估体系

对于离职员工,建立正式的离职面谈机制,并定期由人力资源部主导完成相应的离职分析评估发给各管理层。公司管理层讨论确定关键核心人员名单,签订竞业限制协议,以尽可能避免公司核心技术机密泄露的风险。

以上反馈措施,经过审计公司的确认认可后开始实施。通过两个月的实施运行,由审计公司评估后确认问题已经得到良好解决,在人力资源管理方面确保公司内控体系的良好运行,助力创新药公司上市申报工作的顺利进行。

结　语
健康与未来

　　1995 年 7 月,27 年前的夏天,一个怀揣年轻梦想,没有多少人力资源方面经验的年轻人有幸加入了在上海新成立的国际化企业百事食品(上海)有限公司,并成了人力资源部的第一位员工,开始了他人力资源工作的职业生涯。他至今也没有忘记当时的总经理 Kelly Yu 给予的这一珍贵的机会。从那时起,他的职业生涯见证了食品快消行业、电信行业、咨询行业、高科技制造行业的兴起、高峰和衰退,直到如今又见证了医药行业在中国的兴起和飞速发展……

　　27 年来在潮起潮落、千差万别、多姿多彩的人力资源管理职业生涯中,他一直在探索、适应、思考、总结,回味人力资源管理这一平凡而又奥妙的职业,总想写些什么、总想给行业、给社会做些什么,留下些什么来……

　　如今,在医药行业飞速发展,创新药公司雨后春笋般破土而出的时代,他终于找到了他想要写的灵感和题材:中国创新药人力资源管理。希望能够对于国家大力扶植的创新药行业、对于那些带有新技术的创业者、对于那些看好中国创新药未来的投资者、对于创新药行业的人力资源从业者、对于研究创新药的各级高校老师,还有对于未来有志于投身创新药行业的广大大学生们,能够有一点的帮助和启示。既能够对于工作中遇到的人力资源方面的问题提供参考依照,也能够对创新药公司的发展起到一定的推动作用,通过不断总结思考和提炼,希望能在工作中有更好、更多的贡献。

　　最后祝生物医药行业、创新药公司在中国当今这一片美好适宜的环境土壤中茁壮成长,不断结出丰盛的果实!期待有更多的创新药能够破茧而出成功上市!祝愿人类健康事业蓬勃发展,明天更加美好!

参考文献

陈小平.新药研究与开发技术.北京:化学工业出版社,2020.

丁健.个性化药物:新药研发的未来.上海:科学技术文献出版社,2020.

股震子.医药健康板块股票投资指南.北京:中国宇航出版社,2020.

贾力.新药研发的跨学科知识与技能.北京:科学出版社,2018.

刘恩.科创板上市实战指南.北京:中国经济出版社,2020.

诗迈医药."突破"与"重构":未来医药人力资源管理峰会手册.杭州,2021.

谢诗明.2020中国医药人才发展白皮书.杭州:诗迈医药人力研究院,2020.

赵戬.药物和医疗器械临床试验 GCP200 问.北京:人民卫生出版社,2017.